AF190328

Über den Autor:

Nach jahrzehntelangem Studium von unterschiedlichen spirituellen Lehren und ebenso langer Meditationsarbeit ist der Verfasser bis in die überpersönlichen und todlosen Bereiche des Bewusstseins vorgedrungen. Von diesen überpersönlichen Gefilden aus betrachtet und beschreibt er das Drama des Daseins und das des Lebens des Menschen im Besonderen.

Die Bücher des Autors gewähren eine unparteiliche und objektive Draufsicht auf die wesentlichen Dinge des Lebens. Sie propagieren die spirituelle Freiheit des Menschen und zeigen Wege auf, diese auch zu erlangen.

ERWACHEN
ZUM WIRKLICHEN SEIN

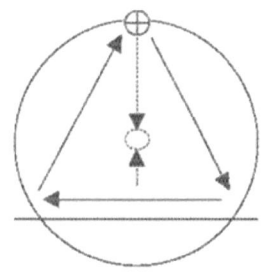

DIE KOSMOPSYCHOLOGIE DES BEWUSSTSEINS

– EIN WEG AUS DEM ELEND –

Veerendra H. Bühner

Impressum:

© 2023 Veerendra Herbert Bühner

Coverbild: Quelle: https://pixabay.com/de

ISBN: 978-3-7519-6923-9

Herstellung und Verlag: BoD - Books on Demand,
Norderstedt

Inhaltsverzeichnis

Einleitung **8**

Die Plattformen des Verstehens **19**

Der Mensch **26**

Die Bildung der Persönlichkeit und die Folgen *33*

Persönlichkeit und Persönlichkeitskultur *42*

Die Filterung von Eindrücken und die drei Welten . *53*

   Die Welt des „Wachbewusstseins" 56

   Die Halbbewusste Zwischen-Welt 62

   Die Welt des Unbekannten und Unfassbaren 73

Das Sterben der Persönlichkeit *90*

Der „gefallene" Mensch **110**

Abstieg und Aufstieg **137**

Der natürliche und der absichtliche Kreislauf des Bewusstseins *144*

Der natürliche Kreislauf des Bewusstseins *146*

Der absichtliche Kreislauf des Bewusstseins *161*

Der heilige Prozess des Sterbens **179**

Das „Jüngste Gericht" **202**

Die Dimensionen der Zeit **224**

Glück und Glückseligkeit **242**

Äußeres Glück 245

Inneres Glück oder Glückseligkeit 252

Sex und Glückseligkeit 272

Vorbereitende Methoden zur Sammlung des Bewusstseins im leeren Raum **290**

Entspannte Körperhaltung...................292

Meditation 293

Kontemplation 299

Vor dem Spiegel.........................305

Wer bin „Ich"? 308

Die Gegenwart des Todes 311

Selbstbeobachtung 316

Schweigen...........................319

Der Einstrom von Sinnesreizen 323

Die „Zügel" spannen. 325

Der Kontakt zur Leere 330

Fragen und Antworten..........................**334**

Schlusswort 344

Literaturverzeichnis................................ 347

Einleitung

Die in diesem Buch beschriebene *Kosmopsychologie des Bewusstseins* vereinigt in sich das Wesentliche aller Religionen sowie aller echten spirituellen Lehren und soll für den einzelnen Menschen einen Weg des Erwachens aus seiner subjektiven Welt des Schlafes, des Träumens und des unvermeidlich daraus resultierenden Schreckens und Elends aufzeigen.

Der Begriff „Kosmopsychologie des Bewusstseins" ist hier nicht mit dem Begriff der „Kosmopsychologie", wie er in der Astrologie verwendet wird, zu verwechseln. Vielmehr soll hier damit ausgedrückt werden, dass das Bewusstsein, vergleichbar dem Licht, eine allkosmische Erscheinung darstellt und je nachdem an welcher Stelle es sich innerhalb von kosmischen Prozessen manifestiert, verschiedene Zustände und Dramen durchläuft, durchlebt und erleidet.

Zu solchen Zuständen gehören zum Beispiel Zustände des Schlafes, des Träumens, des Erlebens von Freuden und Leiden sowie Zustände der Ekstase und des reinen, klaren Erwacht Seins, welche jenseits oder außerhalb des *gewöhnlichen*, menschlichen Erlebens liegen.

Weil es sich bei all diesen Zuständen um Zustände des Erlebens handelt, wurde dem Wort „Kosmos" das Wort „Psychologie" angehängt – also *„Kosmopsychologie"* des Bewusstseins.

Einleitung

Kurz gesagt: Die „Kosmopsychologie des Bewusstseins"
beschreibt das ständig sich wiederholende kosmische
Drama, das dem Bewusstsein widerfährt, während es die
Erlebnisräume des menschlichen Daseins, des Geborenwerdens und des Sterbens durchwandert.

Der Mensch, so wie er ist, schläft und ist noch nicht zu
seinem wahren Sein, zum reinen Bewusstsein erwacht.
Sein sogenanntes „Wachbewusstsein" gleicht, in Relation
zum reinen, klaren, *erwachten* Bewusstsein, eher einem Zustand des Schlafwandelns, in welchem er alle möglichen,
meist irrationale Dinge denkt, fühlt, glaubt, sagt und tut.

Gefangen und befangen in seiner subjektiven Welt träumt
er einen Traum des „Lebens", ohne zu bemerken, dass er
schläft und dass er träumt.

In seiner aus Bildern und Vorstellungen bestehenden subjektiven Welt nimmt er an, sein „Sein" liege in seiner angenommenen, sogenannten „Identität".
Doch weil diese angenommene „Identität" nicht seinem
wahren Sein entspricht, begleitet ihn immer ein vages Gefühl des Unerfüllt Seins. Und aus diesem Unerfüllt Sein
beginnt eine nie enden wollende, unersättliche Suche des
Menschen nach Erfüllung, nach Glück, nach Reichtum,
Ruhm, Anerkennung, Ehre und Macht usw., ohne zu wissen, woher er kommt und wohin er geht.
Von seinen subjektiven Vorstellungen eingenommen und

benebelt beginnt er zu schaffen, zu zerstören und nicht selten auch seine eigene Art zu vernichten. Er endet immer wieder in einem von Selenqual, äußerer Not und innerem Elend geprägten Desaster kleineren oder größeren Ausmaßes.

Um seiner Situation, seinem Unerfüllt Sein zu entkommen, hat er sich immer wieder unhinterfragt verschiedenen Ideologien, politischen Systemen, Glaubensdogmen und Religionen angeschlossen. Aber es hat ihn nirgendwo hingeführt – außer dass er sich ständig im Kreis dreht oder auf der Stelle tritt – wie wir es aktuell in einem von Gewalt, Folter, Terror, Bürgerkriegen, Kriegen, Flüchtlingsströmen, Mangel, Not und Elend geprägten Weltgeschehen sehen können. Auch wenn es uns selbst vielleicht nicht unmittelbar betrifft, leidet doch mehr als die Hälfte der Menschheit an diesem grauenhaften Geschehen, welches uns früher oder später auch selbst treffen kann.

Und solange der Mensch nicht aus seinem Schlaf, aus seinem subjektiven „Lebenstraum" zu seinem wahren Sein erwacht, wird sich an diesem Geschehen auch nichts ändern.

Von den mannigfachen Farben des Lebens fasziniert und geblendet, schöpft er immer wieder neue Hoffnung auf ein „Besseres Morgen", bis er wieder in einem neuen – alten – Desaster landet und alles wieder von vorne beginnt.

Die einzig wahre Hoffnung für ihn liegt daher in seinem ERWACHEN. Doch solange er in seiner subjektiven Welt träumt, dass er bereits „wach" sei, wird es für ihn auch keinerlei Anlass geben, sein Erwachen anzustreben. Dann wird er weiterschlafen, Krieg, Terror, Elend und Not als „normale" Gegebenheiten betrachten und weiter von einem „besseren Morgen" *träumen*.

Dieses Buch richtet sich daher an diejenigen, die erkannt haben oder wenigstens erahnen, dass da – in Anbetracht eines von Terror, Krieg, Flüchtlingsströmen und Elend geprägten Weltgeschehens, als auch des inneren Unglücks des einzelnen Menschen – etwas nicht stimmen kann, dass da irgendwo etwas schief gelaufen sein muss, dass sie sich in psychologischer sowie in spiritueller Hinsicht selbst in einem schlafähnlichen Zustand befinden und ein zumindest vages, inneres Verlangen verspüren, *ERWACHEN* zu *WOLLEN,* um dem offensichtlichen Schrecken und dem Desaster, in welchem sich der Mensch befindet, zumindest für sich selbst ein Ende zu setzen.

Aufgrund seines Unerfüllt Seins ist der Mensch immer und überall auf der Suche. Seine Suche ist ruhe- und rastlos. Was immer er auch anstrebt, ob Erfolg, Ehre, Anerkennung, Wohlstand, Reichtum, Besitz, Macht, Sex, Beziehung, Liebe, Erkenntnis, Ekstase oder auch das „Ewige Leben" usw., hinter all seinen Bestrebungen steht seine Suche nach „Erfüllung" und „Glück".

Findet er sein „Glück", so ist es meist nicht von langer Dauer. Früher oder später rinnt es ihm aus den Händen. Dann ist er enttäuscht, bis neue Hoffnung – Hoffnung auf

ein neues, vielleicht dauerhafteres „Glück" – in ihm aufkeimt, seine Suche weiter geht und alles wieder von vorne
beginnt: Hoffnung – Suche – „Glück" – Enttäuschung –
Hoffnung – „Glück" ... und so weiter – bis zu seinem
Tod.

Die ständige Wiederholung dieses Prozesses, bis ans Ende
seiner Tage, liegt vielleicht daran, dass der Mensch sein
„Glück", seine „Erfüllung" immer wieder an der falschen
Stelle sucht.

Wenn wir nämlich in Betracht ziehen, dass jeder Enttäuschung eine Täuschung zugrunde liegt, dann wird klar,
dass uns jede *Ent-Täuschung* auch wieder auf den Boden der
Tatsachen zurückholt und uns vor Augen führt, dass wir
einer Täuschung, einem Trugbild erlegen sind, und letztendlich, dass alles was entstanden ist, auch wieder vergehen wird, dass alles was geboren wird, auch wieder sterben
wird.

Dauerhafte „Erfüllung" in vergänglichen Dingen zu suchen bedeutet, an der falschen Stelle zu suchen, und, dass
unsere Suche immer wieder zum Scheitern verurteilt sein
wird.

Wahre oder dauerhafte Erfüllung kann also niemals auf
Täuschungen, falschen Hoffnungen oder falschen Vorstellungen gegründet werden. Sie kann sich immer nur auf etwas Wahrem oder Dauerhaftem gründen.

Deshalb wird dieses Buch sowohl von vergänglichen, als

auch von wahren und dauerhaften Dingen handeln, damit der Leser auf seinem Weg zur „Erfüllung" nicht nur die Fallgruben erkennt, sondern auch Zugänge zu wahren und dauerhaften Dingen in sich selbst, zu seinem wahren Sein finden kann.

Denn wenn wir, sofern dies überhaupt möglich ist, unser „Glückes Schmied" werden wollen, müssen wir bestimmte wesentliche Dinge unseres Daseins erkennen und verstehen lernen.

Zu diesen wesentlichen Dingen gehört zum Beispiel, dass wir als Menschen vorübergehende, sterbliche Erscheinungen sind, dass wir uns mit unserem eigenen Tod arrangieren müssen, wenn wir wahres Glück oder dauerhafte Erfüllung finden wollen.

Eine andre wesentliche Tatsache, die verstanden werden will, ist die, dass wahres Glück und wahre Erfüllung nur in innerer oder in spiritueller Freiheit verwirklicht werden können.

- Was bedeutet innere oder spirituelle Freiheit?
- Von *was* müssen wir frei sein?
- Wie können wir eine solche Freiheit erlangen?
- Was ist inneres Glück und was ist äußeres Glück?

Das sind die Fragen, die wir in diesem Zusammenhang für uns beantworten müssen.

Wir müssen aus unserem hypnotischen Schlaf, den eine einseitige Persönlichkeitskultur und unsere subjektive, illusorische Welt in uns erzeugen, erwachen, wenn wir wirkliche und wesentliche Dinge des Daseins erkennen wollen. Wir müssen die Mechanismen kennen, die diesen hypnotischen Schlaf- und Traumzustand, den wir „Wachbewusstsein", „Ich-Bewusstsein" oder auch „Selbstbewusstsein" nennen, in uns erzeugen.

Des Weiteren müssen wir praktische Methoden zur Selbstbeobachtung, zur Selbsterkenntnis, zur Meditation und zur Verlagerung unseres Bewusstseinsschwerpunktes, von unserer subjektiven, persönlichen Welt in unser innerstes Wesen, in unser tiefstes, überpersönliches Sein, kennen, um sie in unserem Alltagsleben anwenden zu können.

Um dem Leser die Möglichkeit zu geben, all diese Dinge auch in einem größeren Zusammenhang zu verstehen, wird sich dieses Buch auch mit weiterreichenden kosmologischen Fragen über den Ursprung des Lebens, über den Sinn und Zweck unseres Daseins und unseres Sterbens, sowie unseren Platz, den wir als Menschen innerhalb des sich entwickelnden Lebens einnehmen, beschäftigen, bevor auf die Kernfragen zum Glück, zum wahren, dauerhaften Erfüllt Sein, das wir auch als Glückseligkeit bezeichnen, eingegangen wird:
- Sind dauerhafte Erfüllung oder Glückseligkeit für den Menschen überhaupt möglich? Und wenn ja: warum und wie?

- Ist unsere Erfüllung allein von unserem Tun oder Nicht-Tun abhängig?
- Liegt die Erfüllung in unseren Händen, oder kommt sie als eine Gnade auf uns herab?
- Ist wahre Erfüllung von einer gewissen Anzahl glücklicher Zufälle abhängig?
- Oder ist Glückseligkeit ganz und gar eine aus innerer Not entstandene Fata Morgana, die am fernen Horizont steht, um uns zu drängen, zu locken und zu verführen, auf ein besseres Morgen zu hoffen, um uns am Ende doch enttäuscht zurückzulassen?
- Was ist es, das uns antreibt auch in den widrigsten Situationen immer wieder neue Hoffnung zu schöpfen, das uns trotzdem weiterleben und fast alles ertragen lässt?
- Warum ist der Mensch ständig ruhe- und rastlos auf der Suche?
- Wodurch kann er zur Ruhe kommen?
- Was ist es, das das Leben antreibt, sich sowohl im Stein, als auch in hochempfindlichen Organismen zu manifestieren?
- Was ist der Trieb und Drang, der Organismen antreibt, sich immer „höher" zu entwickeln?

Um solche Fragen nachvollziehbar zu beantworten, werden wir sowohl auf allgemeine wissenschaftliche Erkenntnisse, wie beispielsweise der Astrophysik, der modernen Psychologie und der Hirnforschung als auch auf Ideen, wie wir sie, wenn auch oft nur in Fragmenten, in den verschiedensten Religionen und spirituellen Lehren finden, zurückgreifen. Wobei wir von den spirituellen Ideen die bodenständigsten und umfassendsten wohl in Osho's Lebenswerk und der Lehre Gurdjieff's finden. Aber auch Gedankengut christlicher, taoistischer und buddhistischer Lehren, wird eine große Rolle spielen.

Nicht zuletzt werden auch die Erfahrungen und Erkenntnisse des Verfassers, welche er durch jahrzehntelange meditative Arbeit erlangt hat, ihren Platz finden. Denn ohne diese inneren Erfahrungen und Erkenntnisse wäre ein Buch wie dieses erst gar nicht möglich gewesen.

Das Hauptaugenmerk des Lesers sollte auf den Dingen liegen, die für den Menschen erfahrbar sind. Theoretische und hypothetische Aussagen sollen dem Erfahrbaren lediglich einen vorstellbaren Rahmen geben, um das Gesagte in einem größeren Zusammenhang verstehen zu können – wobei aber immer die Grundsätze „Grau ist alle Theorie" und „Probieren geht über Studieren" vorrangig sein sollten. Ohne natürlich zu vergessen, dass manches erst studiert werden will, bevor es probiert werden kann.

Anstatt blindem Glauben und vagen, nebulösen Vorstellungen zu folgen, sollen die Dinge hinterfragt werden. Denn nur so können wir eine möglichst klare Vorstellung erhalten: – vom Dasein, vom Leben insgesamt, vom Leben des einzelnen Menschen, von seinem „Glück" oder „Unglück" und den möglichen Zugängen zu seinem wahren Sein und den Gefilden der Glückseligkeit.

Wenn wir uns auf die Suche nach dauerhafter Erfüllung

oder wirklicher Glückseligkeit begeben, dann müssen wir bestimmte Dinge dafür tun, und vor allem müssen wir verstehen *was* wir tun, um wirkliche Ergebnisse erzielen zu können.

Ferner sei der Leser hier noch darauf hingewiesen, dass die, durch *bewusst* eingefügte lange und komplexe Sätze, teilweise „schwere Lesbarkeit" mancher Textpassagen nicht nur die Absicht verfolgt, seinen Verstand ein wenig zu strapazieren, sondern ihn auch anregen soll, für sich selbst einige Anstrengungen des *Verstehen-Wollens* zu unternehmen, auch wenn ihn diese mit seinen Gegebenheiten des *Nicht-Verstehen-Könnens* konfrontieren werden und in seiner „Identität" möglicherweise ein gewissermaßen heiliges Ärgernis hervorrufen.

Letztendlich kann ja nicht alles mit dem Verstand verstanden werden.
Jedenfalls sollte ihn sein gelegentliches *Nicht-Verstehen-Können* nicht dazu veranlassen, das Buch zur Seite zu legen und auf das Weiterlesen zu verzichten. Er sollte es wirklich bis zu Ende und auch mehrmals lesen, weil er am Ende, und das ist versprochen, viele Dinge, die jenseits des intellektuellen Verstehens liegen, verstanden haben, oder im Laufe seines Lebens noch verstehen wird.

Außerdem wird es auch darauf ankommen in welcher Verfassung oder in welchem Gemütszustand man sich gerade befindet, wenn bestimmte Textpassagen gelesen werden.

So mag es durchaus vorkommen, dass beim wiederholten Lesen einer zunächst vielleicht unverständlich erscheinenden Passage, zu einem späteren Zeitpunkt, mehr verstanden werden kann als vorher.

Schließlich liegen ja unser wahres und tiefstes Sein sowie die Gefilde der Glückseligkeit jenseits unseres Verstandes, der die Dinge sukzessiv abgreift und den Zugang zu diesen Gefilden sogar verhindern kann, weil er „vor lauter Bäumen den Wald nicht sieht" und sich zu sehr in subjektive Vorstellungen und Einzelheiten verstrickt.

Unser tiefstes Sein liegt nämlich jenseits von den vorübergehenden Erscheinungen unserer subjektiven Welt und unseres begrifflichen Verstehens, oder anders ausgedrückt: in unserem „Niemand-Sein".

Wir müssen erst zu dem werden, was wir sind, um wirklich zu verstehen und wirklich zu SEIN.

* * *

Worte, die der Leser möglicherweise erst dann verstehen kann, wenn er am Ende dieses Buches angelangt ist und die darin beschriebenen Praktiken über längere Zeit praktiziert hat.

* * *

Die Plattformen des Verstehens

Im Dasein des Menschen existieren zwei Strömungen des Verstehens: eine *Allgemeine Strömung* und eine *Spirituelle Strömung*.

Aus diesen beiden Strömungen bilden sich die entsprechenden Plattformen des Verstehens existenzieller Dinge und des Menschseins.

Die Blickwinkel der beiden Plattformen sind diametral entgegengesetzt. (Abb.1)

Auf der *Allgemeinen Plattform* spielt sich das ganz „normale" Leben des Menschen mit seinen subjektiven Vorstellungen, seiner sogenannten „Identität" sowie seinem sozialen und kulturellen Kontext ab.

Es ist der Ort gesellschaftlicher Normen und der Persönlichkeitskultur. Hier wird der Mensch von Geburt an, entsprechend seines soziokulturellen Kontextes und seiner Neigungen, *geprägt*.

Im Laufe seines Lebens nimmt er, ebenfalls entsprechend seines Kontextes und seiner Neigungen, den existenziellen Dingen des Daseins gegenüber, seinen ganz *persönlichen*, *subjektiven* Standpunkt ein.

Innerhalb der *Allgemeinen Plattform* gibt es so viele persönliche Standpunkte und Meinungen über existenzielle Dinge, wie es Menschen gibt.

Die Grundströmung der *Allgemeinen Plattform* ist die Selbst- und Arterhaltung, weshalb von dieser Grundströmung

19

auch die persönlichen Standpunkte und Meinungen, wie verschieden diese auch sein mögen, gefärbt werden.

Die Triebe der Selbst- und Arterhaltung bestimmen auf dieser Plattform auch die Rangordnung von Werten, wie sie in Abb.1 von unten nach oben dargestellt sind:

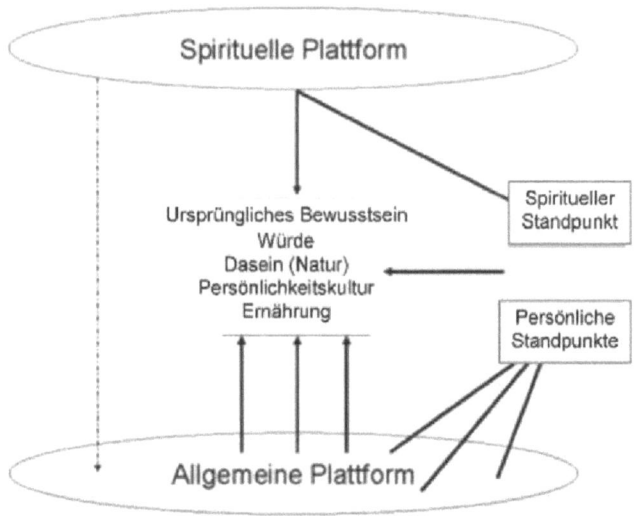

Abb. 1
Spirituelle und Allgemeine Plattform des Verstehens

In der Werteordnung der *Allgemeinen Plattform* steht an erster Stelle die *Selbsterhaltung oder die Ernährung*, da es ohne Ernährung weder eine Selbsterhaltung, noch eine Arterhaltung gibt.

An zweiter Stelle steht die *Persönlichkeits- oder „Ich"-Kultur*, die für den Menschen der *Allgemeinen Plattform* vorwiegend darin besteht, den größtmöglichen, persönlichen Lustgewinn aus der Ernährung, der Arterhaltung bzw. der Sexualität und dem „Wohlstand" zu ziehen. Hier schafft sich der Mensch der *Allgemeinen Plattform* seine sogenannte „Identität" – ein Konstrukt, das er „Ich" nennt, das er mit allerlei Eitelkeiten ausschmückt und, wenn auch fälschlicherweise, als sein „wahres Sein", sein „Selbst" oder als sein „Dasein" empfindet.

An dritter Stelle kommt das *Dasein*. Es liegt schon außerhalb des Verstehens dieser *Allgemeinen Plattform* und wird als ganz selbstverständlich erachtet. Das Dasein oder die Natur werden hier nur insofern respektiert, als sie persönlichen Zwecken dienen. Ansonsten werden sie mit Füßen getreten, missachtet oder sogar zerstört.

An vierter Stelle steht die *Würde*. Auf der *Allgemeinen Plattform* steht „Würde" als vages Wort am fernen Horizont. Die „Würde des Menschen" wird hier als „unantastbar" bezeichnet, während ihre „Träger" unaufhörlich menschenunwürdige Handlungen begehen, Ihresgleichen missachten, betrügen, missbrauchen, quälen oder sogar ermorden und abschlachten.

Und – unglaublich, aber wahr – an der geringst geschätzten Stelle in der Werteordnung der *Allgemeinen Plattform* steht das *Ursprüngliche Bewusstsein*. Für den Menschen dieser Plattform dient „Bewusstsein" lediglich dazu, in seiner

subjektiven Welt die Eigeninteressen seines „Ichs" durch-
zusetzen. „Bewusstsein", besteht für ihn lediglich aus
„Schlussfolgerungen". Ansonsten ist es für ihn nichtexis-
tent.

Befangen und gefangen in seiner subjektiven „Identität"
und einer Welt der „Ich"-Haftigkeit interessiert sich der
Mensch der *Allgemeinen Plattform* kaum für seinen Ursprung, seine Herkunft, seine wahre Natur, den Sinn und
Zweck seines Daseins oder für sein wahres Sein.
Das Interesse für seine Herkunft beschränkt sich hier allerhöchstens auf seine Ahnenreihe. Er „lebt" vor sich hin,
ohne zu wissen woher er kommt und wohin er geht. Sein
Universum endet sozusagen an seinem Tellerrand. Religion und Spiritualität, welche eigentlich dafür gedacht waren, den Menschen zu seinem wahren Sein und seinen Urgrund zurückzuführen, werden zur Etikette, zur „Sonntagsreligion", zu blindem Glauben, starrsinnigem, fanati-
schem Dogmatismus und abergläubischer „ich will so bleiben, wie ich bin" Wellnessesoterik degradiert.

Bestimmt von den Trieben der Selbst- und Arterhaltung
bleibt der Mensch dieser Plattform in seiner Entwicklung
auf der Stufe eines „höheren" Tieres stehen. Er wähnt sich
zwar als „Krone der Schöpfung", muss aber oft einen
menschenunwürdigen Tod sterben und wie ein Tier ver-
enden.
Es ist das spirituelle Wesen, das einen Menschen vom Tier
unterscheidet. Wenn er seine spirituelle Seite verkümmern

lässt, bleibt er ein Tier, lebt wie ein Tier und stirbt wie ein Tier, gleichgültig, wie weit er seine Persönlichkeit kultiviert hat und welche Stellung er innerhalb der gesellschaftlichen, kulturellen oder politischen Landschaft einnimmt.

Der Mensch der *Allgemeinen Plattform* ist immer nach außen gerichtet. Er selbst und sein Leben werden von *äußeren, vorübergehenden* Formen und Dingen angestoßen, bestimmt und dirigiert. Sein Handeln wird von gelernter, anerzogener Moral oder Unmoral, von Eitelkeit, Stolz, Eifersucht, Neid, Ehrgeiz, Habsucht und Gier usw., angetrieben. Lob, Anerkennung, Ehre und Schmeicheleien aller Art erfüllen ihn mit Freuden und Glücksgefühlen, während ihn Gegenteiliges schmerzt, ihn kränkt, ihn erniedrigt, ihn resignieren lässt und mit Trauer oder Wut erfüllt.

Bei genauerer Betrachtung ist hier durchaus die Ähnlichkeit mit einem Hund erkennbar, der freudig mit dem Schwanz wedelt, wenn er von seinem Herrn gelobt und belohnt wird, oder, der seinen Schwanz einzieht und auf dem Boden kriecht, wenn er getadelt wird.

Der Mensch der *Allgemeinen Plattform* ist der *gemeine* Mensch. Der Mensch der *Spirituellen Plattform* hingegen ist mehr nach innen, auf sein inneres Wesen, auf die Tiefe des Seins gerichtet. Sein Handeln wird eher von Verständnis und Mitgefühl bestimmt als von äußeren Umständen.

Der Einfluss der *Spirituellen Plattform* auf die *Allgemeine Plattform*, in Abb.1 als gestrichelt Linie dargestellt, ist nur sehr gering. Zwar haben große Religionsstifter über Jahrtausende immer wieder versucht der *Allgemeinen Plattform* spirituelles Wissen und Verstehen zu vermitteln, aber es hat immer nur einzelne, empfängliche Individuen wirklich er- erreicht und sie ermutigt einen *„Inneren Weg"* zu gehen.

Der Großteil dieses vermittelten, spirituellen Wissens und Verstehens wird innerhalb der *Allgemeinen Plattform* immer wieder verwässert, zu blindem Glauben oder zu sentimentaler Wellnessesoterik umgebaut und degradiert. Im schlimmsten Fall wird es sogar so fehl- und missgedeutet, dass es als Rechtfertigung dient, schlummernde Bestialität auszuleben und andersdenkende Wesen zu vernichten. Gleichzeitig hat es aber auch den Moralkodex vieler Menschen zum Besseren gewendet und in manchen Kulturen ein friedlicheres Zusammenleben ermöglicht.

Ist die *Allgemeine Plattform* der Ort der „Ich"- und Persönlichkeitskultur, der vielfältigen, persönlichen Standpunkte und Meinungen, der Ort des Geborenwerdens, des Erhaltens und Sterbens, der Ort der Freude und des Leidens, kurz, der Ort der getrennten Gegensätze, so ist die *Spirituelle Plattform* der Ort des Ursprungs, des Wesentlichen, des wahren Seins und der Einheit.

Hier gibt es nur einen einzigen Standpunkt und einen einzigen 360 Grad Blickwinkel. Hier vereinigen sich Tag und Nacht, Freude und Leid, Geburt und Tod, usw. zu einer einzigen untrennbaren Einheit.

Dementsprechend gestaltet sich auf der *Spirituellen Plattform* des Verstehens auch die Rangordnung von Werten, die mehr auf das *Wesentliche* und *Wahre* ausgerichtet und der Werteordnung der *Allgemeinen Plattform* entgegengesetzt ist. (Abb.1). Das Verstandene kann hier nur sehr beschränkt mit Worten ausgedrückt werden, es gestaltet sich mehr visionär als intellektuell und begrifflich.

Im folgenden Kapitel sollen nun, der Mensch, sein Dasein sowie seine Möglichkeiten zu erwachen und wahres Sein zu erlangen, vom spirituellen Standpunkt aus, näher betrachtet werden.

Der Mensch

In der folgenden Darstellung des Menschen, wie er leibt und lebt, werden die anatomischen, physiologischen oder medizinischen Gegebenheiten weniger berücksichtigt als seine inneren Erlebnisräume und sein Dasein als ein Organismus, in welchem sich in ganz spezifischer Weise Bewusstsein manifestiert.

Es werden nicht nur Erkenntnisse moderner Psychologie und Gehirnforschung berücksichtigt, sondern vorrangig auch religionsübergreifende Ideen einer spirituellen Psychologie, wie sie uns zum Beispiel vom Urchristentum und von fernöstlichen Lehren des Buddhismus und des Taoismus usw. vermittelt werden.[1]

Das Dargestellte sollte vom interessierten Leser nicht nur gelesen, sondern durch Selbstbeobachtung und Nachdenken bis in die Tiefe studiert und verifiziert werden, denn erst wenn wir uns selbst verstehen und kennen, können wir auch unser Dasein und die Tiefe unseres Seins als kosmische Erscheinung verstehen.

Den Beschreibungen sind, zum Zweck eines nicht nur wörtlichen, sondern auch bildlichen Verständnisses, mehrere grob-schematische Abbildungen[2] hinzugefügt.

---

[1] Siehe Literaturverzeichnis

[2] Alle Abbildungen in diesem Buch sind vom Verfasser frei erfunden. Eventuelle Ähnlichkeiten mit anderen Abbildungen oder Grafiken sind rein zufällig.

**Wir können das Dasein des Menschen in verschie-
dene Schichten einteilen:** (Abb.2)

- **Seine Umwelt**, in welche der Körper mit seinen Organsystemen eingebettet ist. Die Umgebung des Menschen
ist sozusagen die Erweiterung seines Körpers, sie gehört
zu ihm. Genetische, typologische und psychologische
Dispositionen zählen hier ebenfalls zu seiner Umwelt,
weil er als Bewusstsein in diese hineingeboren wird.

- **Seine Sinne**, die Tore durch die Eindrücke aus seiner
Umgebung in ihn eintreten.

- **Sein Denken**, das die Sinneseindrücke verarbeitet, beurteilt und zuordnet.

- **Seine Emotionen**, die ihn zustimmend oder ablehnend
auf die empfangenen Eindrücke reagieren lassen.

- **Sein Lebenswillen** mit den Trieben und Instinkten der
Selbst- und Arterhaltung.

- **Sein Bewusstsein.** Es stellt das Erlebende und Erlei-
dende in einem Menschen dar, oder seine „Seele".

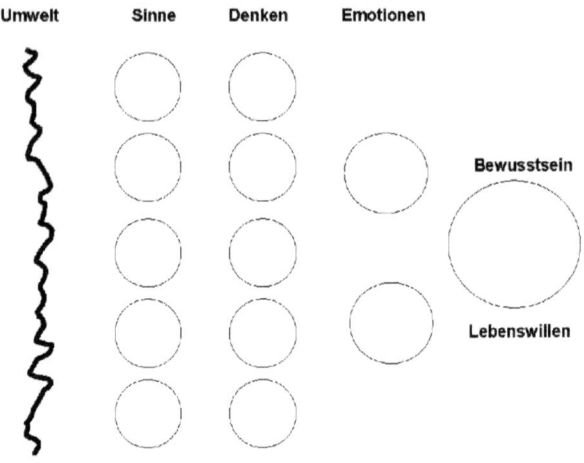

Abb. 2
Die Schichten des Menschen und die noch leeren Zentren
des Denkens und Fühlens

Im Menschen können zwei Arten von Bewusstsein unterschieden werden, nämlich: *geformtes* Bewusstsein und *ursprüngliches, ungeformtes* Bewusstsein

Geformtes Bewusstsein ist gebundenes Bewusstsein. Es ist im Körper, in Trieben, in Instinkten, in Wünschen, in Gedanken, in Emotionen und in Strukturen der Persönlichkeit eingebunden und darin verstrickt. Durch diese Verstrickung hat es Form angenommen und kann von dieser kaum mehr unterschieden werden. Wann immer wir „Ich" sagen, handelt es sich um *geformtes* Bewusstsein.

Ungeformtes, reines Bewusstsein hingegen steht außerhalb jeder Form, obwohl es alle Form durchdringt. Es gleicht eher einem Schwingungsfeld. Es kann nur in tiefer Meditation, in tiefster Stille erfahren werden. Es ist nicht „Ich", es ist tiefstes, ewiges Sein. Es ist der göttliche Funke oder die Seele im Menschen, die nur dann in ihrer Ursprünglichkeit hervortreten können, wenn sie von allen Verstrickungen gelöst sind. Weil ursprüngliches Bewusstsein außerhalb jeder Form liegt, liegt es auch außerhalb der Zeit. Es ist das Dauerhafte, das Ewige im Menschen.

Der Mensch, der nur in Formen und Vorstellungen lebt, kann es nicht kennen und wird es, solange er es selbst nicht erfahren hat, auch bezweifeln - wie etwa diejenigen, die Bewusstsein lediglich als ein Epiphänomen des Körpers betrachten, oder diejenigen, die lediglich schlussfolgern, dass es existiert, weil sie einige „intelligente" Handlungen verrichten können.

Wenn das Bewusstsein oder die Seele aber lediglich Epiphänomene des Körpers und somit sterblich wären, dann wäre mit dem Tod des Körpers auch alles tot und alles gelöst.

Warum aber leiden wir dann? Warum können wir dann Freude empfinden? Warum schaffen wir dann Werte? Warum gibt es dann überhaupt so etwas wie Leben, wenn ursprünglich alles tot ist? Warum stellen wir dann überhaupt Fragen? Warum tauchen dann Bewusstsein und Lebenswillen immer wieder in neuen Organismen auf, wenn sich das Ganze nicht auf einem *ewigen* Hintergrund abspielt?

Ungeformtes, reines Bewusstsein kann immer nur vom einzelnen Menschen allein, in seinem tiefsten Inneren erfahren und deshalb auch nicht bewiesen werden, wie beispielsweise eine wissenschaftliche Erkenntnis.

Im Evangelium nach Thomas[3] finden wir hierzu eine interessante Passage:

„Jesus spricht": „Ich werde euch das geben, was kein Auge gesehen und was kein Ohr gehört hat und was keine Hand berührt hat und was nicht in den menschlichen Sinn gekommen ist." (Logion 17 p. 36,5-9)

Wenn wir ursprüngliches, reines Bewusstsein erfahren wollen, müssen wir es suchen. Und wenn wir es suchen, müssen wir vorerst auf diejenigen vertrauen, die es erfahren haben und uns von dessen Existenz berichten. Sonst haben wir kaum eine Chance, es jemals selbst zu erfahren. Ungeformtes, reines Bewusstsein liegt nämlich außerhalb des intellektuellen Verstehens und auch außerhalb des Eigenwillens eines Menschen. Wir können es nur erfahren, wenn wir sowohl die Grenzen unseres Intellekts, als auch die unserer emotionalen Gegebenheiten überschreiten und bis zu unserem tiefsten Wesensgrund vordringen.

Ebenso wie das ursprüngliche, reine Bewusstsein liegt auch der *Lebenswillen* außerhalb des intellektuellen Verstehens und des Eigenwillens eines Menschen. Der Eigenwille des Menschen entsteht nämlich erst mit der Bildung

---

[3] Schröter, Jens/Bethge, Hans-Gebhard: Das Evangelium nach Thomas (NHCII,2)

der Persönlichkeit oder eines „Ich"-Bewusstseins, während der Lebenswille und das ungeformte Bewusstsein schon von vornherein gegeben sind.

Der Lebenswille ist der Drang zu Sein. Das ungeformte Bewusstsein ist die *organisierende Kraft*, die alles Sein durchdringt, umgibt und zusammenhält.

Der Eigenwille eines Menschen hat also weder Einfluss auf die Umgebung, in die er hineingeboren wird, noch auf den Lebenswillen, und auch nicht auf das Quantum an ungeformtem Bewusstsein, das ein Mensch bei seiner Entstehung mitbringt.

Von diesem Gesichtspunkt aus wird der Mensch, und mit ihm ein gewisses Quantum an ungeformtem Bewusstsein, sozusagen *ungefragt* ins „Leben" hineingeworfen und mit seinem Tod, ebenfalls *ungefragt*, auch wieder aus dem „Leben" herausgerissen. Das heißt auch, dass er von der Empfängnis bis zu seinem Tod verschiedenen Einflüssen ausgesetzt ist, denen er sich weder entziehen, noch willentlich Einfluss darauf nehmen kann – und zwar gleichgültig wie viel „Selbstbestimmung" oder „freien Willen" er sich während seines „Lebens" in seiner subjektiven Welt einbildet. Sein Leben gehört ihm also gar nicht, sondern er gehört dem Leben!

Wir können uns hier folgende Fragen stellen:

Was ist der Sinn und Zweck des Ganzen?

Warum ist der Mensch „Mensch" geworden?

Warum nimmt das ursprüngliche, formlose Bewusstsein die Form eines Menschen an?

Fragen, auf die der Leser in späteren Kapiteln möglicherweise eine Antwort finden wird.

Die Bildung der Persönlichkeit und die Folgen

Der menschliche Organismus ist mit einem gewissen Maß an ungeformtem Bewusstsein zwischen dem Drang zu sein, nämlich dem Lebenswillen, und den von außen kommenden Einflüssen aus seiner Umgebung eingebettet. Durch das Aufeinandertreffen dieser inneren und äußeren Kräfte, denen das ungeformte Bewusstsein nun ausgesetzt ist, beginnt sich im menschlichen Organismus etwas zu bilden, das wir „Persönlichkeit", „Identität" oder „Ich" nennen.

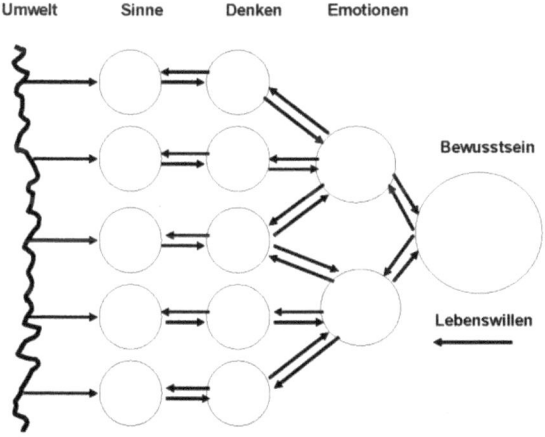

Interaktion zwischen Umgebungseinflüssen und Lebenswillen
Abb. 3

Durch die Interaktionen zwischen den nach innen fließenden Umgebungseinflüssen und dem nach außen fließenden Lebenswillen bilden sich in den vorerst leeren Zentren des Denkens und Fühlens einzelne Muster, die sich untereinander verbinden. Diese Verbindungen entsprechen den neuronalen Netzen in unserem Gehirn. (Siehe Abb. 4)

Die Bildung der Muster des Denkens und Fühlens geschieht anfänglich vollkommen mechanisch und autonom ohne unser persönliches Zutun. Diese mechanisch gebildeten Muster bestimmen unser Denken, unser Fühlen, unser Erleben, unsere Reaktionen auf bestimmte Dinge, unsere Meinungen und unser Rollenverhalten, welche allesamt ebenfalls mechanisch ablaufen – auch wenn wir das anders empfinden mögen und diese Dinge als absichtliche Handlungen bezeichnen. Auch bei späteren, absichtlichen, mit Anstrengungen verbundenen Lernprozessen bilden sich ebenfalls bestimmte Muster, die aber letztendlich durch ständiges Wiederholen ebenfalls mechanisiert werden.

In ihrer Gesamtheit machen diese gebildeten Muster und Rollen die Persönlichkeit oder die sogenannte „Identität" eines Menschen aus. Das ursprünglich ungeformte Bewusstsein hat so Form angenommen.

Jedes einzelne Muster, jede Reaktionsweise oder Rolle kann in sich mehr oder weniger eingebundene Bewusstseinsanteile enthalten, wodurch es zu einer Identifikation des ursprünglich ungeformten Bewusstseins mit den entsprechenden Mustern, Rollen und Anschauungen der Persönlichkeit kommt.

Diese Identifikationen des ursprünglich leeren und ungeformten Bewusstseins können vom spirituellen Standpunkt aus gesehen als „Sündenfall" oder auch als „Verstrickung" bezeichnet werden, weil das ursprüngliche, göttliche Bewusstsein durch diesen Vorgang von seiner wahren
Natur „herunterfällt" und in den Mustern und Rollen der
Persönlichkeit gebunden und „verstrickt" wird.

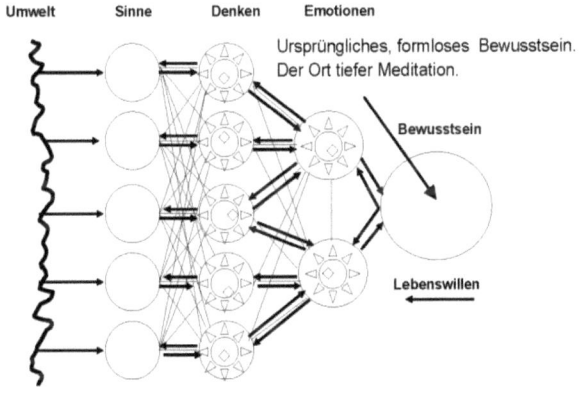

Abb. 4
Durch Interaktion gebildete Muster in den Zentren des Denkens und
Fühlens.
Die kleinen Quadrate in den Mustern stellen die gebundenen Bewusst-
seinsanteile der einzelnen Muster dar.

Ist erst mal die Identifikation mit einem Muster oder einer
Rolle vollzogen, nennt der Mensch dieses Muster oder
diese Rolle „Ich". Dann beginnt er zu wähnen, *wer* oder
was er ist: „Ich bin Frau/Herr soundso", „gut", „schlecht",
„schön", „hässlich", „dieses oder jenes", usw.

Auf diese Weise entsteht ein Wahn vom „Ich", der gar nicht als solcher erkannt wird und den Menschen oft bis zu seinem Tod begleitet.

Und weil durch unterschiedliche Umgebungseinflüsse auch unterschiedliche Gefühlsmuster, Denkmuster oder Rollen angestoßen und aktiviert werden, nennt der Mensch den jeweils im Vordergrund stehenden aktiven Reaktionsmechanismus „Ich". Die passiv gewordenen und in den Hintergrund getretenen Reaktionsmechanismen verliert er aus seinem Gesichtsfeld. Auf diese Weise entsteht seine subjektive Welt, die durch eine beschränkte Wahrnehmung der Wirklichkeit gekennzeichnet ist.

Aufgrund dieses Vorgangs kann ein Mensch im Laufe eines Tages mehrmals seine Rollen wechseln, wie ein Chamäleon seine Farben wechselt, ohne dass er dies bemerkt. Vielleicht bezeichnet er diesen Wechsel als Änderung seiner „Stimmung" oder seines „Gemütszustandes" usw.

Aber dass sein „Ich" sich gewandelt hat, bemerkt er nicht. Er glaubt weiterhin sein sogenanntes „Ich" sei eine beständige Einheit.[4]

Auf diese Weise wird der Mensch, ohne es zu bemerken, Sklave seiner vom Leben und seiner Erziehung gebildeten mechanischen Reaktionsmuster und Rollen.

Das Eingeständnis der Tatsache, dass wir Sklaven unserer mechanisierten Muster, Rollen und Anschauungen sind,

---

[4] Siehe auch: Ouspensky, Peter D.: Psychologie der möglichen Evolution des Menschen.

und deren Widerspiegelung im leeren, inhaltlosen Bewusstsein, könnte uns ein Stück freier machen. Denn die Widerspiegelung oder die Betrachtung eines gerade aktiven Musters oder einer aktiven Rolle kann nur aus einer gewissen Distanz erfolgen – also im Bewusstsein, das außerhalb dieses Musters oder dieser Rolle steht.

Solange wir aber glauben, dass unsere mechanischen Reaktions- und Verhaltensweisen absichtlich und von uns selbst gewollt seien, oder wir sie rechtfertigen, solange können wir sie weder betrachten, noch uns von ihnen distanzieren. Dann bleiben wir ihnen verhaftet.

Durch die innere Anstrengung, ein Persönlichkeitsmuster oder eine Rolle im leeren Bewusstsein widerzuspiegeln, wird der Schwerpunkt eines Menschen vorübergehend aus dem in der Persönlichkeit liegenden Reaktionsmuster herausgezogen und in das leere Bewusstsein verlagert, wodurch die Identifikation, das heißt, die Verschmelzung des Bewusstseins mit dem gegebenen Muster vorübergehend unterbrochen wird. Und solange ein Mensch diesen Zustand der Nicht-Identifikation aufrechterhalten kann, solange ist er *frei*. Er kann dann entscheiden, ob er einem bestimmten Denkmuster oder einer Emotion folgen will oder nicht. Anderenfalls bleibt er ein Sklave physiologischer und psychologischer Mechanismen, eben ein biologischer Automat.

In spiritueller Hinsicht bedeutet Freiheit nämlich nicht, tun und lassen zu können, was immer man „will", sondern, dass das Bewusstsein frei von Identifikationen mit jedweder Form, Muster oder Rolle ist.

Zugegebenermaßen ist ein Zustand der Freiheit des Bewusstseins für einen Menschen nur dann möglich, wenn er sich sehr lange oder gar ein Leben lang in der Kunst der Kontemplation und der Meditation (= stilles Verweilen im ursprünglichen, formlosen Bewusstsein) geübt hat. Siehe Abb. 4.

Zu diesem Zweck müssen wir uns nach innen wenden, weg von der Persönlichkeit und hin zum leeren, ungeformten Bewusstsein, wo wir unsere wahre Natur und innere Freiheit finden können.

Jede einzelne Rolle innerhalb der Persönlichkeit besteht aus mehreren kleineren Rollen, Denkmustern und emotionalen Mustern, welche durch Eindrücke aus der Umgebung in Gang gesetzt werden können. (Abb.5)

Die Aktivierung und Ingangsetzung eines kleinen Denk- oder Emotionsmusters können durch minimalste Sinneseindrücke ausgelöst werden und durch eine Art Kettenreaktion eine größere Rolle auf den Plan rufen.

So kann zum Beispiel ein einziges Wort, ein Geruch, ein Geräusch, ein Blick usw. genügen, um eine ganze Kaskade ineinandergreifender Muster des Denkens und Fühlens auszulösen, in der sich das Bewusstsein dann verliert und die Rolle oder das Reaktionsmuster autonom zu agieren beginnt.

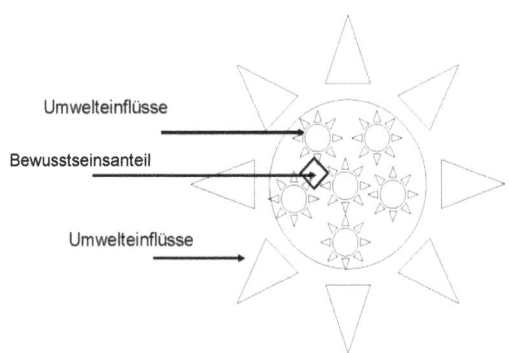

Abb. 5
Einzelne durch Umwelteinflüsse angetriebene Rolle mit
eingebundenem Bewusstseinsanteil

Dieser Vorgang entzieht sich meist unserer Wahrnehmung, weshalb wir das Befangen Sein in einem Muster o-
der in einer Rolle gar nicht als Einschränkung unseres Bewusstseins und unserer Freiheit erkennen können.

Vielmehr sind wir davon überzeugt, dass wir alles im Blick
und unter Kontrolle hätten, und, dass die aus einem oder
mehreren Mustern mechanisch resultierenden Handlungen unsere eigenen, gewollten Entscheidungen seien.

Bestimmte Reaktionsmuster kristallisieren sich im Laufe
des Lebens als unsere Hauptrollen heraus und stellen unsere typischen Persönlichkeitsmerkmale dar.

Wenn diese Hauptrollen auch noch mit Mustern wie Eitelkeit, Stolz, überhöhte Selbstwertschätzung oder ähnlichem

behaftet sind, gibt es für das mit diesen Rollen identifizierte Bewusstsein kaum ein Entrinnen mehr. Es sitzt dann in einem ausgeschmückten, goldenen Käfig, den es „Ich" nennt, fest, mit der Folge, dass es durch diesen Käfig die Wirklichkeit nur noch eingeschränkt, verzerrt und entstellt wahrnimmt. In diesem Käfig bleibt es meist lebenslang eingesperrt.

In spiritueller Hinsicht ist dies ein Zustand der „Verblendung", wodurch der Mensch daran gehindert wird, seine Sterblichkeit und seine wirkliche, oft schreckliche Situation zu erkennen.

Er sieht dann zwar, dass andere Menschen sterben, aber die Unumgänglichkeit seines eigenen Todes erscheint ihm, wenn überhaupt, allerhöchstens als vager, flüchtiger Gedanke am äußersten Rand seines Intellekts, was ihn auch nicht sonderlich stört oder berührt.

Er lebt dann wie gewohnt im Halbschlaf, mit einem eingeschränkten Gesichtsfeld und in einer Art unbemerktem seelischen Dünkel sein Leben weiter, als ob er unsterblich wäre. Um diesem inneren Seelendünkel entfliehen zu können, raten uns die Urväter des Christentums, uns immer wieder unserer Sterblichkeit und unseres bevorstehenden Todes zu erinnern.

Die einzelnen Reaktionsmuster und Rollen der Persönlichkeit werden durch die eingebundenen Bewusstseinsanteile beseelt und machen beschränkt „intelligentes" und „autonomes" Handeln im Sinne von Eigeninteressen möglich.

Das in den Mustern oder Rollen eingebundene Bewusstsein ist immer auf die Eigeninteressen der entsprechenden Rolle beschränkt und niemals umfassend, weshalb es innerhalb der Persönlichkeitskultur unserer Gesellschaft so viele verschiedene, oft gegensätzliche Interessengemeinschaften gibt, die sich gegenseitig bekämpfen und manchmal sogar auch vernichten.

Zusammenfassend können wir sagen, dass die Folgen der Bildung der Persönlichkeit im Wesentlichen aus einer Eintrübung des ursprünglichen Bewusstseins, einer eingeschränkten, verzerrten Wahrnehmung der Wirklichkeit und der Bildung eines illusionären „Ichs" bestehen.

Diese Folgen bilden die Grundlagen für eine Persönlichkeitskultur in einer illusionären Welt.

Persönlichkeit und Persönlichkeitskultur

Alle im Leben erworbenen Reaktionsmuster, Rollen und Fähigkeiten machen die Persönlichkeit eines Menschen aus.

Die Persönlichkeit ist ein notwendiger Anpassungsmechanismus an die Umgebung und ist zwischen Umgebungseinflüssen und ungeformtem Bewusstsein geschaltet. Durch die in der Persönlichkeit verankerten Reaktionsmuster und Rollen tritt sie in Interaktion mit ihrer Umgebung. Und je mehr Muster, Rollen und Fähigkeiten sie durch Lernprozesse im Laufe des Lebens erworben hat, umso vielseitiger und anpassungsfähiger ist sie.

Im Normalfall sind verschiedene, gegensätzliche Muster und Rollen miteinander verbunden und üben einen gegenseitig hemmenden und ausgleichenden Einfluss aufeinander aus, sodass beispielsweise moralische Instanzen unmoralische Tendenzen hemmen können und ein relativ harmonisches Leben in einem sozialen Umfeld möglich wird. Ist die Verbindung zwischen gegensätzlichen Mustern aber gestört oder gar kein gegensätzliches Muster vorhanden, kann ein gerade aktives Muster hemmungslos agieren und den gesamten Anpassungsapparat Persönlichkeit aus dem Gleichgewicht bringen.

Ein solches Ungleichgewicht zwischen gegensätzlichen Mustern reicht, je nach den betroffenen Mustern, von fast unauffälligen Verhaltensanomalitäten bis hin zu Schwerstverbrechen.

Eine andere Ursache eines oft unbemerkten Ungleichgewichts in der Persönlichkeit sind unsere Hauptrollen und Hauptmuster, welche sich, durch ständige Identifikation des Bewusstseins mit ihnen, untereinander verbinden und zu einer Art Scheinidentität unserer Selbst werden. Diese Scheinidentität, die wir „Ich" nennen, beschränkt unser Bewusstsein und lässt uns glauben, zu wissen *wer* oder *was* wir sind.

Die Scheinidentität beinhaltet meist genügend moralische Instanzen, um ein vorwiegend reibungsloses Leben in unserem sozialen Umfeld zu gewährleisten.

Und weil unser soziales Umfeld ebenfalls von Persönlichkeits-Scheinidentitäten besiedelt ist, erfahren wir hier jegliche Unterstützung, um unser wenn auch falsches, geliebtes und fürsorglich gehegtes Selbstbild aufrechtzuerhalten. Dennoch auftretende Unpässlichkeiten lernen wir zu rechtfertigen, sie auszublenden oder anderen dafür die Schuld zuzuweisen.

Auf diese Weise entsteht in allen Gesellschaftsformen eine Persönlichkeitskultur – ein soziales Wertesystem und Netzwerk, in das wir meist bis ans Ende unserer Tage eingebettet sind und darin verstrickt bleiben.

Es ist ein System, das vorwiegend aus anerzogenen, meist künstlichen „Werten" besteht und den Menschen von seinem wirklichen Wesen, das in seinem ungeformten Bewusstsein liegt, trennt und den Schwerpunkt seines Daseins in die Persönlichkeit, in seine Scheinidentität verlegt. Der in die Persönlichkeit verlagerte Schwerpunkt wird nun zum Gravitationsfeld, das dem Bewusstsein und dem Lebenswillen die Kraft entzieht, um sie für persönliche Interessen nutzbar zu machen.

Dann rücken Eigeninteressen, Stolz, Eitelkeit, Eifersucht, Neid, Habgier und der Wunsch nach Anerkennung, Ruhm und Ehre usw., im Leben eines Menschen in den Vordergrund.

Diese Eigenschaften werden dann als „normal" oder „menschlich" bezeichnet und allgemein anerkannt, obwohl sie eher zur Tierwelt als zum wirklichen Menschen gehören.

Das Wissen um die eigene Sterblichkeit wird vollständig ausgeblendet oder erreicht, wie bereits erwähnt, lediglich als kurzfristiger, flüchtiger Gedanke die äußersten Schichten des Denkens, ohne den Menschen in seinem innersten Wesen zu berühren.

Wirkliche Religiosität, im Sinne einer Rückverbindung zum eigenen Urgrund, zum wahren Wesen und wahren Sein, wird dann entweder zur „Sonntagsreligion" oder zu einem Aushängeschild für persönliche und politische Interessen verfälscht, oder ganz und gar als Mumpitz abgetan.

Auf diese Weise ist aus dem Persönlichkeitskult eine künstliche Glitzer- und Glamourwelt – die vorwiegend aus Illusionen und Einbildungen besteht – mit ihren vorübergehenden Freuden, Glücksgefühlen, Enttäuschungen, Sorgen, Nöten und Leiden hervorgegangen, welche für die Persönlichkeit die einzige und alleinige Realität darstellt.

Dadurch werden die in der Persönlichkeit verankerten Bewusstseinsanteile vollständig von deren Ursprung abgetrennt, und es entsteht eine Person, die von der eigenen Natur und von ihrem Ursprung abgespalten ist. (Abb. 6) Auf diese Weise verbrauchen sich das ursprüngliche Wesen, das Bewusstsein, der Lebenswille und die Lebensenergie des Menschen in einer Welt der Vorstellungen, Täuschungen und Enttäuschungen mit immer wieder neu aufflackernder Hoffnung auf ein „besseres Morgen".

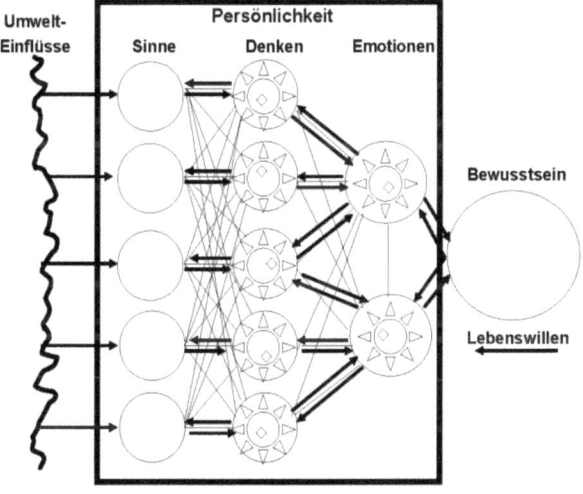

Abb. 6
Persönlichkeit als autonome Funktionseinheit, die vom ursprünglichen Bewusstsein abgespalten ist.

Aber dieses „bessere Morgen" wird nicht anders als das „Heute" sein. Es wird voll von neuen Täuschungen und Enttäuschungen sein – bis die Lebensenergie vollständig aufgebraucht ist, versiegt, und der Mensch abgetrennt von seinem unsterblichen Urgrund stirbt. Eine Tragödie, die fast allen Menschen widerfährt!

Die Persönlichkeit und der Körper eines Menschen sollten *Werkzeuge* sein, nicht mehr und nicht weniger, und wir sollten sie als solche auch pflegen und solange wie möglich instandhalten. Aber sie werden trotzdem, früher oder später, der Abnutzung und dem Verfall unterliegen.

Deshalb sollte uns immer wieder klar sein: Der Körper und die Persönlichkeit sind vorübergehende Erscheinungen. Sie sind lediglich die äußeren Hüllen, die Bekleidung des Wesens eines Menschen und sie sind STERBLICH!

Durch die Identifikation des Bewusstseins mit dem Körper und der Persönlichkeit wird das ursprüngliche Wesen und Sein des Menschen, das heißt, der Mensch selbst zu einer vergänglichen Erscheinung und dem Verfall unterworfen.

Wenn dann der Verfall des Körpers und der Persönlichkeit unumkehrbar eingesetzt hat, verfällt auch der Mensch und stirbt. Und wenn dieser Verfall, wie so oft, langsam vor sich geht und die einzelnen Muster und Rollen der Persönlichkeit nur nach und nach verfallen und sterben, wird der Mensch dement und stirbt in geistiger Umnachtung einen oft menschenunwürdigen Tod.

Die Persönlichkeitskultur und die Identifikation mit der Persönlichkeit halten den Menschen in einer Art hypnotischen Schlafzustand, in welchem er Handlungen ausführen kann, ohne zu bemerken, dass er schläft.[5]

Und wenn er nicht rechtzeitig umkehrt, das heißt, aus seinem hypnotischen Schlaf erwacht, die Identifikation mit der Persönlichkeit bricht und seinen Schwerpunkt ins ursprüngliche, ungeformte Bewusstsein verlegt, wird seine Umkehr überfällig oder gar für immer vereitelt.

Erwacht er nämlich nicht, bevor er seine kognitiven Fähigkeiten verloren hat, wird es für ihn keine Umkehr mehr geben. Dann wird er nicht nur sein gesamtes Leben in einer Art Halbschlaf verbringen, er wird dann auch in einer Art Dämmerzustand als ein fragmentiertes Wesen sterben. Rechtzeitige Umkehr heißt also umzukehren, solange die kognitiven Fähigkeiten eines Menschen noch vollständig intakt sind. Denn ohne Erkenntnis seiner wirklichen Situation gibt es kein Erwachen, ohne Erwachen keine Auflösung der Identifikation mit der Persönlichkeit, und ohne Auflösung der Identifikation mit der Persönlichkeit gibt es kein Verlagern des Schwerpunktes in das ursprüngliche, ungeformte Bewusstsein oder ins wahre Sein des Menschen.

Solange ein Mensch mit Inhalten seiner Persönlichkeit identifiziert ist und sich dadurch in einer Art Traum- oder Schlafzustand befindet, kann er, ähnlich wie bei einem nächtlichen Traum, nur durch etwas Erschreckendes erwachen.

---

[5] Siehe auch: Ouspensky, Peter D.: Auf der Suche nach dem Wunderbaren.

Sowohl die „schönen", als auch die „unschönen" „Lebens"-Träume gehören zum Alltagsschlaf des Menschen. Aus den „Unschönen" kann er aber leichter erwachen, weil sie mehr Schreckmomente enthalten.

Solche Schreckmomente können zum Beispiel die Erkenntnis seiner wirklichen Situation, eine schwere Krankheit oder auch der Tod eines Nahestehenden sein.

Wenn ein Mensch erkennt, dass er Sklave seiner in der Persönlichkeit angelegten, vorübergehenden, mechanischen Muster und Rollen ist und diese Erkenntnis nicht nur in seinem Denken, sondern gleichzeitig auch in seinem Fühlen stattfindet, dann wird er sicherlich erschrecken und es kann ihn, wenn auch nur kurzfristig, aus seinem „Lebens"-Traum oder Alltagsschlaf erwachen lassen.

Ebenso kann ihn die Erkenntnis und Bewusstwerdung seiner eigenen Sterblichkeit aufschrecken lassen und das Verlangen nach etwas Dauerhaftem in ihm wecken.
Dieses Dauerhafte Etwas in ihm ist sein ursprüngliches, ungeformtes Bewusstsein, ein Etwas das einem Spiegel gleicht, der alles, was vor ihn tritt, widerspiegelt, aber sich selbst immer gleichbleibt. Es ist das, was wir „Seele" nennen.

Weil der Mensch aber schwach ist und die beschriebenen Schreckmomente oder Schocks, dem Prinzip der Trägheit folgend, nur eine sehr kurzfristige Wirkung zeigen, fällt er alsbald wieder unbemerkt in seinen gewohnten alltäglichen

Schlafzustand zurück und träumt seinen „Lebens"-Traum weiter.

Deshalb muss er sich immer wieder und so oft er kann seines hilflosen Ausgeliefertseins an den Lebensstrom, seiner Sterblichkeit und, nicht zuletzt, auch seines Sklaventums in den Klauen seiner Persönlichkeitsstrukturen ERINNERN.

Dennoch müssen wir an dieser Stelle in Betracht ziehen, dass die Erkenntnis unserer wirklichen Situation, sowie schockierende Ereignisse nicht notwendigerweise zum Erwachen führen müssen, sondern auch negative Reaktionsmuster in der Persönlichkeit aktivieren können, wodurch der Alltagsschlaf ohne Unterbrechung fortgesetzt oder sogar vertieft wird.

Solche negativen Reaktionsmuster äußern sich dann durch inneres oder äußeres sich beklagen, durch Selbstmitleid, Schuldzuweisungen, Resignation, bis hin zu depressiven Zuständen. Dann wird, während wir weiterschlafen, der „Lebens"-Traum zum Albtraum, ohne daraus erwachen zu können.

Dem können wir oft nur durch stille Beobachtung des Geschehens, geduldiges Abwarten und Rückbesinnung auf unser leeres, ungeformtes Bewusstsein abhelfen.

Sporadisches, kurzfristiges Erwachen reicht eben nicht aus, um den Schwerpunkt eines Menschen in das ungeformte Bewusstsein zu verlagern und dort zu verankern.

Er muss immer und immer wieder bewusste ANSTREN-
GUNGEN machen, um dies zu erreichen.

Zu solchen bewussten Anstrengungen gehören beispiels-
weise die Beobachtung unserer mechanischen Muster und
Rollen, das Erkennen und Empfinden unserer wirklichen
Situation als vorübergehende Erscheinungen, unserer
Hilflosigkeit und unseres Ausgeliefertseins.

Auch die Erinnerung daran, wie andere Menschen gestorben sind, die Vorstellung unseres eigenen Sterbens und die
Ausrichtung unserer Aufmerksamkeit auf die innere Leere
des Bewusstseins gehören dazu.

Wann immer wir vor einem Spiegel stehen, können wir uns
in die Augen sehen und BEDENKEN, dass da eine vorübergehende Erscheinung des Lebens vor uns steht, in die
sich das Bewusstsein gekleidet hat, und dass der Spiegel
eines Tages leer sein wird.

All das kann uns von den Blendwerken der Persönlichkeitskultur, wie Identifikationen, Selbstverherrlichung, Eitelkeit, Stolz, Habsucht, Gier usw. befreien.

Es kann uns bescheidener machen, es kann die verhärteten
Strukturen der Persönlichkeit auflockern und für etwas
Größeres durchlässig machen, sodass sich die in der Persönlichkeit verfangenen Bewusstseinsanteile zu ihrem Urgrund rückverbinden können – was wahrer Religiosität
entspricht.

Dann wird sich unser Schwerpunkt nach und nach zurück

in das ungeformte Bewusstsein verlagern und dort verankern. Unser Leben und unsere Welt werden sich dann
nicht mehr um die Persönlichkeit drehen, sondern um unseren innersten Wesenskern, dem Bewusstsein, unserer inneren Sonne.
Genauso wie sich die Planeten unseres Planetensystems
um die Sonne drehen und nicht die Sonne um die Planeten.

Wir werden das frühere geozentrische Weltbild nicht nur
in kosmologischer, sondern auch in psychologischer Hinsicht verlassen haben – und alles wird an seinen richtigen
Platz gerückt.

Die Persönlichkeit wird nicht mehr der Mittelpunkt der
Welt sein. Es kommt zur Umkehr der Verhältnisse. Die
Persönlichkeit wird nicht mehr der bestimmende Faktor
unseres Handelns sein, sondern wird zum Werkzeug des
Ausdrucks.

Güte, Respekt, Wohlwollen und Barmherzigkeit anderen
Wesen gegenüber werden dann nicht mehr von anerzogener Furcht vor Strafe und den Mustern unserer morali-
schen Erziehung bestimmt, sondern allein von der Erkenntnis, dass wir alle den gleichen Ursprung haben, aus
dem gleichen Stoff gemacht sind und hinsichtlich unserer
Sterblichkeit dem gleichen Schicksal unterworfen sind.

Wir werden wissen, dass wir uns nicht selbst geschaffen
haben.

Und wenn wir sterben, geben wir lediglich das zurück, was uns ohnehin nie gehörte.

Die Filterung von Eindrücken und die drei Welten

Die in der Persönlichkeit angelegten Denk-, Fühl- und Handlungsmuster sind nicht nur Werkzeuge, durch die sich der nach außen strömende Lebenswille zum Ausdruck bringt. Sie sind auch Filterstationen für die nach innen strömenden Sinnesreize und Schutzschilde gegen Eindrücke, die unsere Persönlichkeitsstruktur zerstören könnten. Wir sind unaufhörlich einer überwältigenden Flut von Reizen ausgesetzt. Ununterbrochen, bewusst oder unbewusst, strömen sie über die Sinnesorgane in uns ein und hinterlassen Eindrücke in unseren Zentren des Denkens und Fühlens.

Die Eindrücke und die daraus entstandenen Assoziationsmuster werden von einer Art innerem Sinn wahrgenommen und bilden die Inhalte unseres ursprünglich leeren Bewusstseins.

Der Einstrom von Reizen liefert, ähnlich wie ein elektrischer Strom, den Treibstoff für die in uns angelegten Denk-, Fühl- und Handlungsmuster.

Wie weit ein Reiz oder Eindruck in die Persönlichkeit eindringt, oder sie sogar durchdringt, ist von der Stärke des Reizes selbst und von der Empfänglichkeit einzelner Muster für bestimmte Reize abhängig.

Manche Reize erreichen lediglich unsere Sinne (Abb.7, R1); manche erreichen unser Denken, wo sie bestimmte

Assoziationsmuster anstoßen; und bei bestimmter Intensität erreichen sie auch unser Fühlen, wodurch emotionale Reaktionen ausgelöst werden (Abb.7 R2). Manche Reize treffen direkt auf emotionale Muster und lösen dort eine sofortige Reaktion aus (Abb.7 R3). Eine Ausnahme bilden Eindrücke, die direkt auf unser Wesen oder Bewusstsein treffen (Abb.7 R4). Letzteres sind Ereignisse oder Erlebnisse, welche durch einen Überwältigungscharakter gekennzeichnet sind. Hierzu gehören Nah-Tod Erfahrungen, schockierende Ereignisse, welche die gesamte Persönlichkeit vorübergehend lahmlegen, religiöse Erfahrungen, Erfahrungen der Ekstase und Erfahrungen in tiefer Meditation.

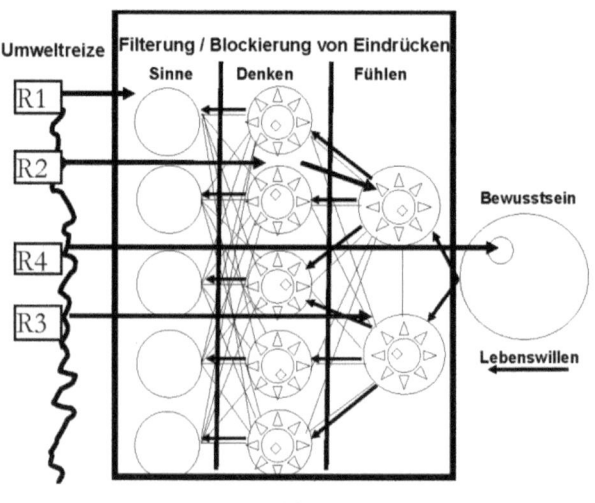

Abb. 7

Innerhalb der Persönlichkeit werden wiederholte Eindrücke nach ihrer Ähnlichkeit sortiert und in schon vorhandene Muster mit ähnlichen Eindrücken abgelegt. Auf diese Weise kommt es zur Ausprägung von vorherrschenden Denk-, Empfindungs-, Reaktions- und Handlungsmustern.

Die vorherrschenden Muster vereinigen sich schließlich innerhalb der Persönlichkeit zu unseren Hauptrollen, in welchen dann durch Identifikation unser sogenanntes „Ich" Platz nimmt.

Durch die Vorherrschaft bestimmter Muster und Rollen werden „unpassende" Reize oder Sinneseindrücke und direkte Bewusstseinswahrnehmungen in den Hintergrund gedrängt oder vollständig von unserem „Ich" - Bewusstsein ausgeschlossen.

Hinzu kommt die Tatsache, dass unsere Sinne lediglich für eine begrenzte Bandbreite von Reizen empfänglich sind, weshalb sehr viele Dinge außerhalb unserer sinnlichen Wahrnehmung liegen.

So entstehen für den Menschen drei verschiedene Welten:
- Die Welt des sogenannten „Wachbewusstseins".
- Die Halbbewusste Zwischen-Welt.
- Die Welt des Unbekannten und Unfassbaren.

Die Welt des „Wachbewusstseins"

Die Inhalte dieser Welt werden von unseren vorherrschenden Reaktionsmustern und Rollen der Persönlichkeit oder unserem sogenannten „Ich"-Bewusstsein gebildet, welche die einströmenden Reize und Eindrücke filtern und abändern oder auch blockieren, sodass sie für uns akzeptabel oder zumindest tolerierbar werden.

Auf diese Weise entsteht eine verzerrte, subjektive Welt, in der nur Teilaspekte der Wirklichkeit wahrgenommen werden. Diese Welt stellt für uns die alleinige „Wirklichkeit" dar, hat aber mit der wirklichen objektiven Welt nicht mehr viel zu tun.

Die in dieser subjektiven „Welt" befangenen Bewusstseinsanteile nennen wir „Ich".

Und weil diese verzerrte, subjektive Welt immer wieder mit Inhalten aus der wirklichen Welt kollidiert, stellen diese Kollisionen für unser „Ich" eine ständige Bedrohung dar.

Weil aber diese ständigen Bedrohungen für uns ebenfalls kaum tolerabel sind, werden auch diese gefiltert, abgeändert oder blockiert, sodass wir sie gar nicht mehr als Bedrohungen wahrnehmen.

Durch die meist unbemerkte und andauernde Abwehrhaltung, gegen diese unliebsamen Eindrücke aus der wirklichen Welt, sind wir einer chronischen inneren Anspannung ausgesetzt, die wir bewusst oder unbewusst zu lösen suchen. Das führt schließlich zu einem ständigen inneren Getrieben Sein, welches sich in unserem Trachten nach

„Erfüllung" und „Glück" manifestiert. Dies wiederum
führt zu Selbstrechtfertigungen mit inneren Selbstgesprächen, zu Gedanken die sich immer wieder im Kreise drehen, aber auch zum Wunsch nach Selbstdarstellung,
Ruhm, Ehre und Anerkennung, um von anderen einen
Rückhalt für unser bedrohtes „Ich" zu erhalten.

Und weil wir nichts anderes als die Persönlichkeitskultur
kennen, suchen wir auch nur hier, in den allgemein anerkannten und vorgegebenen äußeren Werten, nach Erfüllung oder nach Lösungen für unser inneres Getrieben Sein.
Dazu gehören der Wunsch nach Anerkennung, Karriere,
Macht, Besitz, Reichtum, Ruhm und Ehre, die Mitglied-
schaften und Aktivitäten in Vereinen, Interessengemeinschaften und politischen Parteien, die Suche nach immer
neuen aufregenderen Sinneseindrücken, Adrenalinstößen
und „Kicks", Fitness- und Anti-Aging-Trends,
Lifestylebewegungen, Leistungssport oder einfach auch
nur „gemütliches Beisammensein" mit Gleichgesinnten
usw.

So besteht fast unsere gesamte „wachbewusste" Welt, um
es in der Sprache Gurdjieff's auszudrücken, aus „Puffern"
[6], welche die unliebsamen Kollisionen mit der Wirklichkeit
abdämpfen und abmildern sollen, damit wir sie gar nicht
erst bemerken.

Die Strategien zur Aufrechterhaltung dieser subjektiven

---

[6] Ouspensky, Peter D.: Auf der Suche nach dem Wunderbaren: Perspektiven der
Welterfahrung und der Selbsterkenntnis.

„Welt" und das ständige Festhalten an unserem sogenannten „Ich" lassen um die Hauptrollen und Reaktionsmuster unserer Persönlichkeit gewisse Arten von Schutzschilden oder Panzerungen entstehen, die uns im Laufe der
Zeit innerlich verhärten lassen und unbeugsam machen.
Diese Unbeugsamkeit und Härte nennen wir dann fälschlicherweise „Selbstbewusstsein", „starke Persönlichkeit"
oder „starken Willen", während wir selbst aber in Wirklichkeit nur starr- und stumpfsinnig geworden und von unserer wahren Wesensnatur, unserer Seins-Tiefe abgetrennt
worden sind.

Weil der Großteil unserer gesamten Lebensenergie für die
Filterung von Eindrücken und für die Aufrechterhaltung
unserer Schutzschilde aufgewendet wird, während der Rest
nach außen fließt und sich in Aktivitäten unseres Privat-
und Berufslebens verbraucht, bleibt unser innerstes Wesen, unser wahres Sein, auf der Strecke und verkümmert.
So entsteht ein verdeckter, meist unbemerkter, innerer
Mangel des Menschen innerhalb der Persönlichkeitskultur!

Vollständig in die Persönlichkeitskultur eingebunden verbraucht und verschwendet der Mensch nun seine gesamte
Lebensenergie, um seine illusionäre „Welt" und sein illusi-
onäres „Leben" aufrechtzuerhalten. Er existiert dann
zwar, aber er hat kein wirkliches, sondern lediglich ein eingebildetes „Sein". Und je mehr er an dieses eingebildete
„Sein" glaubt, desto mehr erscheint ihm sein wirkliches
Sein als „Nicht-Sein" – vor dem er flüchtet und sich immer

tiefer in seine subjektive, illusionäre „Welt" verstrickt, ohne zu bemerken, dass er sich in einer immer enger werdenden Sackgasse befindet.

In der „wachbewussten" Welt findet sich der Schwerpunkt eines Menschen innerhalb der Persönlichkeit entweder mehr in seinen körperlichen Aktivitäten, mehr in seinem Denken oder mehr in seinem Fühlen, was die verschiedenen Persönlichkeitstypen und Berufssparten innerhalb der Persönlichkeitskultur hervorbringt.

So entsteht eine Rangweite von Persönlichkeitstypen, die vom einfachen Arbeiter bis hin zum hochbegabten Wissenschaftler oder Künstler reicht.

Ebenso gibt es eine von der Stärke der Persönlichkeitsstruktur und Panzerung abhängige Rangweite unterschiedlicher Persönlichkeiten: Hier finden wir in den unteren Bereichen schwache, labile, oft mit Opferrollen belegte Charaktere.

In den mittleren Bereichen finden wir meist Kleinunternehmer, „Handlanger" gesellschaftlicher Wertesysteme, Kleinkriminelle, Mitglieder von Parteien, Vereinen und Interessengemeinschaften, Demonstranten und systemtreue Mitläufer gesellschaftlicher Trends und Bewegungen, usw. Und in den oberen Bereichen sehen wir die sogenannten „starken Persönlichkeiten", wie Führungspersönlichkeiten, Charismatiker, Benefizveranstalter, Staatsmänner, Großunternehmer, Großkriminelle, skrupellose Lobbyisten, diktatorische Demokraten, aber auch diktatorische

Machthaber und Kriegsführer, die ohne die geringsten Skrupel oder Gewissensbisse die eigene Art in Not und Elend stürzen oder abschlachten können.

Was immer wir innerhalb unserer „wachbewussten" Welt und innerhalb der Persönlichkeitskultur auch sein mögen und darstellen, oder zu sein vorgeben und glauben, der letzte Prüfstein wird unser Sterbeprozess sein.

Denn während unseres Sterbeprozesses wird sich unsere Persönlichkeitsstruktur, mit der wir oft ein Leben lang identifiziert waren und die wir ebenso lange mit unserer Lebensenergie, ja mit unserem Leben, gehegt, gepflegt und genährt haben, auflösen. Dann werden wir am Ende der Sackgasse der Persönlichkeitskultur angekommen sein.

Die zuvor in der Persönlichkeit gebundenen Bewusstseinsanteile werden frei. Und wenn wir nichts anderes als die Identifikation mit der Persönlichkeit, die wir als unser „Sein" angenommen haben, kennen, werden wir nicht wissen, wohin wir uns wenden sollen, wir werden in Panik geraten, wir werden uns sogar an die nicht mehr funktionsfähigen Teile der Persönlichkeit und des Körpers klammern, weil wir nichts anderes mehr haben, an dem wir uns festhalten könnten – ein Prozess, der nicht selten in der Demenz und jahrelangem Siechtum endet.

Hier wird es letztendlich darauf ankommen, inwieweit wir im Laufe unseres Lebens die Identifikationen mit der Per-

sönlichkeit gebrochen und einen Schwer- und Sammelpunkt im Zentrum unseres ursprünglich leeren Bewusstseins geschaffen haben – einen Ort, der während des Sterbeprozesses für die frei werdenden Bewusstseinsanteile als
Gravitationsfeld dient, einen Ort, an dem wir unsere Zuflucht finden können, wenn dem ursprünglich formlosen
Bewusstsein Körper und Persönlichkeit wieder entrissen
werden.

Die Halbbewusste Zwischen-Welt

Wir wollen diese Welt „Zwischen-Welt" nennen, weil sie zwischen der Welt des „Wachbewusstseins" und der „Welt des Unbekannten und Unfassbaren", oder auch zwischen dem „Ich"-Bewusstsein der Persönlichkeit und dem Tod liegt.

„Halbbewusst" nennen wir sie, weil sie den Rand unseres „Wachbewusstseins" berührt und ihre Inhalte hin und wieder die Schwachstellen unserer Schutzschilde durchbrechen und uns, wenn wir nicht gerade eine Rechtfertigung parat haben, beschämen oder erschrecken können, oder aber sich auch nebulös in unseren Träumen zeigen.

Diese Halbbewusste Zwischen-Welt wird allein durch den beschränkten und abgegrenzten Bewusstseinsradius unseres, von Schutzschilden umgebenen, „Ich"-Bewusstseins in unserer „wachbewussten" Welt geschaffen.

Sie besteht aus allen von unserem „Ich"-Bewusstsein in den Hintergrund gedrängten, „unpässlichen" Mustern des Denkens und Fühlens, Neigungen, tierischen Instinkten und Trieben der Selbst- und Arterhaltung.

Ebenso liegt in dem von unserem „Ich"-Bewusstsein am weitest entfernten Teil dieser Zwischen-Welt auch unser echtes Gewissen begraben[7], welches aus der inneren Gewissheit hervorgeht, dass das, was wir einem anderen an

---

[7] Siehe auch: Gurdjieff, Georg Iwanowitsch: Beelzebubs Erzählungen für seinen Enkel: eine objektiv unparteiische Kritik des Lebens der Menschen.

tun, wir gleichzeitig auch uns selbst antun, da wir aus dem gleichen Urgrund hervorgegangen und aus dem gleichen Stoff gemacht sind.

Das *echte* Gewissen ist hier nicht mit einem anerzogenen Moralkodex oder mit dem freudschen „Über-Ich", die Teile der Persönlichkeit sind, zu verwechseln.

Die Halbbewusste Zwischen-Welt ist ebenso ein Teil des Menschen wie seine „Wachbewusste" Welt. Und wenn wir das mit in Betracht ziehen, sind wir in gewisser Weise nur Halb-Menschen – halb Tier und halb Mensch. Oder vielleicht auch mehr Tier als Mensch, weil unsere sogenannte „Menschlichkeit", unserem gesellschaftlich vorgegebenen Moralkodex entsprechend, oft nur anerzogen und künstlich, aber nicht wirklich aus unserem tiefsten Wesen herausgewachsen ist. Denn unser tiefstes Wesen wird ja durch die Persönlichkeitskultur an seiner Entfaltung gehindert und durch eine subjektive, illusorische Scheinwelt überdeckt.

Und weil ausnahmslos alle Schutzschilde der Persönlichkeit irgendwo oder irgendwann Schwächen aufweisen, kann immer wieder beobachtet werden, wie, nach außen hin, aalglatte, hoch geachtete Persönlichkeiten oder sogenannte „Saubermänner" und „Sauberfrauen" sich emotional wie Tiere oder Kleinkinder benehmen, oder schlimmer noch, sich in ihren heimlichen Hinterzimmern, durch Missgunst, Korruption, Betrug, sexuelle Übergriffe, Missbrauch, Vergewaltigung oder Anzetteln von Kriegen usw. als „Menschen" die Hände schmutzig machen.

Ein ganz anderer Prozess, der die Persönlichkeitsstruktur mit ihren Schutzschilden zerstören und einen Menschen mehr und mehr zum Tier werden lassen kann, ist das Sterben eines langsamen „Stück-für-Stück-Todes", wie wir es bei der immer häufiger auftretenden Demenz alternder Menschen beobachten können.

Dabei lösen sich die Strukturen und Schutzschilde der Persönlichkeit, die das „Ich"-Bewusstsein abgrenzen und dem Menschen seine sogenannte „Identität" geben, nach und nach auf.

Während dieses Prozesses kann ein Mensch seine „Identität", seine Integrität, seine Autonomie und somit auch seine Würde verlieren.

Das Sterben seiner Persönlichkeit kann seine „andere Hälfte" so weit in den Vordergrund treten lassen, dass er auf die entwicklungsgeschichtliche Stufe eines Kleinkindes oder Säuglings zurückfällt oder dass er sogar sein „Menschsein" verliert und auf die Stufe eines Tieres fällt. Er kann sogar unter die Stufe eines Tieres fallen, wenn wir bedenken, dass Tiere, durch ihre instinktiven Funktionen, ein ihrer Natur entsprechendes, geregeltes und angepasstes Leben führen können, was der an Demenz erkrankte Mensch aber nicht mehr kann.

Auf diesen Stufen der fortgeschrittenen Demenz finden wir meist in geschlossenen Stationen in Altenheimen oder Psychiatrien untergebrachte „Menschen", die zum Beispiel ihre Sprache verloren haben und nur noch an Tierschreie erinnernde Laute von sich geben, die mit den Händen aus den Tellern anderer oder aus Abfalleimern essen, die sich ihr Gesicht mit dem Wasser aus Toilettenschüsseln waschen, die auf den Tisch spucken und ihre Spucke dort verreiben, die ihre Notdurft gerade da verrichten, wo sie gehen oder stehen, die ihre Fäkalien in ihren Händen umhertragen und anderen anbieten, die sich und ihre Umgebung mit Kot beschmieren, die gegen Wände oder geschlossene Türen laufen und sich selbst verletzen, die mit Gurten am Stuhl oder Bett fixiert werden müssen, um Selbstverletzungen zu vermeiden, die Seife, Blumengestecke, Servietten, Gummihandschuhe, ihren eigenen Kot oder auch den anderer essen, die ihrem Gegenüber ohne Vorwarnung eine Tasse heißen Kaffee ins Gesicht schütten, die kratzen, beißen und schlagen, wenn lediglich eine frische Windel angelegt werden soll, die von morgens bis abends ständig den gleichen Satz wiederholen, die ständig nach Hause wollen, die immer wieder nach Hilfe schreien, die nur noch mit Psychopharmaka in Schach gehalten werden können usw. Daneben finden wir oft ebenfalls an Demenz Erkrankte, in der Halbbewussten Zwischen-Welt hängen gebliebene, halb tote Kreaturen des medizinischen „Fortschritts", die, manchmal schon mit teilweise faulenden Gliedern, in ihren Betten dahinsiechen.

Es sind die in der Halbbewussten Zwischen-Welt hängengebliebenen oder durch medizinische und pflegerische Vorkehrungen dort festgehaltenen Wesen oder Seelen.

Bei unvoreingenommener Betrachtung solcher bemitleidenswerten Kreaturen drängen sich unausweichlich Begriffe wie „Verlorene-", „Zersplitterte-", „Zerrissene-", oder „Verdammte Seelen" ins Bewusstsein.
Eine erschreckende Situation, der die Worte „Fegefeuer" oder gar „Hölle" am ehesten gerecht werden.
„Fegefeuer" – weil die mit Bewusstsein versehenen Restteile der Persönlichkeit unter Leiden „eingeschmolzen" werden müssen, damit der erlösende Tod eintreten kann.
„Hölle" – weil dieser Vorgang, durch standardisierte medizinische und pflegerische „wohlwollende Vorkehrungen", unnötigerweise verlängert wird.

Trotz all dieser genannten Tatsachen können wir erahnen, welche Empörung die Aussagen, dass der Mensch sein Menschsein verlieren und als eine Art Halbwesen sogar unter die Stufe eines Tieres fallen kann, bei den Vertretern der Persönlichkeitskultur auslösen. Denn solche erschreckenden Tatsachen gelangen nur kurzfristig bis an den Rand des Blickwinkels dieser Vertreter und werden schnellstmöglich wieder aus ihrem Gesichtsfeld verbannt. „Man könnte ja selbst auch so enden ..."
Zur eigenen Selbstberuhigung und um den Schrecken abzumildern, wird dann von den Anhängern der Persönlichkeitskultur so getan, als ob fast vollkommen degenerierte Wesen noch integre Persönlichkeiten wären und als ob die Tatsache, dass ein Wesen zehn Finger und zehn Zehen besitzt, bereits einen Menschen ausmachen würde.

Jede Art der Beschönigung, der Ausschmückung, des Schönredens, der Verniedlichung, der Verdunkelung, Überdeckung, Verleugnung und Ausblendung der Tatsachen ändert aber nichts an der Wirklichkeit, dass wir, wenn vielleicht auch in einer schön dekorierten Umgebung, als zersplitterte Seelen ein elendes und schreckliches Ende nehmen können – zumindest solange wir Halb-Menschen sind.

Zwischen unserem „Ich"-Bewusstsein und unserem Tod liegt die Halbbewusste Zwischen-Welt. Und weil sich während unseres Sterbeprozesses ausnahmslos alle Schutzschilde der Persönlichkeit auflösen werden, müssen wir während unseres Sterbens das „Finstere Tal" dieser Zwischen-Welt, mit ihren Abgründen durchwandern, gleichgültig, ob wir einen schnellen oder langsamen Tod sterben. Denn gerade in einer Extremsituation, wie es beispielsweise der Sterbeprozess ist, wird sich unser inneres Zeitempfinden nicht nach dem Zeiger einer Uhr richten. Es wird vielmehr von inneren Zeiträumen des Erlebens bestimmt, in denen eine Sekunde ein ganzes Leben sein kann, und umgekehrt.

Das Haupthindernis, das uns das Durchqueren der Halbbewussten Zwischen-Welt während unseres Sterbeprozesses erschwert, ist aber die Todesangst.
Diese entsteht aus unseren Identifikationen mit Besitztümern, mit unserm Körper, unserem Selbsterhaltungstrieb,

mit Inhalten der Persönlichkeit, kurz mit allen möglichen vergänglichen Formen, welche uns etwas bedeuten.

Je mehr wir an solchen Dingen hängen, desto größer und stärker wird unsere Todesangst sein.

Aber auch ungelöste Gewissenskonflikte können Todesangst hervorrufen – ein quälender Zustand, in dem ein Mensch das Gefühl hat, noch etwas erledigen zu müssen, aber dazu nicht mehr in der Lage ist.

Wenn wir ganz Mensch werden wollen, müssen wir uns den Tatsachen der Halbbewussten Zwischen-Welt mit ihren Schrecken – und auch unserem Gewissen stellen.

Anstatt uns immer wieder und immer weiter nach außen, weg von unserem innersten Wesen und weg von unserem tiefsten Sein zu wenden, um vor den Tatsachen zu flüchten, müssen wir unsere Aufmerksamkeit mehr und mehr nach innen richten.

Wir müssen aufhören zu glauben, dass wir unsere Persönlichkeit oder die Inhalte unserer wachbewussten und halbbewussten Welt sind. Das heißt, wir müssen mit unseren Identifikationen brechen. Wir müssen aufhören zu glauben, wir wüssten, *wer* oder *was* wir sind.

In Wahrheit ist es nämlich so: je näher wir unserem wahren Sein kommen, desto weniger werden wir wissen, *wer* oder *was* wir sind. Und das ist auch einer der Gründe, warum wir uns lieber nach außen in Identifikationen und Schein-„Identitäten" flüchten, als uns unserem innersten und tiefsten Sein zuzuwenden. Denn es bedeutet, in gewisser Weise, als „Ich" oder als „Identität" zu sterben. Wir können erst dann echt und authentisch werden, wenn das Unechte und Falsche in uns gestorben ist.

Aber solange wir das Unechte und Falsche für das Echte und Wahre halten; und das Echte und Wahre für „Nicht-Existent", weil es uns als „Leere" oder „Nicht-Sein" erscheint, solange werden wir am Unechten und Falschen festhalten und dabei verharren.

Hier gilt es auch zu verstehen, dass uns das Echte und Wahre, das heißt, unser wahres Sein, nur deshalb als „Leere" erscheint, weil wir es nur dann erlangen können, wenn wir als „Ich" oder „Identität", die wir in unserer „wachbewussten" Welt angenommen haben, sterben.

Wir müssen uns schon zu Lebzeiten hinwenden zum leeren, formlosen Bewusstsein, hin zu unserem wahren Wesen, zu unserem Ursprung, zu unserem wahren innersten Sein.

Wir müssen das Formlose, das ungeformte Bewusstsein, zu unserem Hauptsitz machen, und die Persönlichkeit, wenn wir sie brauchen, zu einem vorübergehenden Nebensitz.

Wir müssen uns hinwenden zum Unbekannten und Unfassbaren. Denn nur so können wir die Abgründe der Halbbewussten Zwischen-Welt unbeschadet überwinden und als wahrer, ganzer Mensch in Würde sterben. In Würde zu sterben, bedeutet nämlich den Tod willkommen heißen zu können, wenn die Zeit dafür gekommen ist.

Ein bekannter Psalm Davids, aus dem Buch der Psalmen, findet hier seinen richtigen Platz:

„Der Herr ist mein Hirte;
Er lagert mich auf grünen Auen,
er führt mich zu stillen Wassern.
Auch wenn ich wandere im Tal des Todesschattens,
fürchte ich kein Unheil, denn du bist bei mir;
dein Stecken und dein Stab,
sie trösten mich.
Nur Güte und Gnade werden mir folgen alle Tage meines
Lebens; und ich kehre zurück ins Haus des HERRN
lebenslang."[8]

Wenn wir hier von einem naiven, kindlichen Glauben absehen; was anderes könnte der „Herr", der „Hirte", die „grünen Auen" und die „stillen Wasser" sein als das Ursprüngliche, Ungeformte, Leere Bewusstsein?
Und was anderes könnten der „Stecken" und „Stab" sein als unsere freie Aufmerksamkeit, die wir als göttliches Gnadengeschenk erhalten haben und die wir auf das inhaltlose Bewusstsein richten können?

Die Halbbewusste Zwischenwelt liegt, wie bereits am Anfang dieses Kapitels erwähnt, zwischen unserem „Ich"-Bewusstsein und dem Unbekannten oder unserem wahren Sein. Sie wird allein durch die Schutzschilde unseres

---

[8] Elberfelder Bibel

„Ich's" erzeugt und wird nun selbst zu einem schreckerregenden Schutzwall, der sich vor unserem wahren Sein auftürmt und überwunden werden will, wenn wir uns unserem innersten und wahren Sein nähern wollen.

Die Halbbewusste Zwischenwelt steht und fällt mit unserem „Ich" oder unserer sogenannten „Identität".

Das heißt: Wenn wir unser „Ich" oder unsere „Identität" überwunden haben, haben wir auch die Halbbewusste Zwischenwelt mit ihren Schrecken überwunden.

Das ist wirkliche *Selbstüberwindung*, im Gegensatz zu dem, was im Allgemeinen darunter verstanden wird – nämlich, dass ein „Ich" ein anderes, vielleicht unliebsam gewordenes „Ich" innerhalb unserer Psyche überwindet, wobei wir aber als „Ich" in unserer illusorischen, „wachbewussten" Welt erhalten bleiben. Es hat sich dadurch also nichts geändert, außer, dass ein „Ich" gegen ein anderes ausgetauscht wurde und wir uns möglicherweise noch ein wenig mehr in unserer subjektiven „Welt" verstrickt haben, weil wir uns in unserem neuen „Ich", auf das wir nun wegen seiner „Heldentat" wahrscheinlich auch noch stolz sein werden, wohler als im Vorhergehenden fühlen, wodurch der Wunsch oder das Verlangen, aus unserem subjektiven Schlaf zu erwachen, vollständig ausgelöscht werden kann.

Warum sollten wir denn auch erwachen wollen, wenn wir gerade einen „ach so schönen Traum" träumen?

Die Blendwerke der wachbewussten und halbbewussten

Welt, welche uns daran hindern, unser tiefstes Sein und innerstes Wesen zu erreichen, sind mannigfaltig und trickreich.

Die Welt des Unbekannten und Unfassbaren

Die Welt des Unbekannten und Unfassbaren ist das „Andere Ufer", das wir betreten, wenn wir als „Ich" in unserer subjektiven, „wachbewussten" Welt gestorben sind und alle Identifikationen mit den Inhalten der Halbbewussten Zwischen-Welt aufgelöst sind.

„Unbekannt" und „Unfassbar" nennen wir dieses „Andere Ufer", weil es nur betreten werden kann, wenn sich unser sogenanntes „Ich"-Bewusstsein aufgelöst hat und *formlos* geworden ist.

Denn: „Ich" ist *geformtes* Bewusstsein. Die Form aber kann das Formlose niemals kennen oder begreifen. Das geformte Bewusstsein kann zum Formlosen werden, aber es wird dann nicht mehr das sein, was es war. So wie ein Regentropfen kein Tropfen mehr sein kann, sobald er in den Ozean gefallen ist. Er ist dann Ozean, aber kein Tropfen mehr.

Als „Ich" können wir niemals unseren Ursprung kennen oder verstehen, obwohl wir daraus hervorgegangen sind und wieder dorthin zurückkehren werden.

Ebenso wenig können wir „Gott" kennen oder verstehen. Er ist das Unfassbare oder das ewige Fragezeichen.

Wir können Formen, Strukturen, Muster, deren Zusammenhänge und Funktionen verstehen. Aber letztendlich können wir nicht verstehen oder begreifen, warum es einen Urgrund oder „Gott" gibt. Wir können sagen, das Universum ist aus einem Urknall hervorgegangen, und der Urknall aus verdichteter Materie oder Energie. Aber warum gibt es Materie, Energie, Leben, Bewusstsein, warum gibt es einen Ursprung, der selbst keinen Ursprung hat?

Weil wir solche Fragen nicht beantworten können, führen sie uns an die Grenzen unseres Verstandes. Und das ist gut so!

Unser wirkliches Sein liegt nämlich jenseits des Verstandes. Wir müssen seine Grenzen überschreiten, wenn wir wahres Sein erlangen wollen. Wir müssen unseren Verstand durch endgültige Fragen erschöpfen, sodass wir unser Nichtwissen erkennen und realisieren können. Wir müssen realisieren, dass wir Nichtwissende sind. Dieses Nichtwissen wird Verwunderung in uns auslösen und uns auf unser wahres Sein zurückwerfen. „Nichtwissen ist die höchste Form des Denkens", sagt Jeanne de Salzmann.[9]
Der Verstand ist Teil der Persönlichkeit, und nur wenn wir ihn überwinden, können wir in das Formlose Bewusstsein, welches alle Form umgibt und durchdringt, eintauchen.
Dann wird unser ruheloses Denken aufhören und alle Fragen werden von uns abfallen. Wir werden zum ersten Mal ein SEIN verspüren, das alles andere in den Schatten stellt. Es wird den unverkennbaren Geschmack des Erfüllt Seins,

---

[9] Jeanne de Salzmann: The Reality of Being.

der Verwunderung und der Todlosigkeit haben. Wir können es *sein*, aber wir können es nicht verstehen, und weil es nicht in Worte gefasst werden kann, können wir es auch niemandem mitteilen.

Auf der einen Seite werden wir vollkommen allein damit sein und auf der anderen Seite werden wir vollkommen ALL-EINS-SEIN.

Wenn wir in diesem Zustand nicht vollständig *Stille halten* können, wird uns der geringste Gedanke, die geringste emotionale Regung wieder in unsere „wachbewusste" Welt, in unser „Ich"-Bewusstsein zurückziehen und alles wird, bis auf gelegentliche, vage Erinnerungen, alsbald wieder vergessen sein.

Dann müssen wir wieder anfangen zu suchen, uns endgültige Fragen stellen, uns in Kontemplation und Meditation üben, bis wir uns irgendwann, ganz unerwartet und unverhofft, wieder in diesem ganz anderen Zustand finden.

Weil unser „Ich"-Bewusstsein diesen Zustand weder kennt noch begreifen kann, kann es ihn auch nicht absichtlich erzeugen.

Deshalb kann uns ein solcher Zustand nur als Geschenk oder als „Gnadenakt", sozusagen, als „Geschenk des Himmels" überkommen. Aber deshalb dürfen wir nicht glauben, es käme ohne unser Zutun auf uns herab. Wenn wir in unserer „Ich"- und „wachbewussten" Welt, mit allen möglichen Dingen identifiziert, in einem traumähnlichen

Zustand dahintreiben, sind wir nämlich vollkommen unempfänglich für solch ein Geschenk. Auch wenn es sich direkt neben uns oder tief in uns selbst befindet, sind wir doch, durch unsere Persönlichkeit, wie in einem faradayschen Käfig, vollständig davon abgeschirmt.

Um unsere Empfänglichkeit für diesen Zustand des ALL-EINS-SEINS zu erhöhen, müssen wir bestimmte Anstrengungen unternehmen, um nach und nach die Schutzschilde unserer Persönlichkeit zu lockern und durchlässig zu machen.

Wir müssen das Wagnis auf uns nehmen, uns regelmäßig an die Grenzen unseres Verstandes und unserer Persönlichkeit zu begeben.

Dazu können wir uns Fragen nach dem Sinn und Zweck unseres Daseins stellen.

Wir können uns fragen, *wer* oder *was* ist „Ich", ohne gleich auswendig gelernte Antworten parat zu haben.

Wir können uns die Unvermeidbarkeit unseres Todes ins Gedächtnis rufen und uns klar machen, dass wir eine *vorübergehende* Erscheinung sind. Wenn wir abends zu Bett gehen, können wir uns vor dem Einschlafen unser eigenes Sterben und unseren eigenen Tod vorstellen.

Wir können uns selbst beobachten, wie wir in Assoziationsmustern von Gedanken und Gefühlen dahintreiben, und *verspüren,* wie wir davon eingenebelt werden und wie im Halbschlaf unser Dasein verbringen.

Wir können uns im Schweigen üben, weil wir durch unnötiges Geplapper unbemerkt eine große Menge an Energie nach außen verschwenden.

Wir können, wenn möglich, in der dritten Person über uns sprechen, oder zumindest denken.

Wir können uns darin üben, taktile, akustische und visuelle Sinnesreize in einem gegebenen Moment gleichzeitig einströmen zulassen und wahrzunehmen.

Um uns dem formlosen Bewusstsein zu nähern, können wir unsere Aufmerksamkeit auf dieses eine Etwas in uns richten, das diese Dinge beobachtet und verspürt.

Wir können uns mit geradem Rücken niedersetzen, unsere Augen schließen, unseren Körper und das Ein- und Ausströmen unseres Atems spüren. Gleichzeitig richten wir einen Teil unserer Aufmerksamkeit auf den Gedankenfluss in unserem Kopf und den übrigen Teil unserer Aufmerksamkeit auf das wahrnehmende und verspürende Etwas in uns. Aus einem uralten taoistischen Text[10] erhalten wir, zu diesem Zweck, den Hinweis, die Aufmerksamkeit auf die Leere zwischen unsere beiden Augen zu richten.

---

[10] Wilhelm, Richard: Geheimnis der goldenen Blüte: das Buch von Bewusstsein und Leben.

Mit etwas Glück erreichen wir dann, hin und wieder, einen Zustand, in dem das Denken vorübergehend aufhört und wir einfach nur DA sind, was mit der Zeit einen Schwerpunkt im formlosen Bewusstsein schafft.

Wir sollten solche Dinge so oft wie möglich, regelmäßig und beharrlich tun, um einerseits die Durchlässigkeit unsrer Persönlichkeit zu erhöhen und andererseits gleichzeitig Durchgänge zu unserem innersten formlosen Bewusstsein, zu unserem innersten Wesen zu graben und uns darin zu festigen.

Denn wenn die Schutzschilde der Persönlichkeit zerbrechen und wir nicht wissen, wohin wir uns wenden können, um einen neuen Halt zu finden, dann landen wir eher in einer Irrenanstalt als in einem Zustand tiefer Meditation oder des ALL-EINS-SEINS.

Das Hauptwerkzeug in diesem Prozess wird unsere Aufmerksamkeit sein. Wo unsere Aufmerksamkeit ist, da sind wir. Wird sie von Sinnesreizen aufgesogen, sind wir in den Sinnesreizen; wird sie von Schmerzen aufgesogen, sind wir im Schmerz; wird sie von Handlungen aufgesogen, sind wir im Handeln; wird sie von Gedanken aufgesogen, sind wir in Gedanken; wird sie von Gefühlen oder Emotionen aufgesogen, sind wir in Gefühlen oder Emotionen.

So bleibt uns nur ein relativ geringer Teil an freier Aufmerksamkeit, die wir willentlich und bewusst auf etwas richten können. Diesen freien Teil der Aufmerksamkeit gilt es zu vergrößern, indem wir ihn so oft wie möglich benutzten und unsere Aufmerksamkeit *bewusst* und *absichtlich* auf bestimmte Dinge richten.

Gemeint ist hier nicht die Konzentration unserer gesamten freien Aufmerksamkeit auf eine einzige Sache, wodurch alles andere ausgeschlossen wird, sondern ein absichtliches Aufteilen der Aufmerksamkeit zwischen leerem Bewusstsein auf der einen Seite und Handlungen, Gedanken oder Gefühlen, auf der anderen Seite.

Das heißt: Während wir zum Beispiel eine Handlung ausführen, können wir einen Teil unserer freien Aufmerksamkeit auf die Handlung selbst richten und den restlichen Teil auf das wahrnehmende, leere Bewusstsein.

In der Lehre Gurdjieff's[11] wird dieser Vorgang „Selbsterinnern" genannt.

Aufmerksamkeit ist eine Art innere Nahrung, womit wir das nähren, worauf wir sie richten. Gewöhnlich richten wir die Aufmerksamkeit nur auf äußere Dinge, wodurch auch unsere Lebensenergie nach außen fließt und sich dort zerstreut und verbraucht.

Indem wir jedoch einen Teil unsrer Aufmerksamkeit an das leere, formlose Bewusstsein heften, kommt es zu einem Rückfluss der Energie, wodurch unser innerstes Wesen genährt wird. Im Laufe der Zeit kommt es dann zu einer Ansammlung dieser Energie im leeren Bewusstsein und zur Auskristallisierung eines Schwerpunktes, aus dem unser wahres SEIN hervorgeht.

---

[11] Nicoll, Maurice: Psychological Commentaries on the Teaching of Gurdjieff and Ouspensky.

Während wir all dies tun, dürfen wir aber nicht der Illusion verfallen, baldige Ergebnisse zu erzielen, um dann wieder damit aufhören zu können. Wir müssen uns vielmehr darauf einstellen, es bis zu unserem letzten Atemzug zu tun. Genauso wie wir bis ans Ende unserer Tage essen, trinken und atmen müssen, müssen wir den Schwer- und Sammelpunkt, und somit, das Gravitationsfeld im formlosen Bewusstsein nähren, damit es im Augenblick unseres Todes stark genug ist, um alle noch nach außen gerichteten Bewusstseinsteile in sich hineinzuziehen und wir uns vollständig im Zustand des ALL-EINS-SEINS auflösen können.

Selig können sich diejenigen schätzen, welche die Gnade des ALL-EINS-SEINS schon zu Lebenszeiten erfahren dürfen.

Denn letztendlich liegt es nicht allein an unserem Tun, wie oft und wie dauerhaft uns dieser Zustand widerfährt. Wir können lediglich unsere Empfänglichkeit dafür erhöhen. Alles andere liegt nicht in unseren Händen.

Bei der Anwendung oben genannter oder auch anderer Methoden, zur Erhöhung unserer Empfänglichkeit und zur Schaffung eines Schwerpunktes im leeren, formlosen Bewusstsein, sollten wir immer auf die richtige Ausführung der angewendeten Methode achten, um keine falschen Ergebnisse zu erzielen.

Ganz gleichgültig ob wir Formen des Yoga, des Tai-Chi, der Selbstbeobachtung, der Kontemplation, der Meditation oder Ähnliches praktizieren – das Kennzeichen der richtigen Ausführung ist immer eine Einbeziehung des leeren, formlosen Bewusstseins, weil wir nur so die Grenzen der Persönlichkeit und des Körpers mit seinen angeborenen Trieben und Instinkten überschreiten können.

Wenn wir beispielsweise irgendeine Form des Yoga praktizieren und dabei vergessen, einen Teil unserer Aufmerksamkeit im leeren Bewusstsein zu halten, wird daraus nicht mehr als eine gymnastische Übung. Dies mag zwar einen günstigen Einfluss auf unsere körperliche Gesundheit haben, aber es wird uns nicht über die Grenzen unserer Persönlichkeit, unseres „Ich"-Bewusstseins und unserer „wachbewussten" Welt hinausführen. Es wird ein falsches und entartetes Yoga sein, welches lediglich der Stärkung von Persönlichkeitsinhalten und der Persönlichkeitskultur dient.

Ebenso verhält es sich mit der Kontemplation. Wenn wir eine Rolle oder ein Reaktionsmuster der Persönlichkeit von unserem Verstand aus, der ebenfalls Teil der Persönlichkeit ist, betrachten und widerspiegeln, bewegen wir uns innerhalb der Persönlichkeit, was unsere Betrachtung immer mit einer Beurteilung behaften wird. Diese Beurteilung wird das Betrachtete dann im Sinne persönlicher Vorlieben und Abneigungen so verzerren und abändern, dass es in unsere *bekannte,* „wachbewusste" Welt passt.

Wenn wir hingegen etwas aus dem leeren, formlosen Bewusstsein heraus betrachten, gibt es keine Beurteilung des Betrachteten und es kommt zu einem klaren, unmittelbaren, umfassenden und unverzerrten Seins-Eindruck.

Ein solcher Eindruck kann uns die Tür zu tiefer Meditation und einer Welt öffnen, die unserem „Ich"-Bewusstsein vollkommen *unbekannt* und *fremd* ist. Kurz gesagt: Die falsche Anwendung all dieser Methoden führt lediglich zur weiteren Ausschmückung unseres „goldenen Käfigs", den wir „Persönlichkeit" nennen, und hält uns in unserer bekannten „Ich"- und „wachbewussten" Welt fest. Eine falsche Anwendung hindert uns daran, das Unfassbare zu betreten, wofür diese Methoden ursprünglich gedacht waren. Eine weitere Hürde, in unseren Bemühungen, uns dem Unbekannten zu nähern, ist das Erwarten von Ergebnissen. Denn jede Erwartungshaltung wird uns innerhalb der Persönlichkeit festhalten.

Und nicht zuletzt sollten wir auch noch Folgendes beachten: Wenn wir hin und wieder ein Ergebnis erzielen und uns in einem Zustand des bewussten DA-SEINS befinden, werden Persönlichkeitsinhalte wie Ehrgeiz, Stolz, Eitelkeit, Anmaßung usw., versuchen, sich diesem Zustand anzuheften, womit wir ihn sofort – und meist unbemerkt – auch wieder verlieren, während wir uns selbst zu unserem „Erfolg" beglückwünschen. Auf diese Weise wird, im wahrsten Sinne des Wortes, unser wirkliches SEIN *vereitelt*. Der Ablauf eines solchen Vorgangs geschieht etwa so: Während wir eine der oben genannten Methoden anwenden, kommt es irgendwann und unverhofft zu einem Gleichgewicht zwischen den nach außen und den nach innen fließenden Energieströmen. Plötzlich wird die ganze Welt zu einem einzigen unaufhörlichen Strömen und wir SIND in der *Mitte* dieses Strömens. Wir sind in *Meditation*.

Da meldet sich unversehens unser Verstand zu Wort und gibt der Sache einen Namen, ein Gedanke taucht auf. Etwa: „Ah, das ist es", „Ich habe es geschafft", oder so ähnlich. Wir sind, kaum merklich, wieder zu unserem wohlbekannten „Ich" und zu unserer Persönlichkeit geworden, die sich nun mit Gedanken an das Erlebte auszuschmücken beginnt. Das Erlebte ist zum Gedanken geworden, und wenn wir, wie es meist der Fall ist, beginnen, den Gedanken für das Erlebte selbst zu halten, sind wir wieder vollkommen in unserer illusorischen „Ich"- und „wachbewussten" Welt gelandet, wo das Ganze alsbald auch wieder vergessen wird. Mag sein, dass wir uns hin und wieder, mal ganz nebenbei und vage, an das Erlebte erinnern. Aber solche Erinnerungen sind nicht mehr als flüchtige Gedanken, die in unserem Alltagsleben auch schnell wieder untergehen. Vielleicht dauert es jetzt wieder Stunden, Tage, Wochen, Monate oder sogar Jahre, bis wir wieder einmal solch einen Zustand erfahren dürfen.

Wir können dem nur abhelfen, indem wir bescheidener werden, indem wir uns klar machen, dass wir uns selbst nicht erschaffen haben und dass wir folglich solche Zustände des wirklichen SEINS ebenfalls nicht absichtlich erschaffen können, sondern, dass solche Zustände als Gnade auf uns herabkommen.

Wenn wir aber bescheidener werden und zusätzlich solche Vorgänge der Vereitelung unseres wirklichen Seins *unmittelbar* betrachten, was wirklicher Kontemplation entspricht, können wir unsere Empfänglichkeit für solche Gnadenzustände und damit auch deren Frequenz erhöhen, sodass sie immer häufiger auftreten und es zu einer regelmäßigen Fluktuation zwischen den Zuständen des gewöhnlichen „Wachbewusstseins" und den Zuständen der Meditation kommt. Dabei müssen wir lernen, Stille zu halten, wenn wir uns im leeren Bewusstsein oder in Meditation befinden, und wir müssen lernen, zu kontemplieren oder zu betrachten, wenn wir uns im gewöhnlichen „Wachbewusstsein" befinden.

In diesem Zusammenhang bedeutet Stille halten, sich nicht mit aufkommenden Gedanken zu verbünden, um sich schließlich im nachfolgenden Gedankenstrom zu verlieren.

Wenn wir uns im leeren Bewusstsein befinden, sind wir von unseren Gedanken unterschieden:

Wir sind *nicht* unsere Gedanken. Wir können ihnen zustimmen oder wir können ihnen die Zustimmung verweigern. Stimmen wir ihnen zu, können wir uns in ihrer Aufeinanderfolge verlieren; verweigern wir ihnen die Zustimmung, gleichgültig, wie schmeichelnd bestimmte Gedanken auch sein mögen, dann halten wir Stille.

Kontemplation ist in diesem Zusammenhang die *direkte, unmittelbare* Betrachtung eines gegebenen Augenblicks in seiner Beziehung zum leeren Bewusstsein, nachdem wir im leeren Bewusstsein nicht mehr Stille halten konnten und wir uns wieder in unserer „Ich" - und „wachbewussten" Welt verloren haben: In was sind wir gerade verwickelt? In Gedanken? In Emotionen? In Freude? In Stolz? In Eitelkeit? In Ehrgeiz? In Sorgen? In Ängsten? In Überheblichkeit? In Gier? In Eifersucht? In Neid? In Argwohn? In

Selbstbewunderung? In Selbstmitleid? In Rechtfertigungen? In vergangenen oder möglichen künftigen Ereignissen? In Träumen oder Fantasien? Und so weiter.

Hier müssen wir darauf achten, dass wir nicht beginnen, das Betrachtete zu analysieren, zu beurteilen und zu verurteilen oder zu rechtfertigen. Denn dann wird die *direkte* Kontemplation zur *indirekten* Kontemplation: Betrachtung wird zur Begutachtung, die sich allein innerhalb der Persönlichkeit abspielt und jeden Bezug zum leeren Bewusstsein verloren hat. Dies wäre *falsche* Kontemplation.[12]

Direkte und *richtige* Kontemplation hingegen ruft das leere Bewusstsein auf den Plan und ebnet uns den Weg, zurück zur Stille im leeren Bewusstsein. *Stille halten* und *direkte Kontemplation* sind wie ein doppelschneidiges Schwert, das uns von den Weisen uralter Epochen übergeben wurde. Mit diesem Schwert können wir den inneren Kampf führen: gegen unseren hypnotischen Schlaf in der „Ich"- und „wachbewussten" Welt der Persönlichkeit, gegen die Verblendungen einer illusorischen Welt, gegen die seelische Verarmung des Wohlstandsmenschen und nicht zuletzt, gegen das innere Elend in einer einseitigen Persönlichkeitskultur aufgewachsener, alternder und sterbender Menschen, zu denen auch wir selbst gehören. Dieser innere Kampf ist der wahre „Heilige Krieg". Er lässt das eigene „Ich" zugunsten eines Höheren Etwas sterben und opfert nicht das eigene Leben, um das vermeintlicher „Sünder"

---

[12] Siehe auch: Wilhelm, Richard: Geheimnis der goldenen Blüte: das Buch von Bewusstsein und Leben.

zu zerstören. Wir müssen dieses doppelschneidige Schwert des Stille Haltens und der Kontemplation so oft wie möglich benutzen, es in verschiedenen Situationen ausprobieren, wir müssen es pflegen und zugänglich aufbewahren, wir müssen lernen, es richtig zu benutzen und jederzeit griffbereit zu haben – damit wir es während unserer letzten Atemzüge zur Hand haben, damit wir die Halbbewusste Zwischen-Welt mit ihren Abgründen durchqueren, das „Andere Ufer" unbeschadet erreichen und *ganz* in unseren Urgrund eingehen können.

Damit aber die in diesem Buch beschriebenen Methoden ihren Nutzen voll entfalten können, wollen sie regelmäßig gelebt und praktiziert werden. Wenn das hier Gesagte, aufgrund der Filterung von Eindrücken, lediglich bis zu unserem Verstand oder unserem Denken vordringt, bleibt es an der Oberfläche der Persönlichkeit hängen und es wird zu gar nichts führen oder bestenfalls eine kleine Beflügelung unseres Denkens hervorrufen, die sich entweder durch Kritik oder Zustimmung äußern wird. Wir können das Gesagte erst verstehen, wenn wir es über einen längeren Zeitraum praktiziert haben. Und praktizieren werden wir es erst dann, wenn es zumindest bis zu unserem Fühlen vorgedrungen und dort auf eine positive Resonanz gestoßen ist, welche uns schließlich die emotionale Motivation zum Handeln liefern wird. Doch je nachdem, wie wir in unserer Persönlichkeitsstruktur gestrickt sind und welche Reaktionsmuster oder Rollen in uns vorherrschen, kann es dem hier Gesagten gegenüber im emotionalen Bereich aber auch zu einer ablehnenden Haltung kommen – sozusagen als Rechtfertigung, nicht aus unserem „Lebens"-Traum erwachen zu wollen.

Abschließend soll hier in Abbildung 8 auf der folgenden Seite noch das Bild eines ganz gewordenen Menschen oder eines Menschen, der sich in tiefer Meditation befindet und dessen Schwerpunkt im formlosen Bewusstsein liegt, schematisch dargestellt und beschrieben werden:

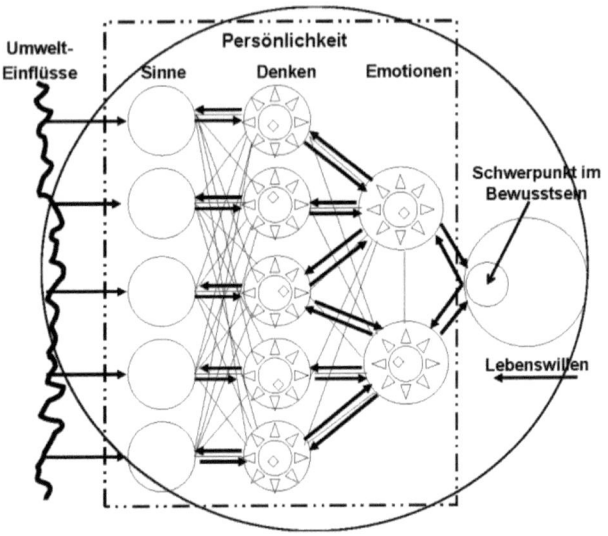

Abb. 8
Ganz gewordener Mensch

Mit der Verschiebung des Schwerpunktes von der Persönlichkeit ins formlose Bewusstsein haben sich die Identifikationen mit den einzelnen Mustern und Rollen der Persönlichkeit aufgelöst. Körper und Persönlichkeit sind
durchlässig geworden (gestrichelte Linie). Der nach außen
und nach innen fließende Energiestrom ist ins Gleichgewicht gekommen, wodurch sich ein Energiekreislauf gebildet hat, was von manchen als unaufhörliches Strömen
empfunden werden kann. Das Bewusstsein ist umfassend
geworden. Es befindet sich gleichzeitig innerhalb und außerhalb des Körpers und der Persönlichkeit. Es durchdringt gleichermaßen Körper und Persönlichkeit und

umgibt diese. Das Körperempfinden endet nicht mehr an der Hautoberfläche, sondern die gesamte materielle Umgebung, in die wir eingebettet sind, wird als vom Bewusstsein durchdrungener Körper empfunden. Betrachter und Betrachtetes sind *eins* geworden. (Abb. 8)

Das Sterben der Persönlichkeit
– Dissoziation, Wahn und Demenz –

Zum besseren und tieferen Verständnis des Sterbeprozesses eines Menschen werden wir in diesem letzten Kapitel über den Menschen die Phänomene der *Dissoziation,* des *Wahns* und der *Demenz,* wie sie auf der Allgemeinen Plattform innerhalb der Persönlichkeitskultur immer häufiger zu beobachten sind, etwas näher betrachten. Sind diese Phänomene doch die letztendliche Konsequenz eines nur in der subjektiven, „wachbewussten" Welt schlafenden und ständig mit der Persönlichkeit identifizierten Bewusstseins.

Dissoziation im Zusammenhang mit dem Sterben der Persönlichkeit bedeutet, dass die Verbindungen zwischen den einzelnen Teilen, Reaktionsmustern und Rollen der Persönlichkeit unterbrochen werden. (Abb.9)
Wenn wir das in seinem ganzen Umfang verstehen, können wir auch das Wesen der Demenz als langsamen Sterbeprozess der Persönlichkeit begreifen.

Ganz gleichgültig, welche medizinischen Ursachen einer Demenz zugrunde liegen mögen; ob es sich um eine vaskuläre, gemischte, erbliche, durch Hirnblutungen oder Hirninfarkte hervorgerufene, oder um eine Alzheimer-Demenz handelt: All diesen Demenzarten liegen, zumindest wenn es sich um Altersdemenzen handelt, fast ausnahmslos Degenerationsprozesse zugrunde.

Und alle Demenzarten haben das gemeinsame Merkmal des Verlustes von Zusammenhängen innerhalb der Persönlichkeitsstruktur, also der Dissoziation.

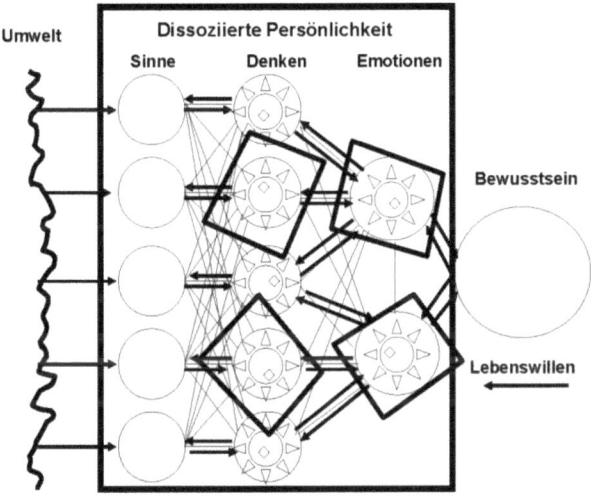

Abb. 9
Die Verbindungen zwischen den einzelnen Persönlichkeitsteilen werden unterbrochen.
(hier als eingerahmte Muster oder Rollen dargestellt)

Ebenso sind alle Arten der Psychopathie und des Wahns Phänomene der Dissoziation, wobei einzelne Reaktionsmuster und Rollen innerhalb der Persönlichkeit von anderen Mustern und Rollen soweit abgetrennt oder isoliert sind, dass sie autonom und ungeachtet aller anderen Dinge und Tatsachen ungehemmt agieren können.

Weil aber auch der „normale" Mensch innerhalb seiner Persönlichkeitsstruktur eine kleinere oder größere Anzahl dissoziierte, autonom agierende Reaktionsmuster und Rollen besitzt, sind wir *alle* in gewisser Weise Psychopathen und Wahnsinnige. Nur: Wir bemerken es nicht, weil die meisten Menschen in unserem sozialen Umfeld an den gleichen Psychopathien und Wahnvorstellungen leiden wie wir selbst. Auf diese Weise unterliegen wir sowohl unserem persönlichen Wahn als auch einem Massenwahn – wie beispielsweise dem Persönlichkeitskult – ohne zu bemerken, dass wir einem Wahn verfallen sind. Dann erscheint uns das Wahnhafte als „normal", und das Wahre und Echte als „anormal" oder „krankhaft".

Die Verbindungen der Reaktionsmuster und Rollen untereinander können mehr oder weniger gestört oder aber auch vollständig unterbrochen sein. Ebenso kann die Anzahl der dissoziierten Persönlichkeitsteile zwischen wenigen und allen variieren. Daraus erklärt sich auch der Schweregrad einer Psychopathie, eines Wahns oder einer Demenz.

Bei der Demenz können wir die möglichen Schweregrade der Dissoziation am leichtesten beobachten. Diese liegen zwischen meist unmerklich, dezenter und vollkommener geistiger Umnachtung, mit situativer, zeitlicher, örtlicher und persönlicher Desorientiertheit.

Im Anfangsstadium solcher Dissoziationsprozesse oder bei den leichteren Schweregraden finden wir oft Personen mit gut aufrechterhaltener „Fassade": Sie können noch die unmittelbaren Notwendigkeiten des Alltags erkennen und erledigen, können noch Zeitung lesen, können sich Getränke einschenken, wenn sie durstig sind, können noch mit Messer und Gabel essen, können ihr Eigentum erkennen, können noch selbstständig ihre Notdurft verrichten, und können auch scheinbar sinnvolle Gespräche führen usw.

Erst bei näherem Hinschauen oder bei länger dauernden Gesprächen fällt auf, dass da irgendetwas nicht stimmt oder zusammenpasst: dass sie zum Beispiel etwas wiederholen, was sie kurz vorher schon sagten, dass sie nicht mehr wissen, was kurz vorher geschah, dass sie aus der Luft gegriffene Erklärungen für ihre momentane Situation erfinden oder plötzlich den momentanen Aufenthaltsort mit einem anderen Ort verwechseln usw.

Bei den schwereren Demenzgraden gesellen sich zu den oft schon stark ausgeprägten Störungen des Erkennens, des Gedächtnisses und der Orientierung auch noch verschiedene, jetzt unübersehbare Wahnvorstellungen sowie andere physiologische und neurologische Begleiterscheinungen wie Koordinationsstörungen, motorische Unruhezustände, Kontrollverlust über die Harn- und Stuhlausscheidung, Hypersensibilität oder Schmerzunempfindlichkeit, Störungen des sprachlichen Ausdrucks mit Wortfindungsstörungen, ständige Wiederholungen ein und desselben Satzes oder Wortes, Beschränkung des sprachlichen Ausdrucks auf Laute oder Schreie, vollständige Aphasie, bis hin zu Schluckstörungen, Körperzuckungen und Krampfanfällen usw.

Die Bandbreite der Ausdrucks- und Verhaltensweisen solcher dissoziierten Persönlichkeitsstrukturen reicht von freundlich, liebenswürdig, amüsant bis zu verabscheuungswürdig, ekelerregend oder auch gewalttätig.

Wenn wir uns fragen, was in solch einer dissoziierten Persönlichkeit wohl vor sich gehen mag? - dann lautet die Antwort: das Gleiche, was in uns selbst und in jedem anderen „normalen" Menschen auch vor sich geht; beim Dementen aber nur in einer *isolierten* oder mehr *ausgeprägten* Form! Denn die dissoziierten bzw. isolierten einzelnen Persönlichkeitsmuster werden viel *deutlicher* sichtbar als die untereinander verbundenen Muster und Rollen einer intakten und funktionsfähigen Persönlichkeitsstruktur.
Der Unterschied zwischen einem dementen und dem auf der *Allgemeinen Plattform* lebenden, „normalen" Menschen ist also lediglich graduell.

Weil der „normale" Mensch in seinem Alltagsleben bestimmten Mustern und Rollen den Vorzug gibt, sind diese in seiner Persönlichkeitsstruktur mehr oder weniger von den im Hintergrund verbliebenen Mustern und Rollen abgetrennt, also dissoziiert.
Die vorgezogenen Muster und Rollen sind im „normalen" Menschen soweit miteinander verbunden, dass sie eine Persönlichkeitsstruktur bilden, mit der er sein Leben auf der *Allgemeinen Plattform* einigermaßen bis gut auf die Reihe bringen kann.
Die im Hintergrund verbliebenen Reaktionsmuster und

Rollen bleiben, vorerst unsichtbar, in einem dissoziierten Zustand, können aber sichtbar werden, wenn es, zum Beispiel durch beginnende Degenerationsprozesse im Alter, zu einer Schwächung der im Vordergrund stehenden Alltags-Persönlichkeitsstruktur kommt.

Mit fortschreitender Degeneration und Dissoziation der Alltags-Persönlichkeitsstruktur bröckelt dann auch die bis dahin aufrechterhaltene Fassade einer vormals „intakten" Persönlichkeit, bis die gesamte Persönlichkeitsstruktur in einzelne unzusammenhängende Fragmente aufgesplittert ist und der Mensch auch im Alltagsleben seine Orientierung vollständig verliert.

Dann kommt es zu einer unregelmäßigen Fluktuation der einzelnen Persönlichkeits-Fragmente, welche durch zufällig aufgenommene Reize aus der Umgebung oder durch Körperempfindungen aktiviert werden.

Nicht selten finden wir aber auch Demente, bei denen nur ein einzelnes Fragment von morgens bis abends aktiv ist und sich in ständig wiederholenden automatischen Handlungen oder Äußerungen zeigt.

Die bei der Demenz auftretenden Phänomene lassen sich ausnahmslos alle durch Dissoziation erklären.

Unter solchen Phänomenen finden wir zum Beispiel:

Wahnvorstellungen aller Art.

Unterhaltungen mit dem eigenen Spiegelbild, als sei es eine andere Person.

Selbstgespräche, bei denen sich unterschiedliche Persönlichkeits-Fragmente in Ton und Ausdruckswiese abwechseln: zum Beispiel schreit eine demente Person unaufhörlich und laut „Hilfe! Hilfe!"; man fragt „wie geht es ihnen?"; und erhält dann als Antwort etwa: „Sehr gut, danke der Nachfrage"; wendet man sich ab, geht es mit „Hilfe! Hilfe!" weiter.

Oder: Eine gut situierte, gut gekleidete alte Dame starrt vor sich hin und sagt in aufgeregtem Ton Dinge wie: „Du alte Dreckshure!", „Du verfluchtes Dreckschwein!", „Du verdammtes Drecks Luder!", oder Ähnliches. Zwischendurch sagt sie plötzlich in ganz ruhigem Ton: „So was sagt man doch nicht!" – und im nächsten Moment geht das Geschimpfe wie vorher weiter.

Wir finden Leute, die in ihre Hose oder in ihr Bett urinieren und voller Überzeugung behaupten, jemand anderes hätte es getan. Manche verstecken Gegenstände und behaupten dann felsenfest, man hätte ihnen diese Gegenstände gestohlen.

Andere wiederum schlagen ohne Vorwarnung auf jemanden ein und behaupten im nächsten Moment auf Nachfrage, sie hätten in ihrem ganzen Leben noch nie jemanden geschlagen. Und so weiter.

In solchen Beispielen können wir die Dissoziation der einzelnen Persönlichkeitsteile deutlich erkennen:

Der Teil, der Schimpfworte von sich gibt, ist ein anderer Teil als derjenige, der sagt, man sage so etwas nicht.

Der Teil, der ins Bett uriniert, ist ein anderer als derjenige, der behauptet, jemand anderes hätte es getan.

Der Teil, der Gegenstände versteckt, ist ein anderer als der, welcher behauptet, er sei bestohlen worden.

Und der Teil, der jemanden schlägt, ist ein anderer als derjenige, welcher behauptet, in seinem ganzen Leben noch nie jemanden geschlagen zu haben, usw.

Zu diesen desolaten Zuständen der Dissoziation kommen dann mit zunehmendem Alter auch noch körperliche Gebrechen hinzu, die bis zur vollständigen Bettlägerigkeit und zu einem oft langen, leidvollen Siechtum führen können.

Viele solcher Menschen müssen die letzten Jahre ihres Lebensabends in Desorientiertheit, Verwirrtheit, inneren Unruhezuständen und massiven körperlichen Einschränkungen verbringen.

Weil aber die Demenz, insbesondere Alters- und Alzheimerdemenz, die Folge unvermeidbarer Degenerationsprozesse ist, müssen wir uns darüber im Klaren sein, dass diese Degenerationsprozesse letztendlich ein langsames Sterben der Persönlichkeit bedeuten und früher oder später auch nicht mehr aufzuhalten sind, und dass eine dadurch entstandene Demenz nicht heilbar oder umkehrbar ist.

Solche Degenerationsprozesse können, wenn auch nur mit mäßigem Erfolg, lediglich verlangsamt oder hinausgezögert werden, was innerhalb der Persönlichkeitskultur auch mit allen Mitteln versucht wird.

Nur stellt sich hier die Frage, ob wir einem Menschen, dessen Persönlichkeit nur noch aus einzelnen, zusammenhanglosen Fragmenten besteht, etwas „Gutes" damit tun, wenn wir ihn solange wie möglich in solch einem desolaten Zustand halten? Oder ob wir ihn damit lediglich einer oft jahrelangen Folter aussetzen?

Solche Fragen werden aber innerhalb der Persönlichkeitskultur erst gar nicht gestellt, weder von den ehrgeizigen Medizinern noch von den „wohlwollenden" Vertretern des sozialen Engagements – und erst gar nicht von den noch „wohlwollenderen" Vertretern der Pharmaindustrie.

Wenn wir aber, von der Persönlichkeitskultur geprägt, selbst *nur* die Welt der Persönlichkeit kennen, stellen wir uns solche Fragen ebenfalls nicht und folgen mit blindem Enthusiasmus dem vorgegebenen, allgemein anerkannten Trend. Wir werden dann zu Mitläufern in einer Erhalten-um-jeden-Preis-Kultur. Wir lassen jedes Wehwehchen medizinisch behandeln, gehen regelmäßig zu Vorsorgeuntersuchungen, achten auf gesunde Ernährung, treiben Sport und versuchen unsere grauen Zellen auf Trab zu halten. Wir mögen all diese Dinge tun, sie mögen auch die Zeitspanne unseres „Lebens" in kleinerem oder größerem Maße verlängern. Doch solange wir keinen Bezug zur *Spirituellen Plattform* haben, das heißt, zum leeren, ungeformten Bewusstsein, bewegen wir uns innerhalb der Persönlichkeitskultur, auf der Flucht vor dem Unumgänglichen, von einer Fata Morgana zur nächsten, während die unaufhaltsamen Degenerationsprozesse im Hintergrund unbemerkt voranschreiten, bis wir schließlich von ihnen eingeholt werden.

Kommt uns im Laufe unseres Älterwerdens doch hin und wieder die Unvermeidbarkeit unseres Sterbens in den Sinn, hoffen wir vielleicht auf einen plötzlichen, am liebsten, „unmerklichen" Tod.

Auf diese Weise geben wir, während wir „heiter drauf los leben", wohl oder wehe unser Altern und unser Sterben in die Hände des Zufalls.

Vielleicht sterben wir dann, wie gewünscht, einen plötzlichen, „unmerklichen", vielleicht aber auch, einen langsamen Stück-für-Stück-Tod, im Siechtum und in geistiger Umnachtung.

Solange wir das Altern, das Sterben und den Tod ausklammern, klammern wir auch eine Hälfte der Wirklichkeit aus unserem Dasein aus. Dadurch wird die Persönlichkeit nicht nur von der Realität des Todes, sondern auch von der wirklichen Welt abgespalten, wodurch eine primäre Grundvoraussetzung für weitere, nachfolgende Dissoziationsprozesse in unserm Innenleben geschaffen wird.

In dem Moment, in dem wir uns von einem Teil der Wirklichkeit abspalten, beginnen wir innerlich in einer imaginären, unwirklichen Welt von Halbwahrheiten und Trugbildern zu leben. Wir können dann, solange bestimmte Persönlichkeitsstrukturen noch intakt sind, zwar ein „normales" äußeres „Leben" in unserer „wachbewussten Welt" führen, aber in Bezug zur Wirklichkeit und zur Realität des

Daseins werden wir bereits begonnen haben, uns zu dissoziieren und dadurch in gewisser Weise auch schon desorientiert oder wahnhaft zu sein.

Auf der Grundlage dieser, oft unbemerkten *Primären Dissoziation* der Persönlichkeit von der Wirklichkeit des Todes und der wirklichen Welt, kommt es dann im Laufe unseres Älterwerdens, was dem Näherkommen des Todes entspricht, zu weiteren Dissoziationsprozessen, die sich jetzt auch innerhalb unserer Persönlichkeitsstruktur selbst abspielen.

Sobald dann die innere Struktur der Persönlichkeit in unzusammenhängende, autonom funktionierende Teile zu zerfallen beginnt, gibt es für diesen Menschen kein Zurück mehr. Er wird dann höchstwahrscheinlich in einem Zustand geistiger Umnachtung sterben. Er wird ebenso wie der Mensch, der plötzlich und unerwartet aus dem „Leben" gerissen wird, *unvorbereitet* und *unbewusst* sterben.

Das Bewusstsein der eigenen Sterblichkeit, das Wissen um unseren bevorstehenden Tod ist ein Faktor, durch den sich der Mensch vom Tier unterscheidet. Wenn wir diesen Faktor während unseres Daseins vernachlässigen, laufen wir Gefahr unvorbereitet einen unbewussten und menschenunwürdigen Tod zu sterben – wie ein Tier eben.

Menschenwürdig zu sterben, heißt nämlich, auf den Tod vorbereitet zu sein und ihn bewusst willkommen heißen zu können, wenn er an unsere Tür klopft.

Wollen wir vorbereitet sein, müssen wir dem Tod und den unvermeidlichen Degenerationsprozessen unseres Körpers und unserer Persönlichkeit ins Auge sehen.

Wir müssen lernen, uns nicht mehr vor diesen Dingen zu fürchten und zu verstecken, sonst beginnen wir immer wieder vor ihnen davonzulaufen und geraten in Furcht und Schrecken, wenn sie uns schließlich doch einholen.

Wenn wir den Tod fürchten und fliehen, ist die Wahrscheinlichkeit groß, in einer Sackgasse, die wir Demenz nennen, zu landen:
Auf der Flucht vor dem unvermeidlichen Ende werden wir ein Versteck als Zufluchtsort suchen. Und weil wir nichts anderes als unsere Persönlichkeit kennen, werden wir uns als Erstes in dieser verbarrikadieren und so die *Primäre Dissoziation* schaffen, welche im Wesentlichen aus der Abspaltung der noch intakten Persönlichkeit von der wirklichen Welt besteht.
Sind die inneren Strukturen der Persönlichkeit noch so weit intakt, dass wir ein „normales" Leben führen können, werden wir uns in Ablenkungen und Zerstreuungen aller Art flüchten: – in die Arbeit, in soziales Engagement, in persönliche Selbstwertschätzungen, in Darstellungen unserer Person, in persönliche Besitztümer, in Macht, Ruhm und Ehre, kurz in alles, was die Persönlichkeitskultur zu bieten hat.
Wir müssen hier auch verstehen, dass der *Primären Dissoziation* physiologisch der Selbsterhaltungstrieb zugrunde liegt und dass sie eine naturgegebene Notwendigkeit ist, um auf der *Allgemeinen Plattform* des Lebens Fuß fassen zu können. Die Persönlichkeit muss sich nämlich während ihrer Entwicklung zuerst von verschiedenen Dingen abgrenzen, um

sich voll entfalten zu können und um auf der *Allgemeinen Plattform* des Lebens als eine Art Anpassungsapparat gut zu funktionieren.

Die Probleme entstehen erst dann, wenn im Laufe unseres Älterwerdens Sterben und Tod in unser Bewusstsein drängen und wir zu sehr an der Persönlichkeit festhalten, weil wir mit ihr identifiziert sind und sie als unsere Wesensnatur betrachten.

Solange auf dieser Stufe der *Primären Dissoziation* unser „gesunder Menschenverstand" noch intakt ist, sind auch noch eine Umkehr und die Hinwendung zu unserer wahren Wesensnatur, dem formlosen Bewusstsein in der Tiefe unseres Seins möglich.

Vorausgesetzt, natürlich, dass wir die Fähigkeit, uns über unser Dasein zu wundern, noch nicht ganz verloren haben und wir noch so viel Intelligenz besitzen, um zu erkennen, dass wir auf Sand bauen, wenn wir unser weiteres Dasein auf vorübergehende Dinge und Erscheinungen gründen.

Wenn wir nach der *Primären Dissoziation*, auf der Flucht vor dem Unausweichlichen, weiter an der Persönlichkeit haften, uns in ihr verbarrikadieren und verstecken, während die natürlichen Degenerationsprozesse weiter voranschreiten, kommt es innerhalb der Persönlichkeitsstruktur selbst zu Dissoziationsprozessen oder zur *Sekundären Dissoziation*. Hierbei zerfällt die zuvor relativ gut zusammenhängende Gesamtstruktur der Persönlichkeit in kleinere, noch autonom funktionierende Strukturen, sodass von der Hauptstruktur gerade noch genug übrigbleibt, um mit Müh und Not ein paar einfache Alltagsdinge erledigen zu können. Dann sind wir senil geworden. Um uns herum ist es enger und dunkler geworden. Wenn wir nach vorne blicken, steht da die gähnende Leere des Todes; also blicken wir zurück auf das, was wir einmal waren, was wir gut konnten, was wir geleistet haben, was wir erworben haben, aber auch auf Schicksalsschläge und Dinge, die uns übel mitgespielt haben usw. Wir beginnen uns an Vergangenes zu klammern, erzählen voller Stolz von erbrachten Leistungen oder beklagen uns über Schlimmes, das uns widerfuhr. War während der *Primären Dissoziation* unsere Persönlichkeit noch eine relativ gemütliche Höhle, in der wir uns vor den Tatsachen verstecken konnten, so ist unser Versteck nun, während der *Sekundären Dissoziation,* zu einem mehr oder weniger dunklen Loch geworden. Auf der Flucht vor dem unvermeidlichen Ende kauern wir uns in dieses Loch und versuchen, noch einige Lichtblicke aus sozialen Kontakten und Umweltreizen zu erhaschen.

Von hier aus ist eine *Umkehr* nicht mehr möglich. Entweder sterben wir in diesem Stadium an irgendwelchen Krankheiten, vor denen uns die moderne Medizin mit einer täglichen Handvoll Medikamente ja gut zu „schützen" weiß, oder aber wir fallen weiteren Degenerations- und Dissoziationsprozessen zum Opfer, die schließlich in der *Tertiären Dissoziation* münden.

Die *Tertiäre Dissoziation* zeichnet sich durch weitere Aufspaltungen der jetzt schon eingeschränkten Persönlichkeitsstrukturen in noch kleinere, unzusammenhängendere Fragmente aus.

In diesem Stadium verlieren wir nach und nach die Orientierung und es tritt das ein, was wir als Demenz bezeichnen.

Der Übergang von der *Sekundären* zur *Tertiären Dissoziation* kann sich als besonders leidvoll gestalten, weil die immer öfter auftretenden Zustände der Desorientiertheit noch wiederholt in unser Bewusstsein dringen.

Wir bemerken und verspüren, dass wir nach und nach die Orientierung verlieren und innerlich in Stücke zerrissen werden. Am Ende dieses Prozesses werden wir unsere kognitiven Fähigkeiten, und damit auch unsere Orientierung vollständig verloren haben, wir werden nur noch aus fluktuierenden Fetzen bestehen – und dies auch nicht mehr bemerken.

Weil alle Restteile unseres Daseins zusammenhangslos geworden sind, können wir auch keine Zusammenhänge mehr erkennen.

Wir haben endgültig unseren Verstand verloren. Selbst für die einfachsten Dinge des Alltags, wie Nahrungs- und Flüssigkeitsaufnahme, Toilettengänge, Körperpflege usw., werden wir auf die Hilfe anderer angewiesen sein, während unsere tierischen Instinkte der Selbsterhaltung noch so weit funktionieren, um, wenn auch mit Unterstützung, den physischen Körper am Leben zu erhalten.

Wir können in diesem fortschreitenden Prozess, von der *Primären,* über die *Sekundäre,* bis zur *Tertiären Dissoziation* erkennen, wie sich das ursprünglich formlose Bewusstsein – oder die Seele – in immer kleiner werdende Strukturen und Formen aufspaltet und verfängt, bis schließlich in äußerster Zersplitterung und Finsternis eine Art Seelentod in einem noch lebenden Körper eintritt.

Paradoxerweise führen wir diesen Seelentod in einem noch lebenden Körper durch unsere immer weiter nach außen, weg von uns selbst, auf Zerstreuung gerichtete Flucht vor dem Tod selbst herbei.

Die einzige Erlösung, die es dann für das an den Persönlichkeitsfragmenten haftende Bewusstsein noch gibt, ist der Tod des physischen Körpers, und damit auch das Versiegen der Restfragmente der Persönlichkeit.

Im fortgeschrittenen Zustand der Dissoziation können wir aber den Tod weder wünschen noch wollen, weil uns nämlich die Fähigkeit des Erkennens und ein einheitlicher Wille abhandengekommen sind.

Sollte in diesem Zustand der Wunsch zu sterben dennoch geäußert werden, können wir davon ausgehen, dass er lediglich aus einem gerade aktiven, kleinen Restfragment der Persönlichkeit kommt und ihm im nächsten Moment durch ein anderes Fragment auch wieder widersprochen werden kann.

Wir durchlaufen so einen *Absteigenden Prozess,* der zu einer immer weiter fortschreitenden Verkörperlichung und Aufspaltung des ursprünglich geeinten, formlosen Bewusstseins führt, bis wir einen Stück-für-Stück-Tod sterben und sogar unser Menschsein verlieren können. Ein solcher Tod ist sicherlich nicht würdevoll – auch wenn wir glauben, die Würde des Menschen sei unantastbar. Denn um solch eine „unantastbare Würde" zu besitzen, muss der „Mensch" erst wirklich Mensch werden und sein, indem er sich seinem innersten, wahren Wesen zuwendet.

In spiritueller Hinsicht ist, im *Absteigenden Prozess* der fortschreitenden Verkörperlichung und Aufspaltung des ursprünglich geeinten, formlosen Bewusstseins in immer kleinere Fragmente, der Seelentod die letzte Konsequenz des „gefallenen Menschen" oder des „Sündenfalls".
Hier bedeutet „Sünde" nicht das Begehen einer unmoralischen Handlung, sondern – auf der Stufe der *Primären Dissoziation* – die rechtzeitige *Umkehr* und Hinwendung zu unserem innersten Wesen verpasst zu haben.
Der Seelentod in den zersplitterten Restfragmenten der Persönlichkeit wäre dann auch nicht eine „Strafe Gottes", sondern eine einfache Gesetzmäßigkeit, die dann eintritt, wenn wir einem *nur nach außen gerichtetem Lebenswillen* folgen, wodurch das ursprünglich geeinte Bewusstsein mehr und mehr fragmentiert wird.

Ausnahmslos alle echten spirituellen Lehren und Religionen ermutigen uns zu einer *rechtzeitigen Umkehr,* damit wir den auf Äußerlichkeiten gerichteten, immer enger und dunkler werdenden Pfad des Abstiegs und der Zersplitterung nicht bis zu Ende gehen müssen.

Sie lehren uns, dass dem Menschen, im Unterschied zum Tier, so viel Geist oder Bewusstsein, Intelligenz und Willen gegeben wurden, um einen *nach innen gerichteten, Aufsteigenden Weg,* zurück zum Ursprung und zur Einheit zu gehen.

Erst wenn auf den Abstieg auch ein Aufstieg folgt, können wir einen für den Menschen artgerechten Lebenskreislauf zur Vollendung bringen, wirkliche Würde erlangen, um dann auch in Würde, das heißt als wahrer Mensch, sterben zu können.

Ein solcher artgerechter Lebenskreislauf des Menschen besteht im Wesentlichen aus einer absteigenden Phase der *Verkörperung* und Ausbildung einer Persönlichkeit, bis zur Primären Dissoziation, einer Phase der *Erhaltung,* und schließlich, einer aufsteigenden Phase der Umkehr, der *Vergeistigung* und Rückverbindung zum Ursprung.

Eine *rechtzeitige Umkehr* kann nur auf der Stufe der *Primären Dissoziation* erfolgen, wenn die Persönlichkeit eine gewisse Autonomie und Festigkeit erlangt hat, um die Grundbedürfnisse des Organismus auf der *Allgemeinen Plattform* des Lebens sicherzustellen.

Umkehr heißt dann: sich dem leeren, form- und inhaltlosen Bewusstsein zuzuwenden und dort einen Schwerpunkt oder ein Gravitationsfeld zu schaffen, damit die durch den Zerfall der Persönlichkeit freiwerdenden Bewusstseinsanteile einen Sammelpunkt finden können, um sich darin zu *vereinen.* Das so geeinte Bewusstsein kann dann im Augenblick des Todes als ein Ganzes in seinen Urgrund eingehen und sich auflösen, wie etwa ein Regentropfen im Ozean.

Wenn wir im Laufe unseres Lebens einen Schwerpunkt im leeren, formlosen Bewusstsein schaffen können, haben wir Grund zur Hoffnung, dass wir die Zersplitterung und das innere Elend der *Sekundären* und *Tertiären Dissoziation* nicht durchlaufen müssen, zumal das leere, inhaltslose Bewusstsein weder wahnsinnig noch dement werden kann.

Zudem entspricht die Hinwendung zum leeren, formlosen Bewusstsein einem schon zu Lebzeiten *bewussten Vorwegnehmen* des Todes der Persönlichkeit, und damit auch einer Auflösung der Furcht vor dem Tod.

Zusammenfassend können wir sagen:

Die Persönlichkeit neigt zur Zersplitterung und Fragmentierung des ursprünglich Einen Bewusstseins.

Bewusstsein neigt zur Verbindung und Einung.

Der Zerfall der Persönlichkeit leitet den Sterbeprozess ein.

Der Prozess des Sterbens der Persönlichkeit kann sich über Minuten, Stunden, Tage, Wochen, Monate oder auch Jahre erstrecken.

Jeder Mensch muss diesen Prozess durchlaufen!

Auch Du!

... Bist du darauf vorbereitet? ...

... Wenn Ja ...

... Nichts mehr, woran du dich halten könntest! ...

... Nichts mehr, was du verlieren könntest! ...

… Alles wird von dir abgefallen sein! …
… BEWUSSTSEIN …
… LEERE …
… VERKLÄRUNG …

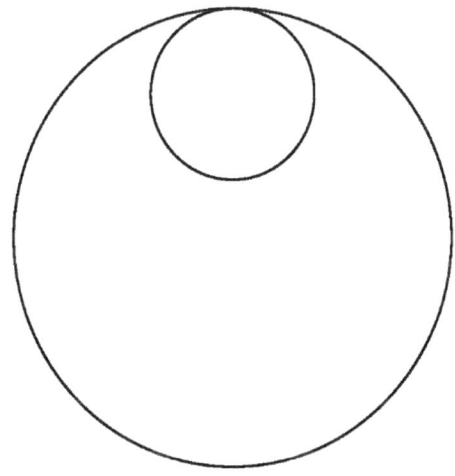

Abb. 10
Die Auflösung des gesammelten, geeinten Bewusstseins im Großen
Ganzen.

Der „gefallene" Mensch

Wenn wir vom „gefallenen" Menschen sprechen, wie es die Religionen tun, und diese Aussage verstehen wollen, dann dürfen wir nicht denken, dass es sich um die „Anderen" handelt, die „gefallen" sind, sondern wir müssen uns mit dem Gedanken anfreunden, dass es sich beim „gefallenen" Menschen um uns selbst, um den ganz „normalen", auf der *Allgemeinen Plattform* lebenden Menschen handelt.

Zudem müssen wir definieren, an welcher Stelle der Mensch im organisierten Leben auf dem Planeten Erde steht, was seine Funktion und was seine Bestimmung an dieser Stelle ist. Und schließlich müssen wir auch noch die Frage beantworten: Von *was* und *wohin* ist der Mensch „gefallen"?

Wenn wir das natürliche, organisierte Leben auf unserem Planeten betrachten und dem Ganzen einen Ursprung beimessen, dann können wir sehen, dass es eine Entwicklung von anorganischen Substanzen zu organischen Substanzen gibt, von organischen Substanzen zu Einzellern, von Einzellern zu Mehrzellern, von Mehrzellern zu komplexeren Organsystemen, von Organsystemen zu Gattungen der Pflanzen- und Tierwelt, und, an oberster Stelle, schließlich zu Organsystemen, die wir „Menschen" nennen.

Wir können in diesen Entwicklungsstufen auch sehen, dass auf den niedrigeren Stufen weniger und auf den höheren Stufen mehr bewusstes, intelligentes Handeln möglich ist.

Anders ausgedrückt heißt dies: Höhere Organismen besitzen mehr Information als die Niedrigeren, was sich in ihrer Fähigkeit zeigt, immer mehr und immer komplexere Zusammenhänge zu erkennen und bewusst darauf zu reagieren.

Wir können auch sagen: je mehr Information ein Organismus besitzt, umso größer ist seine Anpassungsfähigkeit.

Wenn wir annehmen, dass Information untrennbar mit Bewusstsein verbunden ist, oder, dass Information *geformtes Bewusstsein* ist, dann können wir Information als ein bewusstes Etwas begreifen, das in verschiedenen Organismen und Lebensstrukturen Form angenommen hat, um sich weiter zu entwickeln.

Das erklärt dann auch die aufsteigende Entwicklung vom Einzeller bis zum hochkomplexen, intelligenten Organismus, wie es der Mensch ist.

Wir können also in der aufsteigenden Entwicklung von Organismen auch eine *Entwicklung* des Bewusstseins sehen. Und zwar in dem Sinne, dass Bewusstsein in materiellen Formen und Strukturen eingeschlossen oder *eingewickelt* ist und sich durch die Höherentwicklung von Organismen mehr und mehr aus seiner Form- und Strukturgebundenheit befreit – das heißt, sich mehr und mehr von der Form zur Formlosigkeit bzw. zu seinem ursprünglichen, freien, formlosen Zustand *ent-wickelt*.

Der Drang dieses in materiellen Strukturen eingeschlossenen Bewusstseins nach Befreiung ist sozusagen die treibende Kraft, durch die sich die Organismen immer höher entwickeln und immer feinere, empfindlichere Strukturen der Information, der Wahrnehmung, des Empfindens und des Denkens ausbilden.

Ein altindisches Sprichwort findet hier seine Bedeutung:

„Gott schläft im Stein,

atmet in der Pflanze,

träumt im Tier

und erwacht im Menschen." [13]

Aus dem bisher Gesagten können wir ableiten, dass auf der Stufenleiter des natürlichen, organisierten Lebens auf unserem Planeten, durch welches sich das in Formen und Strukturen gebundene Bewusstsein zurück zu seinem ursprünglichen Zustand der Formlosigkeit *ent-wickelt*, der Mensch an oberster Stelle steht.

Was den Menschen an dieser obersten Stelle des natürlichen, organisierten Lebens vom Tier unterscheidet, ist die Verfügbarkeit einer gewissen Menge an ungebundenem, ungeformtem und freiem Bewusstsein, woraus sich auch die viel komplexere Beschaffenheit der Psyche eines Menschen gegenüber der eines Tieres erklärt.

Ein Tier kann, in psychologischer Hinsicht, immer nur seine artgemäße, naturgegebene Authentizität besitzen.

Aber der Mensch kann, durch die ungeformten, freien Bewusstseinsanteile in seiner Psyche, praktisch jedwede Identität annehmen. Er kann mit seinem Körper, seinen Trieben der Art- und Selbsterhaltung, seinen Gedanken, seinen

---

[13] Quelle: www.wolfram-martin-naturbuecher.de/der_publizist/worte/worte.htm

Emotionen, seinen Freuden, seinen Klagen, seinem Leid, mit seinen Rollen im Sozial- und Berufsleben, seiner Persönlichkeit, seinen Einbildungen, seinen Besitztümern, mit lieb gewonnen Gegenständen, Tieren oder Menschen, mit seiner Familie, seiner Nation, seiner Religion und mit Ideologien jeder Art usw. identifiziert sein. All diese Dinge kann er dann als seine, wenn auch eingebildeten „Identitäten" annehmen und als sein „Ich" empfinden, ohne als Mensch authentisch zu sein.

Eine weitere Fähigkeit, die der Mensch durch die Anwesenheit von ungeformtem, freiem Bewusstsein in seiner Psyche besitzt, ist seine Vorstellungs- und Einbildungskraft, mittels der er sowohl kreativ, als auch zerstörerisch sein kann.

Diese Kraft der Vorstellung lässt ihn aber auch unaufhörlich in die Zukunft oder in die Vergangenheit abschweifen und zieht ihn so immer wieder weg von der Realität der Gegenwart oder von der Wirklichkeit des gegebenen Augenblicks, sodass er oft den größten Teil seines Lebens in einer Art Halbschlaf, in Vorstellungen, Einbildungen und Träumereien, anstatt in der Wirklichkeit verbringt.

Auf der anderen Seite hat der Mensch durch den göttlichen Funken, den er als ungeformtes, freies Bewusstsein in sich trägt, aber auch das Potenzial all die genannten Identifikationen, Vorstellungen, Träumereien und Einbildungen zu überwinden, um schließlich als „Seele", als reines Bewusstsein aus seinem Halbschlaf zu erwachen und in seinen Ursprung, seinem ungeformten Urgrund einzugehen.

Nachdem wir die Stelle, an der sich der Mensch auf der Stufenleiter des sich entwickelnden Bewusstseins befindet, näher eingegrenzt haben, können wir nun auch seine Funktion und seine Aufgabe an dieser Stelle klarer definieren:
Während der physische Organismus des Menschen, was seine hirnphysiologischen und kognitiven Eigenschaften betrifft, an oberster Stelle der tierischen Organismen auf unserem Planeten steht, spielt sich sein psychisches Dasein auf der Stufenleiter der Bewusstseinsentwicklung zwischen der Tierwelt und dem ursprünglichen, ungeformten, kosmischen Bewusstsein ab.
Von „unten" wurde dem Menschen die Natur eines Tieres gegeben, von „oben" wurde ihm ein Funken ungeformtes, göttliches Bewusstsein oder eine „Seele" gegeben.
Wenn wir die Funktion des Menschen, auf der Stufenleiter des sich entwickelnden Bewusstseins, als *Brückenglied* oder als *Übergang* zwischen Tierwelt und kosmischem oder göttlichem Bewusstsein begreifen, dann ist er als solcher nicht mehr und nicht weniger als ein *Bediensteter* der Natur oder eine Art „Lückenfüller".

Seine „Bestimmung" oder seine Aufgabe auf dieser Stufe des sich entwickelnden Bewusstseins ist es dann, geformtes Bewusstsein in ungeformtes Bewusstsein überzuleiten.

Dies ist aber nur dann möglich, wenn er sich *bewusst* von angenommenen Formen trennt, indem er seine Identifikationen mit diesen auflöst und innerlich selbst zum Formlosen wird.

Denn *unbewusst* kann er sich nur dann von einer Form trennen, wenn seine *momentane* Form ihr natürliches Ende erreicht hat und in eine andere, *neue* Form übergeht. Aber dann ist sein Bewusstsein wieder an eine Form gebunden und er hat seine Aufgabe noch nicht erfüllt.

Ob er beim Wechseln seiner Form in eine „höhere" oder in eine „niedrigere" Form übergeht, ist dabei vollkommen gleichgültig. Form bleibt eben Form. Sie wird dem Bewusstsein immer eine räumliche und zeitliche Begrenzung auferlegen und vorübergehen, wie alles andere auch. Form ist nicht ungeformt, sie bleibt daher immer etwas Beschränktes und Unterworfenes.

Der Mensch befindet sich so in einer Lage, in der er seine Funktion als „Lückenfüller" auf der Stufenleiter des sich entwickelnden Bewusstseins zwar *zwingend* erfüllen *muss,* aber die Erfüllung seiner Aufgabe, geformtes Bewusstsein in ungeformtes Bewusstsein überzuleiten, ist nicht zwingend für ihn. So kann er sein gesamtes Leben als eine Art „höheres" Tier verbringen, ohne jemals seine „Bestimmung" und seine Aufgabe als Mensch zu erfüllen. Dann wird er lediglich ein Bediensteter der Natur bleiben. Auch wenn er sich als „Krone der Schöpfung" und als ein Wesen mit „freiem Willen" wähnt.

Wirklich *frei* sein kann der Mensch nur dann, wenn er seine „Bestimmung" erfüllt hat und selbst zum ungeformten Bewusstsein geworden ist. Das heißt: wenn er als Bewusstsein aus seiner jetzigen Form, nämlich aus seinen sogenannten „Identitäten" austritt, ohne in eine neue „Identität" einzutreten, wenn er selbst zum Formlosen wird. Die Erfüllung seiner Bestimmung ist sozusagen der Erlös für seine Erlösung.

Als Bediensteter der Natur ist der Mensch eine Art hochkomplexer Transformationsautomat, der zwischen organisierter Materie und ungeformtem Bewusstsein geschaltet ist. Er nimmt Nahrung, Flüssigkeit, Atemluft und Sinneseindrücke in sich auf und wandelt oder transformiert diese zu Stoffen um, die sowohl der Erhaltung seines eigenen Organismus und seiner Art dienen als auch Gedanken, Emotionen und Gefühle entstehen lassen.

Weil aber Gedanken, Emotionen und Gefühle die Anwesenheit von Bewusstsein, zumindest im geringstmöglichen Maße, zur Voraussetzung haben, können wir deren Entstehung als das Aufeinandertreffen von den im Organismus erzeugten „höheren" Stoffen mit schon ursprünglich vorhandenem, ungeformtem Bewusstsein begreifen.
Oder anders ausgedrückt: Die vom Organismus erzeugten „höheren" Stoffe kommen in ihren Schwingungsraten der Schwingungsrate des ursprünglich ungeformten Bewusstseins nahe, sodass Interferenzen entstehen, welche wir als Gedanken, Emotionen und Gefühle wahrnehmen.

In ihrer Gesamtheit bezeichnen wir diese Interferenzen als unsere Psyche – ein Zwischending oder Bindeglied, das sich zwischen dem menschlichen Organismus und dem ungeformten Bewusstsein bildet.

Zu den „höheren“ Stoffen, die der menschliche Organismus durch die Transformation von Nahrung, Flüssigkeit, Atemluft und Sinneseindrücke produziert, gehören zum Beispiel Substanzen, welche der Arterhaltung dienen, sowie Hormone und Neurotransmitter.

Daraus erklären sich dann auch die berauschenden und ekstatischen Glücksgefühle, die mit sexuellen Orgasmen einhergehen können, psychotische Zustände bei aus dem Gleichgewicht gekommene Neurotransmitter, oder auch psychedelische Erfahrungen und Zustände der Ekstase, wie sie beispielsweise durch Substanzen oder Drogen hervorgerufen werden, welche die vermehrte Produktion bestimmter Neurotransmitter anregen.

Ein *Mehr* solcher „höheren“ Substanzen im Organismus ruft auch ein *Mehr* an ungeformtem Bewusstsein auf den Plan, weshalb manchen psychedelischen Drogen auch eine bewusstseinserweiternde Wirkung nachgesagt wird.

Wenn aber derartige Zustände zum Beispiel durch Drogen oder andere von außen zugeführten Substanzen künstlich herbeigeführt werden, sind sie auch nur von kurzer Dauer. Sie können dann einem Menschen bestenfalls einen kleinen Schimmer von höheren Bewusstseinszuständen geben, hinterlassen ihn aber danach oft in einem schlimmeren und chaotischeren Zustand als vorher.

Dies geschieht vor allem dadurch, dass mehr ungeformtes Bewusstsein als gewohnt in einem Menschen freigesetzt und seine Psyche, ohne dass er darauf vorbereitet ist, regelrecht überschwemmt wird. Dadurch verliert er nicht selten seinen inneren Halt und wird in seiner Psyche zu einer Art „Vagabund". Als solcher hat er in seinem Inneren keinen festen Haltepunkt mehr. Er treibt dann mehr oder weniger zwischen den Welten umher und kann weder in der diesseitigen Welt der Formen noch in der jenseitigen Welt des ungeformten Bewusstseins Fuß fassen.

Sich dem ungeformten Bewusstsein zu nähern, bedeutet nämlich in gewisser Weise auch, sich dem Tod oder dem eigenen Ursprung zu nähern, was eben auch einer gewissen Vorbereitung bedarf, wenn man nicht als zersplittertes, fragmentiertes Wesen oder als „Vagabund" zwischen den Welten hängen bleiben will.

Die richtige Vorbereitung, uns dem Formlosen zu nähern, besteht im Wesentlichen darin, nach und nach einen Schwer- und Sammelpunkt im ungeformten Bewusstsein zu schaffen, in welchem der Mensch einen Haltepunkt finden kann, wenn sich die gewohnten Formen und Strukturen seiner Psyche oder seiner Persönlichkeit aufzulösen beginnen.

Wie er dies erreichen kann, wird in anderen Kapiteln näher besprochen.

In seiner Psyche, als Zwischending zwischen dem menschlichen Organismus und dem ungeformten Bewusstsein, besitzt der Mensch kein wirkliches Sein. Ein Mangel, den er meist nur halbbewusst verspürt, der aber tief in seinem Inneren ein vages und unaufhörliches Empfinden, dass ihm etwas fehlt, hinterlässt.

Dieses vage, unangenehme Empfinden des Mangels wird dann zur treibenden Kraft seiner ruhe- und rastlosen Suche nach „Glück" und „Erfüllung".

An der äußeren und unteren Grenze der menschlichen Psyche liegt die von Organismen besiedelte, materielle Welt; an deren inneren und oberen Grenze liegt die Welt des formlosen Bewusstseins.
Und weil die Wahrnehmung des Menschen in erster Linie auf seine Sinne beschränkt und vorwiegend nach außen gerichtet ist, nimmt er auch nur Außendinge als etwas Wirkliches oder Seiendes wahr.
Das Formlose und Ungeformte besitzt für ihn kein Sein. Es existiert für ihn nicht. Obwohl es sein Ursprung ist, bedeutet es „Nicht-Sein", „Leere" oder „Tod" für ihn.
Deshalb wendet er sich auf seiner Suche nach „Erfüllung" und „Glück" immer weiter nach außen und unten – weg von seinem Ursprung.

Durch das Alleinige nach Außen gerichtet sein des Menschen kommt es zu einem Abwärtsstrom des ungeformten, ursprünglich Einen Bewusstseins. Es strömt in den Menschen ein und spaltet sich dann in die unendlich vielen und mannigfaltigen Formen seines sozialen, kulturellen und persönlichen Daseins auf, welche, zusammen mit seiner Umgebung, seine diesseitige, äußere Welt bilden.

Durch diesen Abwärtsstrom des ungeformten Bewusstseins und dessen Manifestation in den verschiedenen sozialen, kulturellen und persönlichen Daseinsformen kommt es zu immer weiteren Aufspaltungen und weiteren Zersplitterungen dieses ursprünglich Einen Bewusstseins.

Wir können hier den einzelnen Menschen mit einem Splitter oder Bruchteil eines in unendlich viele Teile zerbrochenen Spiegels vergleichen, wobei jeder einzelne Splitter andere Splitter seiner Umgebung in sich widerspiegelt.
Auf diese Weise entsteht ein Netzwerk gegenseitiger Widerspiegelungen und Beziehungen, die sich in der Psyche des einzelnen Menschen und in seiner Sichtweise der Dinge nochmals widerspiegeln und so seine subjektive Welt entstehen lassen.

Diese subjektive Welt entspricht in etwa einem Spiegelkabinett, in dem ein Mensch nicht mehr unterscheiden kann, was sein Spiegelbild und was er selbst oder seine Wirklichkeit ist.

Durch das Nichtunterscheidenkönnen seiner Spiegelbilder, oder auch seiner Einbildungen, von der Wirklichkeit, befindet er sich nun, hinsichtlich seiner wirklichen Identität und seines wirklichen Seins, in einem Zustand der Desorientiertheit.

Wie hypnotisiert greift er jetzt, in einem Zustand des Halbschlafs, nach allem, was seinen Zustand der Desorientiertheit beenden könnte und ihm einen gewissen Halt verspricht.

Das Naheliegendste ist es dann für ihn seine „Identität" in den Empfindungen seines physischen Körpers sowie in den gedanklichen und emotionalen Formierungen seiner Psyche, welche er in ihrer Gesamtheit seine Persönlichkeit nennt, zu suchen und sich damit zu identifizieren.

Sobald er sich dann mit seinem Körper oder einer Formierung seiner Psyche identifiziert, nimmt er diese als seine „Identität" und als sein „Ich" wahr.

Weil das sogenannte „Ich" oder die scheinbare „Identität" des Menschen, die er sich in seiner subjektiven Welt geschaffen hat, lediglich Widerspiegelungen und Schatten der Wirklichkeit sind, haben sie von sich aus keinen Bestand und sind im Grunde gegenstandslos. Sie müssen daher ständig genährt und gepflegt werden, weshalb der in seiner subjektiven Welt befangene Mensch immer wieder äußere Anerkennung, Bestätigung, Aufmerksamkeit, Achtung, Ehre, Macht, Kampf, Auseinandersetzung, Streit oder andere Reibereien, zu denen auch solche sexueller Natur gehören, usw. sucht, damit er sein sogenanntes „Ich" und seine angenommene „Identität" überhaupt erst empfinden kann.

Nebenbei sei hier bemerkt, dass die Sexualität des Menschen, die ihm auf natürliche Weise einen, wenn auch kurzfristigen Geschmack von seinem wirklichen Sein oder von Glückseligkeit geben könnte, auf seiner „Ich"-behafteten Suche nach Selbstbestätigung oft zu einem lediglich „angenehmen Jucken" degradiert wird.

Und zwar ist das deshalb so, weil er in seinen Identifikationen und der „Ich"-Haftigkeit seiner subjektiven Welt soweit verhärtet oder verkrustet ist, dass ihm die Fähigkeit zur Hingabe an einen Energiestrom, der die Grenzen seines „Ich's" überschreitet, fast vollständig abhandengekommen ist.

Diese Unfähigkeit zur Hingabe hinterlässt dann in ihm ein gewisses Unbefriedigt Sein, das er durch noch größere Reize, als es das „angenehme Jucken" ist, zu kompensieren versucht. Auf diese Weise pervertiert seine ursprüngliche, natürliche Sexualität zur Unersättlichkeit, zu sadomasochistischen Praktiken bis hin zu Gewaltakten.

In seiner „Ich will so bleiben, wie ich bin" Psychologie deutet er dann seine Perversionen als „Sexuelle Befreiung", und seine sogenannte „Liebe" beschränkt sich auf das, was seinen Identifikationen und seinem „Ich" schmeichelt.

Wirklich befreiter Sex ist aber nur dann möglich, wenn er von Identifikationen frei ist. Dann kann er sein, aber er muss nicht sein. Dann kann er zu einem strömenden Ozean werden; und wenn wir in ihn eintauchen, kann er

uns, wenn auch nur vorübergehend, einen kleinen Geschmack von Glückseligkeit und Erfüllung geben.

Doch gefangen im Labyrinth seiner subjektiven Welt, die
im Wesentlichen aus Widerspiegelungen von Widerspiegelungen, oder anders ausgedrückt, aus Einbildungen besteht, beginnt er in seinem sozialen und kulturellen Umfeld
nach Nahrung für seine geglaubte „Identität" und sein
„Ich" zu suchen.

Dem Prinzip „Eine Hand wäscht die andere" folgend, entsteht so ein soziales Gefüge der gegenseitigen Ernährung,
Unterstützung und Aufrechterhaltung egomanischer Persönlichkeitsstrukturen – nämlich die weitverbreitete Persönlichkeitskultur, aus der es kaum ein Entkommen mehr
gibt, solange der Mensch nicht aus seinem hypnotischen
Schlaf erwacht und mit seinen Identifikationen oder seinen
sogenannten „Identitäten" bricht.
Der durch Identifikationen in seiner subjektiven Welt gefangene und befangene Mensch wird in der Lehre
Gurdjieff's[11] als „Der schlafende Mensch" bezeichnet. In
hinduistischen Lehren ist die subjektive Welt, der aus Illusionen und Täuschungen gewebte Schleier, den die Göttin
Maya über die Wirklichkeit legt.
Solange der Mensch „schläft" nimmt er die Formen der
äußeren Welt und die „Identitäten" seiner subjektiven

---

[14] Siehe auch: Ouspensky, Peter D.: Auf der Suche nach dem Wunderbaren.
Und: Nicoll, Maurice: Psychological Commentaries on the Teaching of Gurdjieff and Ouspensky.

Welt als die alleinige und einzige Realität wahr. Und solange er in dieser seiner sogenannten „Realität" zufrieden
ist, gibt es für ihn auch keinen Anlass erwachen zu wollen.

Wenn wir hier alle Faktoren zusammennehmen, die einen
Menschen an seinem Erwachen hindern, dann können wir
den gewöhnlichen Alltagsmenschen ohne Weiteres mit einem in einen Hochsicherheitstrakt gefangen gehaltenen
Insassen vergleichen:

Wendet er sich nach innen, in Richtung seines ungeformten Bewusstseins, dann bedeutet dies den Tod für ihn, weil
er diese Ebene nur dann betreten kann, wenn sich seine
sogenannten „Identitäten", seine Identifikationen und
letztendlich auch sein sogenanntes „Ich" aufgelöst haben.
Hält er an seinem „Ich" oder seiner subjektiv empfundenen „Identität" fest, steht zwischen ihm und der Wirklichkeit ein bodenloser, furchterregender Abgrund der Leere,
den er zu meiden sucht, indem er sich immer weiter nach
außen wendet – weg von seiner inneren Leere.

Sich nach außen wendend, findet er lediglich andere, im
gleichen Hochsicherheitstrakt Gefangene, wie er selbst einer ist. Diese haben sich ihre eigene Welt, ihre eigene Kultur mit ihren eigenen Gesetzen, Gesetzesbüchern, Rang-
ordnungen und Moralvorstellungen, mit ihrem eigenen
Ehrenkodex, ihren eigenen Vorstellungen von „Gut" und
„Böse", von „Richtig" und „Falsch", von „Wert" und
„Unwert" usw. geschaffen.

Ihre Lebenszeit vertreiben sie sich mit gegenseitigen

Schmeicheleien und Demütigungen, mit Zuneigungen und Abneigungen, mit Freuden und Leiden, mit Vereinigungen und Trennungen. Sie bilden Gemeinschaften, Vereine, Gruppen, Völker und Nationen. Sie arbeiten, forschen, schaffen, erfinden und kreieren. Sie führen Kriege, misshandeln, vergewaltigen, foltern, vernichten und töten Ihresgleichen. Sie bauen auf und zerstören. Sie glauben, hoffen und lieben, sie zweifeln, sind hoffnungslos und hassen, und so weiter, und so weiter. Doch während all dieses Treibens und Tuns vergessen sie, woher sie gekommen sind und wohin sie gehen werden. Sie vergessen, was ihr Ursprung ist und was ihr Ende sein wird. Sie vergessen, dass sie Gefangene und Bedienstete der Natur sind. Sie vergessen, dass sie Todgeweihte sind.

Von den schillernden Farben und Formen ihrer subjektiven Welt berauscht und geblendet, erkennen sie weder, wo sie sich befinden, noch was ihre Funktion und Aufgabe als Brückenglied zwischen geformtem und ungeformtem Bewusstsein ist. Und so taumeln und torkeln sie abwärts, ihrem letzten Urteilsspruch – dem Tod – entgegen, während sie von „Entwicklung", „Fortschritt" und „Aufstieg" träumen.

Dann gibt es da, in diesem Hochsicherheitstrakt der illusionären Welt, noch die Wärter und Wächter. Das sind die „Mächtigen" und „Starken", die obersten Führer der Verführten, die Trendsetter, Modeschöpfer, Moralisten, Dogmatiker, Lobbyisten, Politiker und „Gut-Tuer", usw. Sie verbreiten Ideologien, wecken Hoffnungen auf „Freiheit",

„Gerechtigkeit", „Frieden" und auf ein „Besseres Leben", wenn man sich ihren Ideologien und Bewegungen anschließt und unterwirft. Dabei sitzen sie im gleichen Boot wie die Insassen dieses Gefangenenlagers, im gleichen Hochsicherheitstrakt einer illusionären Welt.

Der einzige Unterschied zwischen ihnen und den Insassen ist ihre Unbeugsamkeit, Unverrückbarkeit und Auskristallisation ihrer eingenommenen Rollen, mit denen sie so stark identifiziert sind, dass ein Erwachen für sie noch unwahrscheinlicher ist als für diejenigen, welche in ihrer Psyche noch eine gewisse Flexibilität besitzen und vielleicht ab und zu erahnen, dass sie Gefangene in einer subjektiven Welt der vorübergehenden Erscheinungen, der Illusionen, Einbildungen und Täuschungen sind.

Hier gilt es auch noch zu verstehen, dass sich all diese Dinge auch innerhalb der Psyche jedes einzelnen Menschen nochmals widerspiegeln: Seine Psyche ist der Hochsicherheitstrakt seiner subjektiven Welt und enthält sowohl die Insassen als auch die Wärter und die Wächter, welche allesamt ursprünglich ungeformtes Bewusstsein binden, ihm eine begrenzte Form geben und es als „Ich" oder „Identität" in Erscheinung treten lassen.

Seine Psyche ist es dann auch, die überwunden werden muss, wenn er erwachen und wirkliches Sein erlangen will; damit er nicht nur seine Funktion erfüllt, sondern auch seine Aufgabe und Bestimmung als Mensch erfüllen kann. Die Überwindung seiner Psyche besteht im Wesentlichen darin, mit seinen Identifikationen und „Identitäten" zu brechen, das heißt, geformtes Bewusstsein in Ungeformtes überzuleiten, um so dem Hochsicherheitstrakt seiner subjektiven, illusionären Welt zu entfliehen.

Ein weiterer Faktor, der einem Menschen das Erwachen erschwert, ist das allen Dingen innewohnende Trägheitsprinzip, was besagt, dass sich die in seiner Psyche gebildeten Formen und „Identitäten", nur dann verändern können, wenn sie gewisse Anstöße dazu erhalten. Hinzu kommt noch die Tatsache, dass der Pfad des Erwachens bergauf führt und ihn zu gehen, auch einer gewissen Anstrengung bedarf.

Wenn wir das auf die Insassen, Wärter und Wächter des Hochsicherheitstraktes unserer subjektiven, illusionären Welt anwenden, dann bedeutet dies: Der Insasse, Wächter oder Wärter muss zuerst erkennen, dass er ein zum Tode verurteilter Gefangener ist. Er muss die Erfahrung machen, dass nichts in dieser subjektiven, illusionären Welt der vergänglichen Formen und Erscheinungen ihn jemals vollständig befriedigen oder erfüllen kann. Es müssen der Wunsch und ein brennendes Verlangen nach wirklicher Freiheit – nämlich der Freiheit von sich selbst – in ihm entstehen. Sonst wird er sich nicht vom Fleck bewegen oder sich allerhöchstens im Kreise drehen, indem er sich mit anderen Gefangenen, Wärtern und Wächtern zusammentut und sich mit ihnen arrangiert, um seine subjektive Welt mit allerlei schönen Hoffnungen, Illusionen und Täuschungen auszuschmücken, bis er schließlich aufgerufen und in den Todestrakt überführt wird, wo ihn dann die

Wirklichkeit einholt und sein Todesurteil, das er immer wieder aus seinem Bewusstsein ausgeblendet hatte, vollstreckt wird.

Die Schwierigkeiten und Faktoren, die ein Erwachen aus der subjektiven, psychischen Welt der persönlichen „Identitäten" verhindern, scheinen aber auch einen bestimmten Zweck zu erfüllen. Nämlich: dass nicht alle, sondern immer nur eine gewisse Anzahl einzelner Individuen aus dieser vernebelten, subjektiven Welt der Illusionen und Täuschungen entkommen können. Denn schließlich muss diese subjektive, psychische Zwischenwelt ja als Übergang und Brückenglied zwischen organisierter Materie und ungeformtem Bewusstsein bestehen bleiben, um zu gewährleisten, dass das tief in geformter Materie eingeschlossene, ursprünglich formlose Bewusstsein auf seinem Rückweg, am oberen Ende seiner Aufwärtsentwicklung, durch einzelne Individuen wieder zu seinem ursprünglichen Zustand zurückkehren kann.

Würden nämlich alle Menschen dieser subjektiven, psychischen Welt entfliehen, dann würde eine unüberbrückbare Lücke zwischen Tierwelt und ungeformtem Bewusstsein entstehen, sodass sich der Kreislauf des absteigenden und aufsteigenden Bewusstseins nicht mehr schließen könnte. Die Menschen würden dann ihre Funktion nicht mehr erfüllen.

Wenn aber auf der anderen Seite keine einzelnen Individuen mehr ihrer subjektiven, psychischen Welt entfliehen würden, um sich vollständig in ihrem Urgrund aufzulösen, könnte die Lücke zwischen Tierwelt und ungeformtem Bewusstsein, und damit auch der Kreislauf des Bewusstseins nicht vollständig geschlossen werden. Die Menschen würden dann ihre Aufgabe und Bestimmung nicht mehr erfüllen.

Stellen wir uns nun noch mal die am Anfang dieses Kapitels eingeworfenen Fragen: von *Was* und *Wohin* der Mensch gefallen ist? – dann können wir diese jetzt folgendermaßen beantworten:

Der Mensch ist von seinem wahren Wesen, von seiner göttlichen Natur, von seinem ihm innewohnenden, ungebundenen, ursprünglichen, glückseligen Bewusstsein in eine subjektive Welt des Schlafes, des Träumens, der Identifikationen, der persönlichen „Identitäten", der „Ich"-Haftigkeit, der falschen Hoffnungen, der Illusionen und Täuschungen gefallen.

Er ist von seiner ursprünglichen Göttlichkeit in den Morast einer Welt der sich widerstreitenden „Identitäten" gefallen.

Er hat den Kontakt zu seinem Urgrund verloren und damit auch jeden Bezug zu seiner Aufgabe und Bestimmung, geformtes Bewusstsein in formloses überzuleiten.

Er erfüllt jetzt, als Brückenglied in der aufsteigenden Entwicklung des Bewusstseins, lediglich noch die Funktion eines „höheren" Tieres und muss gezwungenermaßen im Morast seiner illusorisch-subjektiven Welt verharren.

Über ihm klafft nun eine Lücke, die er, so wie er ist, nicht mehr ausfüllen kann.

Die Folge dieses Geschehens ist dann konsequenterweise die, dass es vor oder unterhalb dieser Lücke zu einem Rückstau der aufwärtstreibenden Kräfte kommt, worauf die Natur mit einer explosionsartigen Vermehrung der Bevölkerung reagiert, um möglicherweise so die vorhandene Lücke noch schließen zu können.

Aber solange der Mensch lediglich Sklave seiner subjektiven Welt bleibt, führt dies letztendlich nur zu einer Übervölkerung des Planeten mit den dazugehörigen katastrophalen Folgegeschehnissen der Not, des Leidens, des Hungers, des Wassermangels, der Flucht und nicht zuletzt auch der Kriege – eine der Lieblingsbeschäftigungen des schlafenden Menschen.

Wenn wir die aktuelle Situation des Menschen betrachten, können wir bereits sehen, dass ein Teil der Menschheit in Hunger, Armut und Not ums nackte Überleben kämpft, und der andere Teil im Wohlstand und im Überfluss lebt. Es gibt immer wieder Kriege größeren oder kleineren Ausmaßes, mit den dazugehörigen Flüchtlingsströmen, Verletzten, Gequälten, Gefolterten und Toten.

Diejenigen, die von Tag zu Tag um ihr nacktes Überleben kämpfen müssen, sind mehr mit der Erfüllung ihrer Grundbedürfnisse beschäftigt, als mit der Erfüllung ihrer existenziellen Aufgabe und Bestimmung.

Und diejenigen, die im Wohlstand und Überfluss leben, ergötzen sich in ihrer subjektiven Welt an ihren persönlichen „Identitäten". Sie sind, und das oft zum Leid anderer, von morgens bis abends damit beschäftigt ihren „Identitäten" oder, wie sie es auch nennen, ihrem „Ich" irgendwelche, wenn auch kurzfristige, „Freuden", „Glücksgefühle" und andere „Wohltaten" zuzufügen.

Wegen der Kurzfristigkeit dieses ihres „Glücks" sind sie ständig und unersättlich auf der Suche nach immer mehr davon. Sie wollen noch mehr Macht, noch mehr Geld, noch mehr Besitz, noch mehr Anerkennung, noch mehr Achtung, noch mehr Ehre, noch mehr Respekt, noch mehr Erfolg usw.

Um dieses „Mehr" an „Glück" zu erreichen, können sie lügen, demütigen, intrigieren, verletzen, streiten, ihre Mitmenschen in Not und Armut stürzen, bestialische Taten begehen, Kriege führen und sogar den Planeten, auf dem sie leben, ohne den geringsten Gewissensbiss zugrunde richten.

Nichts kann ihren Durst nach „Mehr" stillen. Und so sind auch sie, die „Wohlhabenden", mehr mit der Erfüllung ihrer oft absonderlichen Wünsche beschäftigt als mit der Erfüllung ihrer existenziellen Aufgabe und Bestimmung innerhalb des Kreislaufs des Bewusstseins.

Auf diese Weise wird sowohl die Funktion als auch die Bestimmung des Menschen, welche er am oberen Ende der Stufenleiter der Bewusstseinsentwicklung einnehmen sollte, pervertiert, sodass trotz einer Bevölkerungsexplosion nur noch sehr wenige und, wie es scheint, immer weniger Individuen ein Schlupfloch finden, um diesem Wahnsinn zu entrinnen und sich ihrem wahren Wesen –

dem ungeformten, göttlichen Bewusstsein – zuzuwenden und das zu sein, wofür sie ursprünglich bestimmt waren.

Die unersättliche Suche und Gier des Menschen nach persönlichem „Glück", und die Perversionen seines Daseins werden erst dann ein Ende nehmen, wenn er sein wahres Glück, das heißt, seine naturgegebene Glückseligkeit gefunden hat.

Und wenn er dieses wahre Glück finden will, muss er zuerst sein Unglück, das er in seiner subjektiven Welt oft als „Glück" bezeichnet, auch als Unglück erkennen und verstehen. Sonst kann er ihm nicht entfliehen. Und wenn er seinem Unglück entfliehen will, dann muss er auch wissen, wo das Schlupfloch liegt, durch das er entkommen kann, um sein wahres Sein und Glück zu finden.

Wir können die unersättliche Suche und die Gier des Menschen nach „Mehr" auch als den fehlgeleiteten Drang, des in Formen und „Identitäten" eingeschlossenen ursprünglichen Bewusstseins, nach Freiheit begreifen. Mit ungeheurer Kraft drängt es nach oben, zurück zu seiner ursprünglichen Formlosigkeit, zu seiner ursprünglichen Freiheit. Jede Form, jede Begrenzung, jede „Identität" ist ihm zu eng und zu beschränkt.

Im Grunde ist es die gleiche Kraft, die das gesamte Universum unaufhörlich in Bewegung hält, die Planeten, Sonnen, Galaxien und alles Seiende entstehen, sich organisieren und auch wieder vergehen lässt.

Der Mensch als Mikrokosmos ist lediglich ein mikroskopisches Abbild dieses großen Geschehens. Daraus erklärt sich dann auch, dass alles „Glück", das er in irgendeiner äußeren Form oder in irgendeiner „Identität" seiner subjektiven Welt sucht, aufgrund der Vergänglichkeit alles Seienden zum Scheitern verurteilt ist.

Kommen wir nun zum einzelnen Menschen und zur Beantwortung der Frage, wo er einen Weg oder an welcher Stelle er ein Schlupfloch finden kann, um aus seinem Schlaf zu erwachen und der Gefangenschaft in seiner subjektiven Welt der „Identitäten" zu entfliehen, um schließlich wahres Sein und wahre Freiheit zu erlangen:

Weil der Mensch ein mikroskopisches kosmisches Abbild ist, spiegelt sich in seiner Psyche die gesamte Existenz, einschließlich bestimmter Mengen an ungeformtem Bewusstsein, wider.
Durch die Identifikation mit den in seiner Psyche widergespiegelten Bildern, Vorbildern, Formen und eingenommenen Rollen, fällt er in eine Art hypnotischen Schlafzustand. Er nimmt eine „Identität" an, die er als sein „Ich" bezeichnet, die aber seine Wahrnehmung so sehr einschränkt, dass er die Wirklichkeit nur noch verschwommen, verzerrt, schemenhaft oder auch gar nicht mehr erkennt.

Durch die begrenzten, verschwommenen Wahrnehmungsfenster seiner „Ich"-Haftigkeit definiert er nun die „Dinge" und andere „Identitäten" seiner Umgebung als seine „Welt".

Erkennt nun ein Mensch, dass er in dieser subjektiven

„Welt" der vorübergehenden Formen und Erscheinungen weder wirkliches Glück noch wahres Sein finden kann und sucht einen Ausweg aus seiner Situation, dann liegen sowohl der Ausweg als auch sein wahres Glück und Sein im ungeformten Bewusstsein.

Will er seiner Situation entfliehen, muss er zunächst einen Kontakt zu diesem formlosen Etwas in sich herstellen.

Das ungeformte Bewusstsein ist das einzige Schlupfloch, durch das er seiner subjektiven „Welt" der Täuschungen, der Illusionen und der falschen Hoffnungen entkommen kann.

Um besser zu verstehen, an welcher Stelle der einzelne Mensch den Kontakt zu seinem ursprünglichen, formlosen Bewusstsein herstellen kann, können wir noch mal einen zerbrochenen Spiegel als Gleichnis nehmen:

Die in den einzelnen Bruchstücken des Spiegels widergespiegelten, unterschiedlichen Dinge und Bilder stellen die subjektive Welt des einzelnen Menschen dar. Weil aber die einzelnen Bruchstücke des Spiegels unterschiedliche Bruchlinien, Formen und Größen haben, gibt es auch so viele unterschiedliche subjektive Welten, wie es Menschen gibt.

Das Einzige, was diesen einzelnen, abgegrenzten und unterschiedlichen Bruchstücken aber gemeinsam ist und Alles mit Allem verbindet, ist das Widerspiegeln selbst. Nicht die gespiegelten, unterschiedlichen Formen und „Identitäten", sondern das Widerspiegeln selbst ist es, das Allen gemeinsam und somit objektiv ist. Und genau da, im reinen Widerspiegeln, kann der einzelne Mensch auch den Zugang zum formlosen Bewusstsein, zum Objektiven, sowie zu wahrem Glück, wahrer Glückseligkeit und wahrem Sein finden.

Und weil sich das reine Widerspiegeln auf dem tiefsten Grund seiner Subjektivität befindet, muss sich der nach wirklicher Freiheit, nach wahrem Sein und wahrer Glückseligkeit strebende Mensch nach *innen* wenden.

Er muss so tief in seine subjektive Welt der Formen und „Identitäten" eindringen, bis er sozusagen *dahinter* gelangt und seine subjektive Welt selbst zum Objekt wird.

Hier am innersten und tiefsten Punkt seiner Subjektivität liegt das Schlupfloch, durch das er seiner subjektiven Welt der Täuschungen und Enttäuschungen entkommen kann.

Hier können sich dann alle Identifikationen auflösen und es eröffnet sich ein unendlicher Ozean der offenen Weite, des unaufhörlichen Strömens, des wahren Seins, der Glückseligkeit. Hier kann der Mensch zu seinem Urgrund zurückkehren, seine Bestimmung erfüllen und zu dem werden, was er immer schon war.

Will er ganz in dieses formlose Sein eingehen, muss er als „Identität", als Form oder als „Ich" sterben.

Der „gefallene" Mensch hat sich von seinem Urgrund entfernt und ist seiner subjektiven Welt der „Identitäten", der falschen Hoffnungen, der Täuschungen, der Illusionen

und damit auch der Sterblichkeit verfallen. Er ist ein Tod-
geweihter.

Was ein Mensch dafür tun kann, um sich seinem formlosen Sein wieder zu nähern und zu öffnen, um schließlich
in seinen Urgrund einzugehen, wird in späteren Kapiteln
näher besprochen werden.

Abstieg und Aufstieg

Wenn wir der allgemein anerkannten darwinschen Lehre Glauben schenken, dann ist der Mensch von „Unten" entstanden.

Grob gesagt: Er ist vom Kaltblütler zum Säuger, vom Säuger zum Primaten und vom Primaten zum heutigen Menschen mit seiner wenn auch seltsamen Psyche, seinen geistigen Fähigkeiten und der Fähigkeit zum bewussten Da-Sein aufgestiegen.

Die „Selektion der Fittesten", um ein Überleben zu sichern, allein, erklärt zwar die Entwicklung von Organismen, aber deren Höherentwicklung und die Entwicklung des Bewusstseins erklärt sie noch lange nicht. Denn immerhin gibt es ja Organismen, die in ihrer Widerstandsfähigkeit dem Menschen weit überlegen sind und einige Jahrhunderte leben können. Da hätte die „Evolution" ja aufhören können.

Vielmehr müssen wir hier die Fragen stellen: *Was* will überleben? Und: *Was* ist die treibende Kraft, welche die Höherentwicklung von Organismen und Bewusstsein zustande bringt?

Um diese Dinge wenigstens annähernd erklärbar zu machen, müssen wir eine unbekannte, allgegenwärtige, organisierende Größe annehmen – wie etwa die Astrophysik, zur Erklärung verschiedener Phänomene, eine Größe annimmt, die sie „Dunkle Materie" nennt.

Wir wollen in unserem Fall diese unbekannte Größe „Das ursprüngliche, ungeformte Bewusstsein" nennen. Es ist eine organisierende Kraft, welche die Entstehung sowie die Höherentwicklung der Organismen und in den höheren Organismen die Entfaltung des Bewusstseins vorantreibt.

„Unbekannt" nennen wir diese Größe, weil wir nicht wissen können, warum sie existiert; weil wir sie zwar als Phänomen erfahren können, sie aber trotzdem nicht kennen oder verstehen können.

„Ursprünglich" nennen wir diese Größe, weil wir sie keinem anderen Ursprung zuordnen können, oder weil sie selbst keinen Ursprung hat.

„Formlos" nennen wir diese unbekannte Größe, weil sie in jeder Form sein kann, und trotzdem als jenseits aller Form erfahrbar ist.

„Bewusstsein" nennen wir sie, weil es eine organisierende Kraft ist, und weil Organisation ohne Information und Anpassung nicht möglich ist.

Glauben wir also der darwinschen Lehre, dann ist der Mensch von „Unten" durch die Höherentwicklung von Organismen entstanden.
Glauben wir aber den Religionen und spirituellen Lehren, dann ist der Mensch von „Oben" durch das sich in Formen kleidende ursprüngliche Bewusstsein entstanden.

Trotzdem müssen sich diese scheinbar gegensätzlichen Aussagen nicht gegenseitig ausschließen. Insbesondere wenn wir in Betracht ziehen, dass etwas, das aufsteigt, zuvor auch abgestiegen sein muss, und dass ein Erzeugnis schon potenziell in seinen Grundsubstanzen vorhanden sein muss, damit es überhaupt erst entstehen kann.

Ähnlich wie in einem Samenkorn schon ein Baum potenziell existiert, so sind auch in der Materie der Mensch und Bewusstsein bereits potenziell vorhanden.

Auf der anderen Seite kann ein Mensch in tiefer Meditation oder in tiefer Hingabe und Empfänglichkeit auch die Erfahrung machen, dass etwas auf ihn herabsteigt und ihn mit Wirklichem Sein erfüllt, welches er als sein wahres Sein erkennt.

Wenn wir diese unterschiedlichen Gesichtspunkte in Betracht ziehen, dann können wir sagen:

Der tierische Organismus des Menschen ist von „Unten" gekommen, und die nach oben zur Höherentwicklung treibende, organisierende Kraft sowie das spirituelle Sein des Menschen sind von „Oben", vom ursprünglichen, formlosen Bewusstsein gekommen.

An der Kontaktstelle, zwischen seinem tierischen Organismus und seinem spirituellen Sein, hat sich als Zwischenglied seine facettenreiche Psyche mit ihren emotionalen und intellektuellen Gegebenheiten als auch seine subjektive Welt der persönlichen „Identitäten" gebildet.

Im Grunde handelt es sich bei diesen unterschiedlichen

Gesichtspunkten um die gleiche Sache. Lediglich der Blickwinkel ist ein anderer.

Der Wissenschaftler blickt von außen auf die Dinge, auf Galaxien, Sterne, Sonnen, Planeten, auf Formen, Strukturen, Stoffgruppen, Moleküle, Atome, Elektronen, Photonen, Quanten und Quarks, auf Organismen, Organe, Zellen, Proteine und DNS-Stränge usw.

Der meditierende oder spirituelle Mensch hingegen erlebt das Dasein von *innen* – als ob er sich in einem *„Zwischenraum"* zwischen all den Sternen, Sonnen, Planeten, Dingen, Molekülen und Atomen, usw., die der Wissenschaftler von außen beobachtet, befände; ein *„Zwischenraum"*, der alles mit allem verbindet, alles durchdringt, alles umgibt und alles zu einer einheitlichen Gesamtheit werden lässt.

Hier ist alles in Bewegung, in Schwingung, und trotzdem bleibt sich dieser *„Zwischenraum"*, zu dem der Meditierende selbst geworden ist, immer gleich. Es ist das, was wir Glückseligkeit oder wahres Sein nennen. Da gibt es keine getrennten Objekte mehr, weil Subjekt und Objekt, Inneres und Äußeres zur Einheit geworden sind.
Weil dieser Allesvereinigende *„Zwischenraum"* sich selbst immer gleichbleibt, also unveränderlich und damit auch unsterblich ist, ändert er sich auch nicht, wenn wir mit einer unserer sogenannten subjektiven „Identitäten", die wir „Ich" nennen, identifiziert sind. Die Einheit alles Seienden hat sich dadurch nicht verändert und wird sich auch nicht

verändern; wir nehmen die Einheit nur nicht mehr wahr. Vielmehr sind wir es, die eine „Identität" angenommen haben und dadurch zu einem beschränkten, sterblichen Subjekt, zu einem unendlich kleinen, abgegrenzten Partikel des Großen und Ganzen geworden sind, welcher nun durch seine begrenzte, subjektive Wahrnehmung, sich selbst, sowie andere Wesen und Dinge seiner Umgebung, als voneinander getrennte Einheiten wahrnimmt.

Während der Wissenschaftler die als getrennt wahrgenommenen Einheiten untersucht, und dann versucht, sie in seinem Verstand zu einer Einheit zusammenzufügen, taucht der Meditierende in den innersten Kern des Daseins ein und wird selbst zur Einheit alles Seienden.

Die innere Erfahrung der Einheit alles Seienden kann nicht wissenschaftlich bewiesen werden, weil sie in der tiefsten und innersten Subjektivität des Einzelnen stattfindet. Aber für denjenigen, dem sie widerfährt, wird es keinen Zweifel geben. Denn er ist in seinem innersten und tiefsten Innenraum selbst zum Großen Ganzen geworden und als „Ich" oder getrennte Einheit, die lediglich seiner beschränkten Wahrnehmung entsprungen sind, gestorben.

Wir können also annehmen, dass das ursprünglich ungeformte Bewusstsein einen Kreislauf vollzieht, der durch einen Abstieg von der Formlosigkeit zur Form, und durch einen Aufstieg von der Form zur ursprünglichen Formlosigkeit gekennzeichnet ist.

Dieser Kreislauf des Ab- und Aufstiegs vollzieht sich sowohl in den großen kosmischen Ereignissen, wie der Verdichtung von Materie aus einer Ursubstanz, der Auskristallisation von Galaxien, Sonnen und Planetensystemen usw., und deren Wiederauflösung, als auch in den kleineren kosmischen Geschehnissen, wie beispielsweise dem organisierten Leben auf unserem Planeten Erde sowie im Entstehen und Vergehen einzelner Organismen.

Ebenso finden wir diesen Prozess des Abstiegs und Aufstiegs, der Formung und Wiederauflösung, in der Psyche jedes einzelnen Menschen, als Abbild des kosmischen Geschehens, wieder. Aus diesem Grund bezeichnen verschiedene Religionen den Menschen wohl als ein „Ebenbild Gottes".

Im „Tai I Gin Hua Dsung Dschi"[15], einem höchst bemerkenswerten Buch, wird dieser Kreislauf des Ab- und Aufstiegs, des nach außen und des nach innen Fließens, sowohl in den größeren als auch in den kleineren kosmischen Formationen, von Meister Lü Dsu, als „Kreislauf des Lichts" bezeichnet.[16]

Im Folgenden werden wir diesen „Kreislauf des Lichts",

---

[15] Wilhelm, Richard: Geheimnis der goldenen Blüte.

[16] Insofern der Verfasser im Folgenden die Worte von Meister Lü Dsu aus dem „Tai I Gin Hua Dsung Dschi" interpretiert, sei der Leser darauf hingewiesen, dass auch andere Interpretationen, die ebenso plausibel sein mögen, möglich sind.

wie er im Einzelnen Menschen stattfindet, näher betrachten. Für ein besseres Verständnis bezeichnen wir ihn hier als „Kreislauf des Bewusstseins".

Der natürliche und der absichtliche Kreislauf des Bewusstseins

Zum besseren Verständnis des natürlichen und absichtlichen Kreislaufs des Bewusstseins innerhalb der Psyche eines Menschen, und die darin möglichen Veränderungen seiner angenommenen Formen, Identitäten und Rollen, soll die folgende schematische Abbildung dienen:

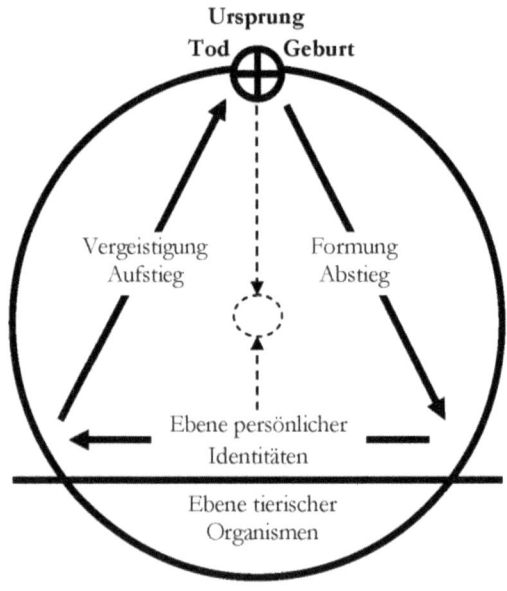

Abb.11
Der natürliche u. absichtliche Kreislauf des Bewusstseins
Abstieg und Aufstieg des Menschen.

Bevor wir zur näheren Beschreibung und Erklärung obiger Abbildung kommen, sollen zunächst die Begriffe „natürlicher" und „absichtlicher" Kreislauf kurz erklärt werden:

Mit „natürlichem" Kreislauf ist der Lebenskreislauf des physischen Organismus, von seiner Geburt bis zum Tod und die parallel damit einhergehende Bildung und Wiederauflösung einer menschlichen Psyche mit ihren subjektiven „Identitäten", gemeint, ohne dass der Mensch dabei absichtliche Anstrengungen unternimmt, sich mit seinem Urgrund zu verbinden. Der natürliche Kreislauf des Bewusstseins bezeichnet auch den Kreislauf von Geburt, Tod und Wiedergeburt.

Mit „absichtlichem" Kreislauf des Bewusstseins ist gemeint, dass ein Mensch innerhalb seines natürlichen Lebenskreislaufs absichtliche Anstrengungen unternimmt, einen bewussten Kontakt zum ursprünglichen, formlosen Bewusstsein herzustellen, sodass in ihm selbst ein Kreislauf des Bewusstseins entsteht und er schon zu Lebzeiten bewusst zu dem werden kann, was er immer schon war – nämlich zum Eins-Sein mit dem Großen und Ganzen. Indem der Mensch zu seinem Urgrund zurückkehrt, verlässt er den Kreislauf von Geburt, Tod und Wiedergeburt.

Damit der Leser während der Beschreibung unserer schematischen Darstellung des Kreislaufs des Bewusstseins nicht immer wieder zurückblättern muss, ist auf den folgenden Seiten ein kleineres Abbild der schematischen Darstellung eingefügt.

Der natürliche Kreislauf des Bewusstseins

Der obere kleine Kreis mit dem Kreuz in der Mitte, der in unserer Abbildung zwischen Tod und Geburt platziert ist, stellt das ursprünglich ungeformte Bewusstsein, den Ursprung dar.

Das Kreuz in der Mitte des Kreises steht für den Kreuzungspunkt zwischen der linearen Zeit, die wir als Vergangenheit, Gegenwart und Zukunft kennen (= horizontale Linie) und der Zeitlosigkeit, die wir auch als Ewigkeit bezeichnen (= vertikale Linie).

Weil – wie seit Einstein auch der modernen Wissenschaft bekannt ist – Raum und Zeit untrennbar miteinander verbunden sind, betrachten wir das formlose Bewusstsein, da es aufgrund seiner Formlosigkeit keinen Raum einnimmt und somit auch keine Zeit besitzt, als etwas Raum- und Zeitloses. Durch seine Raumlosigkeit ist es etwas Allgegenwärtiges, und durch seine Zeitlosigkeit ist es etwas Ewiges.

Der Kreuzungspunkt der vertikalen und horizontalen Linie im oberen kleinen Kreis steht für die Eintrittspforte, durch die das formlose Bewusstsein in eine Zeit-Form eintritt, das heißt, es tritt in eine räumliche und zeitliche Begrenzung ein, die entsteht, sich entwickelt und an ihrem Höhepunkt wieder zu degenerieren beginnt, um am Ende auch wieder zu vergehen.

Auf den einzelnen Menschen bezogen entspricht der Kreuzungspunkt, an dem das formlose Bewusstsein in einen Formungsprozess eintritt, der Verschmelzung von Samen- und Eizelle sowie der Verschmelzung der haploiden Chromosomensätze innerhalb der Eizelle.

Dieser Prozess der Verschmelzung vollzieht sich zuvor auf einer größeren und für den Menschen erfahrbaren Skala, nämlich während der geschlechtlichen Vereinigung von Mann und Frau.

Erfolgt diese geschlechtliche Verschmelzung in tiefer Hingabe, wird das ursprüngliche, formlose Bewusstsein vorübergehend auch für den Menschen erfahrbar, wodurch er einen kleinen Schimmer von Zeitlosigkeit, Formlosigkeit, Ekstase und Glückseligkeit erhalten kann. Das *kann* sein, aber muss nicht sein.

Nach der Verschmelzung von Samen- und Eizelle beginnt nun ein Prozess der Entfaltung und Formung eines menschlichen Organismus. Ein Prozess, welcher sich innerhalb des Mutterleibes noch in einem Zustand der Verschmolzenheit und Einheit abspielt, also auch noch innerhalb des oberen kleinen Kreises in unserer Abbildung.

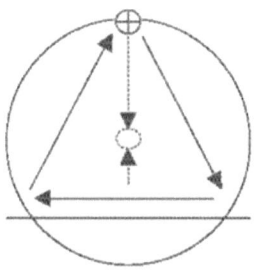

Mit der Geburt findet dann eine Trennung des physischen Organismus von seinem „Ursprung", dem Mutterleib statt. Damit tritt der physische Organismus in seinen Lebenskreislauf ein, der in unserer Abbildung durch den großen, äußeren Kreis dargestellt wird.

Parallel zum Wachstum und zur Entwicklung des physischen Organismus bildet sich die menschliche Psyche, welche in unserer Abbildung durch das Dreieck innerhalb des großen Kreises dargestellt ist.

Dabei müssen wir verstehen, dass des während der fortschreitenden Aufwärtsentwicklung physischen Organismus bis zur Reife, eine fortschreitende Abwärtsentwicklung des ursprünglichen, formlosen Bewusstseins stattfindet, die sich in einer zunehmenden Formierung von Denkmustern, emotionalen Mustern, Rollen und letztendlich in der Auskristallisation unserer sogenannten „Identität", oder in dem, was wir unsere Persönlichkeit oder auch unser „Ich" nennen, manifestiert.

Im physischen Organismus entspricht dieser Prozess der Bildung und Verfestigung von neuronalen Verbindungen und Strukturen in unserm Nervensystem.

Die Formierung von Denkmustern, emotionalen Mustern und Rollen bis zur Auskristallisation einer Persönlichkeit ist in unserem Schema durch den abwärts zeigenden linken Schenkel des Dreiecks dargestellt.

Dieser Prozess entspricht auch der Bildung psychischer Inhalte durch Interaktion mit der Umwelt sowie der Identifikation des ursprünglich formlosen Bewusstseins mit diesen Inhalten.

Auf diese Weise wird das ursprünglich formlose Bewusstsein auf der einen Seite durch die räumliche Begrenzung des physischen Organismus abgegrenzt, und auf der anderen Seite wird es durch die Identifikation mit den psychischen Inhalten beschränkt und eingeengt, sodass es sich als abgegrenzte Einheit, die es als „Ich" bezeichnet, wahrnimmt. Nun beginnt der Mensch in einer Welt der subjektiven, persönlichen „Identitäten" zu leben, was in unserer Abbildung, durch den nach rechts zeigenden Pfeil der Grundlinie des Dreiecks, dargestellt ist.

Die horizontale Linie darunter stellt die Ebene tierischer Organismen dar, zu denen auch unser physischer Organismus gehört.

Der tierische Organismus bildet sozusagen die Basis der menschlichen Psyche, wodurch all ihre Inhalte oder die „Identitäten" der subjektiven Welt von tierischen Trieben und Instinkten gefärbt werden.

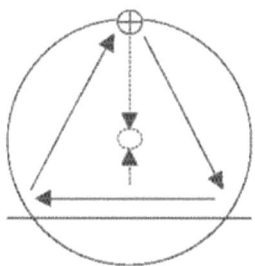

Aus dieser Tatsache erklärt sich dann auch, dass der Mensch, dessen Leben sich hauptsächlich an der Basislinie seiner Psyche abspielt, zwar „hohe Werte", eine „hohe Kultur", „technischen Fortschritt" und „Wohlstand" usw. schafft, aber wundersamerweise gleichzeitig seinen Nächsten misshandeln, quälen, foltern, oder auch töten kann, und zwar nicht nur im kleinen, sondern auch im ganz großen Stil, indem er seinen „technischen Fortschritt" dazu nutzt, um ganze Volksgruppen und Völker in Armut, Qual und Not zu stürzen oder auch zu vernichten.

Ein anderer und sogar der hauptsächliche Grund, warum der Mensch betrügt, ausbeutet und alle möglichen Gräueltaten begeht, ist die Identifikation mit seinen psychischen Inhalten oder seinen sogenannten „Identitäten", die allesamt einen egomanischen Charakter aufweisen.
Durch die Identifikation mit diesen seinen „Identitäten" schafft er einerseits eine Persönlichkeitskultur, in welcher er sich von Achtung, Aufmerksamkeit, Respekt, Ehre, Ruhm, Macht und anderen schmeichelnden „Wohltaten" bescheinen lässt, um seine egomanischen „Identitäten" zu nähren und aufrechtzuerhalten. Und andererseits beginnt er seine sogenannten „Identitäten" zu schützen und zu verteidigen, indem er diejenigen zu vernichten trachtet, die für seine „Identitäten" bedrohlich werden könnten.

Auf diese Weise wird sein Leben zu einem ständigen Trachten nach einem „Mehr" an „Wohltaten" für sich selbst und zu einem ständigen Kampf gegen die Bedrohungen durch andere, welche ebenfalls ein „Mehr" an „Wohltaten" für sich selbst wünschen.

Es kommt zu dem, was wir „Fressen oder gefressen werden" nennen – also zu einem absolut tierähnlichen Dasein in einer Glamour- und Glitzerwelt einer Persönlichkeitskultur mit ihren falschen „Identitäten", kurzfristigen Scheinglücksgefühlen und falschen Hoffnungen.

So steigt das ursprünglich ungeformte Göttliche Bewusstsein mit der Formung eines physischen Organismus und der Bildung einer Psyche herab, spaltet sich in der Welt der getrennten „Identitäten" auf, bis es schließlich die Tierwelt berührt und kontaktiert.

Wenn dann der physische Organismus am Ende seines Lebenszyklus zu degenerieren bzw. *abzusteigen* beginnt und stirbt, beginnen auch die „Identitäten", die ein Mensch in seiner Psyche angenommen hat, zu degenerieren, sich aufzulösen und zu sterben, sodass die darin gebundenen Bewusstseinsanteile ihre Form verlieren und zu ihrem ursprünglichen, ungeformten Zustand zurückkehren können, was einem *Wiederaufstieg* des Bewusstseins entspricht.

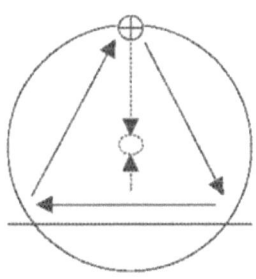

Dieser Prozess ist in unserer Abbildung durch den nach oben zeigenden, rechten Schenkel des Dreiecks dargestellt.

Auf diese Weise schließt das Bewusstsein seinen natürlichen Kreislauf am oberen Ende der Stufenleiter seiner Entwicklung, zwischen der Tierwelt und seiner ursprünglichen Formlosigkeit.

Diesen natürlichen Kreislauf mit all seinen Qualen und Leiden, des Geborenwerdens, Alterns und Sterbens, des Abstiegs und Aufstiegs muss das Bewusstsein immer wieder durchlaufen.

Weil sich der natürliche Kreislauf des Bewusstseins, der Formung und Wiederauflösung, des Geborenwerdens und Sterbens unaufhörlich wiederholt, knüpfen hier die Ideen verschiedener spiritueller Lehren von der „Wiedergeburt" und der „Reinkarnation" an.

„Wiedergeburt", meint hier, dass das innerhalb eines natürlichen Kreislaufs, beim Tod eines Menschen zur Formlosigkeit aufgestiegene Bewusstsein durch einen erneuten Abstieg wieder Form annimmt und seinen Kreislauf in einem neuen Organismus sowie in neuen psychischen „Identitäten" wiederholt, *ohne* dass sich im Einzelnen Menschen eine unteilbare Einheit gebildet hat, durch die er während seines Lebens einen Kontakt zu seinem Ursprung herstellen und wirkliches Sein erlangen könnte. „Wiedergeburt" ist Teil des ewigen Kreislaufs von Geburt und Tod, dem nur einzelne Individuen entfliehen können.

In diesem Sinne hat „Wiedergeburt" nichts mit einem Persönlichen Wiedererscheinen in der Welt der subjektiven „Identitäten" zu tun, sondern ist etwas vollkommen Unpersönliches. Das ursprünglich formlose Bewusstsein bekleidet sich während seines natürlichen Kreislaufs lediglich immer wieder mit neuen und ähnlichen „Identitäten", welche mit dem Tod eines Organismus auch wieder vergehen. Um diesem ewigen Kreislauf zu entgehen, muss ein Mensch erst zu einem Individuum, das heißt zu einer unteilbaren Einheit werden.

Trotz dem, dass wir den ewigen Kreislauf von Geburt, Tod und „Wiedergeburt" hier als etwas Unpersönliches bezeichnen, hat er aber auch seine eigenen Gesetzmäßigkeiten, die sowohl etwas mit „karmischer Verstrickung" als auch mit „karmischer Vergeltung" zu tun haben.

„Karmische Verstrickung" kann so verstanden werden, dass eine angenommene subjektive „Identität" während ihres Lebens durch ihr Handeln einen Prozess anstößt, der durch seine Eigendynamik weitreichende und generationsübergreifende Folgen nach sich zieht, die durch andere ähnliche subjektive „Identitäten" zur Vollendung gebracht werden müssen, wodurch das ursprünglich ungeformte

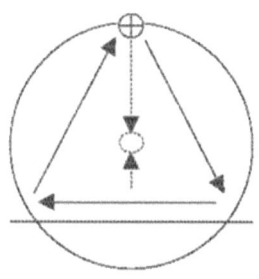

Bewusstsein auch in den Folgegenerationen solche zur Vollendung bringende, ähnliche subjektive „Identitäten" annehmen und auch das durch die Folgen des angestoßenen Prozesses entstandene „Glück", Unglück" oder „Leid" in der angenommenen, subjektiven „Identität" ertragen muss. Das in diesem Prozess zu ertragende „Glück", „Unglück" oder „Leid" entspricht der „karmischen Vergeltung". Wenn wir nun noch in Betracht ziehen, dass alle Handlungen und alle angestoßenen Prozesse auch in den „Identitäten" anderer Personen Reaktionen und Handlungen hervorrufen, die ebenfalls wieder Prozesse mit entsprechenden Folgen ingangsetzen, dann können wir die immense Komplexität dieses Netzwerkes, in welchem die „karmischen Verstrickungen" und „Vergeltungen" stattfinden, vielleicht erahnen, aber nicht vollständig überblicken. Der ewige Kreislauf von Geburt, Tod und „Wiedergeburt" gehört zum Netzwerk der „karmischen Verstrickungen".

„Reinkarnation" hingegen, bedeutet die Wiederverkörperung eines *Individuums*, welches durch die absichtliche und bewusste Ingangsetzung eines Kreislaufs des Bewusstseins zustande gekommen ist. Das heißt: Durch die absichtliche Ingangsetzung eines Bewusstseinskreislaufs innerhalb der Psyche eines einzelnen Menschen hat sich so viel an reinem Bewusstsein in ihm angehäuft, dass es zu einer Auskristallisation desselben gekommen und ein Individuum, eine unteilbare Einheit entstanden ist, die dem Großen und Ganzen gleicht, aber zu ihm im Verhältnis steht, wie etwa ein Wassertropfen zum Ozean.

154

Ein solches Individuum kann seine wirkliche Identität oder seine wahre Natur nicht mehr verlieren; es ist gewissermaßen unsterblich geworden. Auch wenn es mit seiner „Reinkarnation" in die Welt der subjektiven „Identitäten" eintritt, wird es sich nicht mehr ganz mit diesen identifizieren.

Dabei ist es gleichgültig, ob es während seines aktuellen Lebenskreislaufs in die Welt der subjektiven „Identitäten" eintritt, um einige „weltliche" Angelegenheiten zu erledigen, oder ob es, nachdem sein physischer Organismus gestorben ist, in einen neuen Lebenskreislauf mit einem anderen Organismus und einer neu gebildeten Psyche eintritt.

Es wird früher oder später immer wieder zu seiner wahren Natur erwachen und die Verbindung zu seinem Ursprung nicht mehr verlieren, bis es sich schließlich als unteilbare Ganzheit in seinem Urgrund auflöst und selbst zum Großen Ganzen wird.

Bei genauerem Hinsehen finden wir im Christentum den Kreislauf des Bewusstseins im Kreuzigungsdrama wieder: Christus – das ursprüngliche, göttliche, ungeformte Bewusstsein – steigt herab, wird zum Menschen, und in der

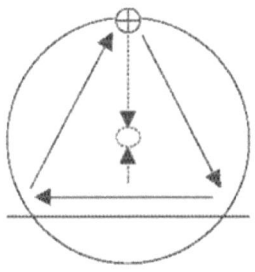

Welt der persönlichen, subjektiven „Identitäten" beginnt sein Leidensweg und er wird ans „Kreuz der Welt" genagelt. Nachdem er an diesem Kreuz gestorben ist – das heißt, wenn sich die subjektiven „Identitäten" aufgelöst haben – ersteht er wieder auf und kehrt bei seiner „Himmelfahrt" zurück zu seinem Urgrund.

In dieser Interpretation des Kreuzigungsdramas kommen mehrere Dinge zum Ausdruck:

- Christus oder das ursprüngliche, göttliche, ungeformte Bewusstsein wird in der Welt der subjektiven „Identitäten" zum Tode verurteilt und stirbt am „Kreuz der Welt", indem es seine ursprünglich ungeformte, göttliche Natur verliert.
- das Kreuzigungsdrama vollzieht sich tagtäglich in jedem einzelnen Menschen, sobald er irgendeine seiner sogenannten „Identitäten" annimmt.
- wenn der Mensch als „Identität" gestorben ist, kann das Bewusstsein zu seinem Ursprung zurückkehren.
- das ursprüngliche Bewusstsein kann zum Menschen werden, um andere zur Nachfolge zurück zum Urgrund zu bewegen.
- das ursprüngliche Bewusstsein kann im Menschen wieder auferstehen.

Mit dem Kreuzigungsdrama werden dem Menschen sein eigenes Unglück sowie das Drama und Schicksal, welches dem ursprünglich ungeformten, göttlichen Bewusstsein in der Welt der subjektiven „Identitäten" widerfährt, vor Au-

gen geführt. Ebenso aber auch die Möglichkeit seiner Erlösung. Wenn Jesus Christus als der „Erlöser" bezeichnet
wird, dann müssen wir uns auch fragen, was von *was* erlöst
werden soll. Und solange wir in unserer illusionären Welt
der subjektiven „Identitäten" gefangen sind und uns dort
„wohl" fühlen, werden wir diese Frage nicht beantworten
können oder sie erst gar nicht stellen. Wir werden eher auf
die Erlösung „pfeifen", als uns einzugestehen, dass wir
zum Tode verurteilte Bedienstete im ewigen Kreislauf des
Geborenwerdens und Sterbens sind.

Die Antwort auf die Frage, was von *was* erlöst werden soll,
kann nur heißen, dass das ursprüngliche, göttliche
Bewusstsein, vom Tod und all dem zugehörigen Leid in
der Welt der subjektiven „Identitäten", erlöst werden soll.
Das heißt es geht dabei gar nicht um uns als „Identitäten",
sondern darum, dass wir als solche sterben müssen, damit
das ursprüngliche Bewusstsein vom „Kreuz der Welt"
erlöst werden kann. Wenn wir Christus als das ursprüngliche, göttliche, ungeformte, allkosmische Bewusstsein betrachten, dann erhalten die Worte Jesu:
– „Ich bin der Weg und die Wahrheit und das Leben;

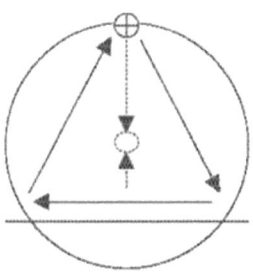

niemand kommt zum Vater denn durch mich." (Johannes 14:6) – sowohl eine personenübergreifende als auch eine religionsübergreifende Bedeutung.

Das heißt: „… der Weg, die Wahrheit und das Leben …" liegen im ursprünglichen, ungeformten, überpersönlichen Bewusstsein. Dabei ist es vollkommen gleichgültig welcher Religion oder Glaubensrichtung man angehört.

Und: „… niemand kommt zum Vater denn durch mich" bedeutet dann, dass wir *nur* durch das ungeformte Bewusstsein zu unserem Urgrund zurückkehren können. Im ungeformten Bewusstsein werden dann alles „Persönliche" und alle „Religion" überwunden sein, alles wird Eins sein.

Es geht also um etwas viel größeres als wir es in unserer „Ich"-behafteten Welt sind oder zu sein glauben. Es geht um die Freiheit *von* uns selbst. Und das geht nicht ohne bewusste Anstrengungen unsererseits.

Erst wenn wir das eingesehen haben, können wir uns auf den inneren Weg begeben und die entsprechenden Anstrengungen unternehmen, die im Wesentlichen darin bestehen, das ursprüngliche Bewusstsein von den Identifikationen mit unseren „Identitäten" zu befreien. Dies wird dann wahrer „Gottesdienst" sein.

Aber wie sollen wir solche Anstrengungen unternehmen? Um diese Frage zu beantworten, müssen wir in Betracht ziehen, dass der natürliche Kreislauf des Bewusstseins, auf

einer kleineren Skala, auch innerhalb der Psyche eines jeden einzelnen Menschen stattfindet:

Innerhalb seiner Psyche werden nämlich „Identitäten" *geboren*, indem er sich mit Rollen, Berufsbildern, „guten" o-
der „schlechten" Selbstbildern usw. identifiziert und diese
als sein „Ich" annimmt. Und diese „Identitäten" werden
auch wieder *sterben*, wenn sie nicht mehr von Nutzen sind
oder nicht mehr gebraucht werden, wenn der Mensch
seine Rollen wechselt, und wenn sie durch Mangel an Aufmerksamkeit, Anerkennung oder Bewunderung usw. keine
Nahrung mehr finden.

Wenn nun irgendeine „Identität" innerhalb der Psyche eines Menschen, durch was auch immer, stirbt, fließt das
dadurch frei gewordene Bewusstsein sofort wieder in eine
andere Rolle oder neue „Identität" ein. Denn auf der
Ebene persönlicher, subjektiver „Identitäten" wird der Zustand der Nichtidentifikation oder das Formlose Bewusstsein als „Nicht Sein", als „gähnende Leere" oder als „Tot
Sein" empfunden. Und um dieses Empfinden zu vermeiden, schlüpfen wir sofort wieder in eine andere Rolle oder
„Identität". Und zwar genauso, wie das beim Tod eines
Organismus frei gewordene, ursprünglich Formlose Bewusstsein sich wieder mit einem anderen oder neuen Organismus bekleidet.

Der ewige Kreislauf des Geborenwerdens und Sterbens
wiederholt sich also im kleineren Maßstab auch innerhalb
unserer Psyche, wann immer wir eine Rolle oder „Identität" wechseln.

Wenn wir den Kreislauf des Geborenwerdens und Sterbens von „Identitäten" innerhalb unserer Psyche unterbrechen wollen, dann müssen wir uns zunächst dem „Nicht Sein", dem „Tot Sein" und der „Leere" stellen. Das heißt: Wir müssen lernen, wenn eine „Identität" stirbt oder gestorben ist, nicht gleich in die nächste überzuwechseln. Wir müssen in der Lücke zwischen unseren Rollen und „Identitäten" verweilen können.

Und das wird dann auch unsere erste Anstrengung sein, um die Identifikationen mit unseren „Identitäten" zu unterbrechen und um absichtlich und bewusst einen Kreislauf des Bewusstseins zu erzeugen.

Durch den natürlichen Kreislauf des Bewusstseins wird das Ursprüngliche Bewusstsein an Formen, Rollen und „Identitäten" gebunden und darin festgehalten.

Durch den absichtlichen, bewussten Kreislauf wird es aus seinen Formationen gelöst und befreit, sodass es in seinen Urgrund zurückkehren kann.

Der absichtliche Kreislauf des Bewusstseins

Der absichtliche und bewusste Kreislauf des Bewusstseins wird in unserer Abbildung durch die gestrichelten Pfeile und den gestrichelten Kreis in der Mitte des Dreiecks dargestellt.

Dabei steht der von der Ebene persönlicher subjektiver „Identitäten" aufwärts zeigende Pfeil für unsere persönlichen Anstrengungen, uns unserem Ursprung zu nähern.

Der vom Ursprung abwärts zeigende Pfeil steht für das ursprüngliche, formlose Bewusstsein, das sich auf uns herabsenkt, sobald wir durch Nichtidentifikation mit irgendwelchen Rollen oder „Identitäten" empfänglich dafür geworden sind.

Der gestrichelte Kreis in der Mitte steht für den Kontakt- und Sammelpunkt des von Identifikationen befreiten, aufsteigenden Bewusstseins und des herabfließenden ursprünglichen Bewusstseins.

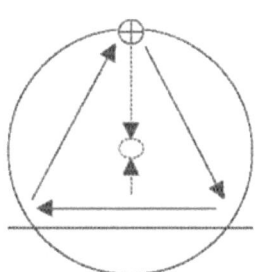

Dieser Kontakt- und Sammelpunkt entspricht dem „Schmelztiegel" taoistischer Lehren.

Hier werden unsere unterschiedlichen „Identitäten" zu einer einheitlichen Masse oder Substanz, welche in ihrer Schwingungsrate dem ursprünglichen, formlosen Bewusstsein nahekommt, eingeschmolzen, sodass ein Kontakt zwischen unserem persönlichen Sein und unserem Ursprung zustande kommt, wodurch schließlich ein innerer Kreislauf des Bewusstseins ermöglicht wird.

Aber dieser Kontakt und die Ingangsetzung des inneren Kreislaufes können nur *absichtlich* und durch *bewusste* Anstrengungen erfolgen. Wir müssen uns dem herabfließenden Strom des Ursprünglichen Bewusstseins sozusagen entgegenstrecken, ihm entgegenkommen, damit er uns erreichen kann.

Sobald ein Mensch zu der Einsicht gelangt ist, dass er sich auf der Ebene seiner subjektiven „Identitäten" immer wieder im Kreise dreht und der unaufhörliche Wechsel seiner Rollen und „Identitäten" ihn nirgendwo hinführt, außer in ständig sich wiederholende, nie enden wollende Verstrickungen, Hoffnungen, Täuschungen und Enttäuschungen, dann wird er beginnen, nach etwas Dauerhaftem zu suchen. Und dieses Dauerhafte kann er nur in seinem tiefsten Inneren, in der Tiefe seines Seins, im Formlosen Bewusstsein finden.

Beim natürlichen Kreislauf des Bewusstseins ergießt sich das formlose Bewusstsein ganz automatisch und ohne unser Zutun nach außen und „unten" in die Formen des Lebens, wo es aufgespalten, zerstreut und zersplittert wird. Es verstrickt sich in Formen, Rollen und „Identitäten", bis es in der Vielfältigkeit der Lebensformen durch weitere Aufspaltungen, Zersplitterungen und Zerstreuungen vollständig versiegt und der Mensch stirbt, ohne bewusst etwas Dauerhaftes oder Beständiges in sich geschaffen zu haben.

Aus diesem Grund rufen uns ausnahmslos alle wahren spirituellen Lehren und Religionen zur *Umkehr* auf, zu einer absichtlichen Hinwendung nach innen und „oben", hin zu unserem Ursprung.

Die Umkehr und die Hinwendung zum Ursprung sind das Wesentliche oder der wesentliche Zweck aller echten Religionen und spirituellen Lehren.

Nebenbei bemerkt, müssen wir an dieser Stelle auch noch verstehen, dass in dem Moment, in dem die Umkehr vollzogen und der Kontakt zu unserem Ursprung hergestellt ist, jedwede Religion oder spirituelle Lehre überflüssig wird, weil ihr wesentlicher Zweck erfüllt ist. Dann gehören wir entweder keiner Religion und auch keiner spirituellen Lehre mehr an, oder wir gehören gleichzeitig allen an, weil wir deren Zweck und unsere Bestimmung erfüllt haben.

In jedem Fall aber können wir uns nicht mehr als „Christ", „Buddhist", „Islamist", „Taoist", „Sufist", oder was auch immer, bezeichnen. Wir werden dann wissen, dass alle Ismen, Religionen und spirituellen Lehren noch zur subjektiven Welt des Menschen gehören und richtig verstanden, lediglich Mittel zum Zweck sind, ihn aus seiner subjektiven Welt zu befreien. Bleibt der Mensch hingegen mit irgendeinem Ismus, einer Religion oder einer Lehre identifiziert, dann kehrt sich deren ursprünglicher Zweck in sein Gegenteil um und der Mensch wird noch tiefer in seiner subjektiven Welt verknechtet, mit der Folge, dass er beginnt, andersdenkende zu bekämpfen oder auch zu vernichten.

Wir müssen uns also mit der Tatsache anfreunden, dass wirkliche spirituelle Freiheit sowohl die Freiheit von allen Ismen, Religionen und Lehren als auch die Freiheit von uns selbst bedeutet.

Einen Kontakt zu unserem Ursprung und dem ursprünglich ungeformten Bewusstsein herzustellen, sowie einen absichtlichen, bewussten inneren Kreislauf des Bewusstseins in Gang zu setzen, gestaltet sich, zumindest am Anfang, als schwieriges Unterfangen; zumal der Abwärtsfluss des natürlichen Kreislaufs des Bewusstseins in die Vielfältigkeit der Lebensformen sehr stark ist und die Ingangsetzung eines absichtlichen inneren Kreislaufs einem Aufwärtsfluss oder einem „Gegen den Strom schwimmen" entspricht.

Hinzu kommt die Tatsache, dass sich unsere sogenannten „Identitäten" bereits mehr oder weniger kristallisiert und automatisiert haben, sodass sie eine gewisse Autonomie und damit auch Mechanismen besitzen, die ihrer Selbsterhaltung dienen.

Wir befinden uns sozusagen in einer Situation, in der wir

nichts anderes als Treibholz in einem übermächtigen, abwärtsströmenden Fluss sind, und wenn wir diesem Abwärtsstrom entfliehen wollen, ist es so, als wollten wir uns am eigenen Schopf aus dem Wasser ziehen.

Wir sind deshalb auf die Hilfe derjenigen angewiesen, die den Abwärtsstrom bereits verlassen und ein beständiges, dauerhaftes, von „Identitäten" freies Sein erlangt haben; die außerhalb des Stromes stehen und uns etwas zuwerfen, an das wir uns halten können.

Wir können solche Hilfe bei *echten* spirituellen Lehrern, aber auch in dem, was diese uns hinterlassen haben, finden. In dem bereits erwähnten kleinen Buch, dem „Tai I Gin Hua Dsung Dschi", welches von Wilhelm Richard unter dem Titel „Das Geheimnis der goldenen Blüte" aus dem Chinesischen ins Deutsche übersetzt wurde, können wir beispielsweise solch eine Hilfe finden. Es enthält die Quintessenz aller spirituellen Lehren, weshalb Osho, der dieses Buch ausführlich kommentierte, es wohl „The Secret of Secrets"[17] nannte.

Wir werden daher im Folgenden mehrmals auf das, was der Meister Lü Dsu in diesem Buch sagt, Bezug nehmen.

Obwohl wir den inneren Kreislauf des Bewusstseins als absichtlichen Kreislauf bezeichnen, müssen wir uns im Klaren darüber sein, dass wir ihn nicht absichtlich, nicht willentlich und auch nicht direkt erzeugen können. Wir

---

[17] Osho: The Secret of Secrets: The Secrets of the Golden Flower.

können ihn nur indirekt erzeugen, indem wir absichtlich die Bedingungen dafür schaffen, damit er sich selbst in Gang setzen kann.

Indem wir die Bedingungen dafür schaffen, strecken wir uns dem ursprünglichen, ungeformten Bewusstsein entgegen, und wenn wir die Bedingungen geschaffen haben, kann es auf uns herabkommen und den Kreislauf in Gang setzen.

Meister Lü Dsu sagt dazu, dass wir „durch Handeln zum Nichthandeln, und durch Nichthandeln zum Handeln" kommen müssen.

Nichthandeln wird die erste Bedingung für den inneren Kreislauf des Bewusstseins sein.

Das Handeln, das uns zum Nichthandeln führt, besteht darin, den unaufhörlichen Strom des nach Außen fließenden Bewusstseins und dessen Zerstreuung durch unsere „Identitäten", Emotionen und Gedanken zu stoppen, sodass es zu einem Rückstau, zu einem Rückfluss und zur Sammlung des Bewusstseins innerhalb unserer Psyche und unseres Organismus kommt.

Verschiedene Methoden, um dies zu erreichen, werden in einem späteren Kapitel näher besprochen.

Dieses gesammelte Bewusstsein wird keinerlei „Identität" besitzen. Stattdessen wird es aber authentisch und integer sein. Es wird vollkommen passiv, empfänglich und etwas Nichthandelndes sein, das sowohl das äußere, als auch das innere Geschehen während unseres Alltagslebens, ohne Für und Wider, wahrnimmt.

Und wenn sich genügend von diesem Bewusstsein in uns angesammelt hat, wird eines Tages der Funke überspringen und der innere Kreislauf des Bewusstseins wird sich in Gang setzen. Dies wird vorerst nur sporadisch, in kürzeren oder längeren Abständen, erfolgen.

Das Kennzeichen, dass sich der Kreislauf in Gang gesetzt hat, wird das unverkennbare Empfinden eines von äußeren Umständen und anderen Personen unabhängigen, feinen, dezenten *Inneren* Glücks und der Dankbarkeit sein. Wir werden so, wenn auch anfangs nur kurzfristig und sporadisch, den ersten Geschmack von den Vorboten eines unabhängigen, bedingungslosen, grundlosen Glücks oder von Glückseligkeit erhalten.

Nichthandeln bedeutet hier nicht etwa unsere alltäglichen Aktivitäten und Tätigkeiten aufzugeben, sondern einen inneren Standpunkt des stillen Schauens zu besitzen.

Um solch einen Standpunkt zu erzeugen und zu festigen benötigt es Zeit und ununterbrochene Arbeit an uns selbst. Denn es ist nicht gerade ein Leichtes, dem unaufhörlichen Fluss des Bewusstseins nach außen in die Zerstreuung Einhalt zu gebieten und uns von unseren „Identitäten" zu trennen, sodass sich der natürliche, nach Außen gerichtete Fluss des Bewusstseins umkehrt und wieder nach innen, in Richtung seines Ursprungs fließt.

Wir können dies nur nach und nach auf eine indirekte Art und Weise erreichen.

Würden wir nämlich versuchen den nach Außen gerichteten Strom des Bewusstseins direkt zu stoppen, dann würde dies lediglich auf der Ebene unserer subjektiven „Identitäten" geschehen. Wir würden uns nur noch tiefer in einen niemals endenden Kampf unserer subjektiven Eigenheiten oder „Identitäten" verstricken, in dem eine „Identität" gegen eine andere kämpft, was auf dieser Ebene sowieso ständig und meist unbemerkt geschieht.
Das Einzige was dabei herauskommen würde, wäre, dass wir noch ein wenig neurotischer, perverser und wahnhafter werden würden, als wir es ohnehin schon sind.

Wenn wir nämlich auf der Ebene subjektiver „Identitäten" ein Leck des Bewusstseins stopfen, wird sich sofort ein anderes, vielleicht Unnatürlicheres und Schlimmeres, auftun.

Wir können das nach Außen fließende Bewusstsein nicht von heute auf morgen zur Umkehr bewegen. Wir müssen zuerst etwas in uns schaffen, wohin es fließen und sich ansammeln kann, wenn wir es daran hindern wollen, sich durch irgendeine „Identität", durch irgendeine Emotion, durch irgendeinen Gedanken usw. unwiederbringlich nach außen zu ergießen.

Hier muss zudem verstanden werden, dass eine Umkehr des Bewusstseins, von außen nach innen, nicht ein Aufhören unseres persönlichen Ausdrucks von Gedanken, Gefühlen und Handlungen bedeutet, sondern, dass es durch den Ausdruck nicht unwiederbringlich verloren geht und, nachdem es sich ausgedrückt hat, wieder zu seinem Sammelpunkt zurückfließt und so ein innerer Kreislauf entsteht.

Meister Lü Dsu nennt das unwiederbringliche Verlorengehen des Bewusstseins im Strom der Formen und „Identitäten", der Gedanken, der Gefühle und Handlungen „Kreislauf ohne Licht".

Das in der Leere stagnierende Bewusstsein hingegen, welches jeden Kontakt zur Form verloren hat, nennt er „Licht ohne Kreislauf".

Damit also ein „Kreislauf des Lichts" oder, in unseren Worten, ein Kreislauf des Bewusstseins innerhalb unserer Psyche entstehen kann, gilt es die Fülle mit der Leere, die Form mit dem Formlosen, das Sein mit dem Nichtsein, das Leben mit dem Tod, den Gedanken mit dem Nichtdenken usw. zu verbinden.
Zusammengefasst werden wir diese Verbindungen im Folgenden „Die Verbindung des Vollen mit dem Leeren" nennen.

Das „Volle mit dem Leeren" zu verbinden wird also die Arbeit an uns selbst und unser „Handeln" sein, das einen Sammelpunkt für das ungeformte Bewusstsein schafft und schließlich zum „Nichthandeln" führt.

169

Das Mittel oder Werkzeug, das wir für diese Arbeit – das „Volle mit dem Leeren" zu verbinden – zur Verfügung haben, ist unsere freie, ungebundene Aufmerksamkeit, die wir willentlich einsetzen und auf etwas richten können.

Der größte Teil unserer Aufmerksamkeit wird gewöhnlich automatisch von unseren Empfindungen, Gedanken, Emotionen, Handlungen und „Identitäten" aufgesogen und gebunden, sodass wir meist nur einen geringen Teil an freier, ungebundener Aufmerksamkeit zur Verfügung haben. Verschiedene Menschen mögen, abhängig von ihrer momentanen Verfassung und Tagesform, davon unterschiedlich viel oder wenig besitzen.

Deshalb ist es zumindest am Anfang dieser Arbeit – die Bedingungen für die Ingangsetzung eines inneren Kreislaufs zu erzeugen – wichtig, uns täglich einen Freiraum von ein bis zwei Stunden zu schaffen, um uns von unseren alltäglichen Aktivitäten zurückzuziehen und Ablenkungen zu vermeiden, während wir uns um die Schaffung eines inneren Sammelpunktes bemühen.

Für diejenigen, die nicht so viel Zeit zur Verfügung haben, sind täglich zehn, zwanzig oder dreißig Minuten besser als Garnichts.

Was den Einsatz unserer freien Aufmerksamkeit betrifft, so liegt das Geheimnis ihrer richtigen Anwendung in ihrer *Teilung* und der *Gleichzeitigkeit* ihrer Ausrichtung auf verschiedene Dinge.

Um dies besser zu verstehen und mit der Arbeit an uns selbst beginnen zu können, werden wir hier dem Kapitel „Abstieg und Aufstieg" etwas vorgreifen:

Wenn wir uns von unseren alltäglichen Aktivitäten zurückgezogen haben, können wir uns mit geradem Rücken niedersetzen, die Hände in den Schoß legen und die Augenlider zur Hälfte oder etwas mehr senken, sodass gerade noch ein wenig Licht einfällt und wir die Konturen der Dinge in unserer Umgebung nicht mehr klar erkennen können.

Nun richten wir unsere freie Aufmerksamkeit gleichzeitig auf das diffus einfallende Licht, auf den ein- und ausströmenden Atem, ohne diesen zu verändern, auf die einfallenden Geräusche oder auch die einfallende Stille, wenn keine Geräusche da sind, und auf den Gedankenstrom in unserem Kopf.

Meister Lü Dsu nennt dies „das Licht breit einfallen lassen". Und dann richten wir einen Rest Teil unserer Aufmerksamkeit gleichzeitig noch auf die innere Leere, oder wie Meister Lü Dsu empfiehlt, zwischen unsere beiden Augen. Dies entspricht in unserer Abbildung dem Kreuzungspunkt der beiden Linien im oberen kleinen Kreis oder dem Kreuzungspunkt der linearen Zeit mit der Ewigkeit – dem Hier und Jetzt.

Dabei wird es immer wieder vorkommen, dass wir uns im

Strom der Gedanken verlieren, dass sich unsere Aufmerksamkeit an eine Erinnerung, eine Erwartung, an ein einzelnes Geräusch, an eine einzelne Körperempfindung oder
irgendeine andere Sinnesempfindung heftet und wir uns in
den dadurch ausgelösten Assoziationsketten unseres Denkens verlieren.

Sobald wir dies bemerken, kehren wir zurück und richten
unsere Aufmerksamkeit wieder gleichzeitig auf die oben
genannten Gegebenheiten.

Das Ganze mag uns vorerst schwieriger erscheinen, als es
in Wirklichkeit ist. Wenn wir es aber regelmäßig und beharrlich praktizieren, wird sich mit der Zeit die Quantität
unserer freien Aufmerksamkeit erhöhen, deren Qualität
wird sich verbessern und wir werden bald den Kniff heraushaben, unsere Aufmerksamkeit gleichzeitig und anstrengungslos auf so viele Dinge zu richten. Die einzige
Anstrengung wird es dann noch sein, uns immer wieder
zurückzuholen, wenn wir uns in einer Assoziationskette, in
Fantasien oder Vorstellungen verloren haben.

Wir sollten auch darauf achten, die Übung nicht zu starr
oder zu krampfhaft auszuführen. Die Anweisungen können lediglich als Empfehlungen verstanden werden. Wenn
wir zum Beispiel zu sehr in Gedanken abdriften und kurz
vor dem Einschlafen sind, können wir uns ruhig mal strecken oder einige Schritte umhergehen, um uns dann wieder der gleichzeitigen Ausrichtung unserer Aufmerksamkeit zu widmen. Ebenso können wir, sollten unsere halb
geschlossenen Augen anfangen zu brennen, diese auch

schließen und unsere geteilte Aufmerksamkeit auf das noch durch die geschlossenen Lider einfallende Licht oder auf die Dunkelheit richten, usw. Es wird immer auf eine gewisse Leichtigkeit und Lockerheit ankommen.

Neben dieser Übung, die wir in der Zurückgezogenheit ausführen sollten, können wir ebenfalls während unserer alltäglichen Aktivitäten unsere freie Aufmerksamkeit – sofern wir uns daran erinnern – gleichzeitig zwischen einer gerade ausgeführten Tätigkeit und der inneren Leere teilen, indem wir wahrnehmen was wir gerade tun und gleichzeitig den leeren Raum zwischen unseren Augen dezent verspüren.

Auf diese Weise bringen wir den Kreislauf des Bewusstseins auch in unser Alltagsleben.

Regelmäßig und ohne Unterbrechung praktiziert, wird dies allmählich das „Volle mit dem Leeren" verbinden, wodurch sich nach und nach ein Sammelpunkt für das ungeformte Bewusstsein oder auch für die in Formen gebundene Energie bildet.

Dieser Sammelpunkt wird zwischen den Gegensätzen, zwischen Sein und Nichtsein, zwischen Leben und Tod, zwischen Fülle und Leere usw. liegen und diese miteinander verbinden und harmonisieren. Es wird ein Gravitationsfeld entstehen, das Meister Lü Dsu „Das Zentrum inmitten der Bedingungen" nennt. Durch dieses innere Gravitationsfeld kann unser bisher stets nach Außen gerichtetes Bewusstsein immer wieder nach innen zurückfließen, sodass ein innerer Kreislauf des Bewusstseins entsteht. Ähnlich wie beim Ein- und Ausatmen wird es nach innen fließen, nachdem es nach außen geflossen ist, und nach außen fließen, nachdem es nach innen geflossen ist.

Und wenn dieser Sammelpunkt eine gewisse Stärke erreicht hat, dann können wir es auch wagen den Aus- und Abwärtsfluss des Bewusstseins, der meist durch negative Emotionen, Wünsche, inneren Selbstgesprächen, äußeren und inneren Klagen, dem Haften an unseren „Identitäten" sowie durch die Triebe der Art- und Selbsterhaltung zum Ausdruck kommt, direkt zu stoppen, ohne dass wir dabei Schaden nehmen. Denn die rückgestaute Energie hat ja nun einen Ort, wo sie hinfließen kann – nämlich das Gravitationsfeld in der Leere.

Unsere „Identitäten" werden sich in diesem Sammelpunkt auflösen und an deren Stelle werden wir Integrität und Authentizität besitzen. Zwischen den Gegensätzen werden wir zu etwas Nichthandelndem und empfänglich Beobachtendem.
Und wenn aus diesem Nichthandeln ein Handeln hervorgeht, dann werden nicht wir es sein, die als „Ich" handeln, sondern das Ganze wird handeln.
Deshalb sagt Meister Lü Dsu wohl, dass wir „vom Handeln zum Nichthandeln und vom Nichthandeln zum Handeln" gelangen müssen.
Sobald dieser Prozess zur Vollendung gekommen ist, haben wir unsere Bestimmung als Mensch erfüllt und wahre

Erfüllung oder wahres Sein erreicht. Wir sind zu dem geworden, was wir wirklich sind.

Wenn wir diesen inneren Weg gehen, dann müssen wir auch wissen, dass es Jahre, Jahrzehnte, oder auch bis ans Ende unserer Tage dauern kann, bis sich der Sammelpunkt für das ungeformte Bewusstsein soweit stabilisiert oder kristallisiert hat, dass wir ihn als vollendet bezeichnen können.

Ebenso ist es aber auch möglich, dass wir als Unvollendete sterben werden, obwohl wir ein Leben lang an uns gearbeitet haben, was uns aber dennoch nicht entmutigen sollte, diesen Weg zu gehen. Denn es ist die einzige Chance, der unerbittlichen Zersplitterung unseres Seins in der Welt der „Identitäten", dem inneren Elend und der inneren Not zu entgehen.

Selbst wenn wir während unserer Lebenszeit nicht zur Vollendung des inneren Kreislaufs des Bewusstseins gelangen, so werden wir trotzdem hin und wieder einen Geschmack unseres wahren Seins erhalten, was unsere ganze Arbeit wettmachen wird.

Meister Lü Dsu nennt diejenigen, die dieses Innere Glück immer nur kurzfristig erfahren, „Fuchsgeister", weil sie sich wohl immer wieder ein wenig von diesem inneren Glück erstehlen, um sich dann wieder voll und ganz im Abwärtsstrom des Bewusstseins zu verlieren.

Und wenn wir diese Arbeit an uns Selbst tun, sie aber während unseres Lebens trotzdem nicht zur Vollendung bringen können, dürfen wir dennoch darauf hoffen, dass wir am Ende unseres Lebensweges, während unseres Sterbens, eine Richtschnur zur Verfügung haben werden, die uns zu einem Ort der Zuflucht führen und uns mit unserem letzten Atemzug doch noch zur Vollendung kommen lassen kann.

Denn wenn wir regelmäßig und ohne Unterlass die beschriebenen Methoden zur Schaffung eines inneren Kreislaufs des Bewusstseins anwenden, bildet sich, am Anfang noch unmerklich und später auch spürbar, unter der Schale unserer persönlichen subjektiven „Identitäten" und im Hintergrund unseres Alltagslebens, ein Etwas, das den Geschmack von Todlosigkeit oder Unsterblichkeit in sich birgt. Und dieses Etwas hinterlässt, vorsichtig ausgedrückt, den Eindruck, dass es den Tod des physischen Körpers überleben kann.

Meister Lü Dsu sagt dazu: „Wenn man das Licht lange genug im Kreis laufen lässt, dann kristallisiert es sich von selbst."

Jeanne de Salzmann[18] sagte an ihrem hundertsten Geburtstag bei einem Interview in etwa folgendes: „Mein Körper ist da …, meine Gedanken sind da …, meine Gefühle sind da …, und da ist ein Etwas …, ein Etwas, das nur der Mensch besitzen kann!"

---

[18] Schülerin und enge Vertraute von G. I. Gurdjieff.

Durch die Ingangsetzung des inneren Kreislaufs des Bewusstseins wird ein Glück verheißendes, zeitloses Etwas in uns entstehen, wodurch sich nach und nach auch unser Verhältnis gegenüber Sterben und Tod verändert. Sterben und Tod werden dann nämlich ihren Schrecken verlieren.

Zum Abschluss dieses Kapitels sei der Leser noch auf eine kontraproduktive Eigenschaft des Menschen – nämlich seine Erwartungshaltung – hingewiesen.

Wenn wir uns auf den inneren Weg begeben, müssen wir lernen zu *warten*, ohne zu *erwarten*.

Denn sobald wir irgendeine Erwartung auf ein größeres Glück, auf inneren Frieden, auf ewige Glückseligkeit, auf Unsterblichkeit oder Ähnliches hegen, weil wir dieses oder jenes tun, werden wir den Prozess der selbstständigen Ingangsetzung des inneren Kreislaufs des Bewusstseins stören oder sogar zunichtemachen.

Und zwar ist das deshalb so, weil jede Erwartung von der Ebene subjektiver „Identitäten" ausgeht und uns dort festhält.

Das heißt: Jede Erwartungshaltung entsteht durch die subjektiven Eigeninteressen irgendeiner unserer „Identitäten" oder eines unserer „Ich's". Dies mag in unserem gewöhnlichen Alltagsleben auch seine Berechtigung haben – zum Beispiel in dem Sinn, dass wir bei einer von uns getanen Arbeit auch eine Entlohnung erwarten dürfen. Hier wäscht eben eine Hand die andere.

Dem ist aber nicht so, wenn wir uns auf den inneren Weg begeben. Wenn wir hier nämlich an einer Erwartung festhalten, dann halten wir auch an einer „Identität" oder an einem „Ich" fest, und als „Identität" oder „Ich" können wir weder einen Einlass zur Tiefe unseres Seins noch zu innerem Frieden oder zur Unsterblichkeit finden.

Aber auch wenn wir das wissen, werden wir trotzdem erwarten, denn wir leben ja in einer Welt der subjektiven „Identitäten".
Und, wenn wir aufhören zu erwarten, weil wir uns dadurch mehr Erfüllung und Glück erwarten, dann erwarten wir immer noch.

Wir können die Erwartung ebenso wenig einfach abstellen, wie wir uns am eigenen Schopf aus dem Wasser ziehen können.
Aber wir können unsere Erwartungen der Leere gegenüberstellen, ihnen so alle Anhaftungsobjekte entziehen, und sie auf diese Weise sogar für die Ingangsetzung des inneren Kreislaufs des Bewusstseins nutzbar machen.
Dann wird unser Erwarten zum einfachen, reinen, objektlosen Warten.

Einfaches, reines Warten ist nichts anderes als tiefe Meditation.

Der heilige Prozess des Sterbens

In unserer todesverneinenden Gesellschaft mit ihrer Persönlichkeitskultur, die aus der Welt der subjektiven „Identitäten" hervorgegangen ist, wird Sterben und Tod als äußerst „unheilig" angesehen und erhält so einen Anstrich des „Unguten" oder sogar des „Bösen".

Sterben und Tod werden, wenn man ihnen dennoch etwas „Gutes" abringt, allerhöchstens als „Erlösung" von schwerstem Leid angesehen, sobald es keinen anderen Ausweg aus einer sehr qualvollen und unerträglichen Lage mehr gibt.

Hierdurch hat der Mensch den natürlichen Respekt und die Achtung vor dem Tod verloren. Sterben und Tod sind zu einem Schreckgespenst geworden, das immer und überall im Hintergrund unseres Daseins lauert und uns als „Identitäten" bedroht.

So haben sich gegenüber Sterben und Tod ein vollkommen krankhaftes Verhältnis sowie eine falsche und illusionäre Haltung entwickelt, die sich in unserer Psyche verfestigt hat.

Nun versucht der Mensch Sterben und Tod zu vermeiden, wo immer dies möglich ist; und selbst auch da, wo es unmöglich ist.

Es ist ein regelrechter Lebens- und Überlebenswahn entstanden. Ganze Wissenschaftszweige sind damit beschäftigt, die Lebenszeit des Menschen zu verlängern und den Traum von der „ewigen Jugend" zu verwirklichen.

Anti-Aging-, Leistungs-, Gesundheits- und Fitnesstrends bestimmen kulturelle und gesellschaftliche Strömungen. Die medizinischen Fakultäten scheinen vergessen zu haben, dass Sterben und Tod untrennbar mit dem Leben verbunden sind, dass sie ein notwendiger und natürlicher Bestandteil des Daseins sind. Sie retten, was zu retten ist, indem sie oft ein natürliches Sterben älterer Menschen mit allen zur Verfügung stehenden Mitteln zu verhindern suchen. Das Ergebnis solcher Rettungs- und Erhaltungsversuche sind nicht selten halb tote, bemitleidenswerte Kreaturen, die nur noch aus einigen Restfunktionen von einst funktionsfähigen Organismen und aus fragmentierten Persönlichkeitsstrukturen bestehen. Und selbst diesen Restfunktionen und Persönlichkeitsfragmenten lässt man dann nicht mehr ihr natürliches Ende finden, sondern hält auch sie, solange es nur geht, wenn nötig auch mit künstlichen Mitteln, am „Leben", sodass für die betroffenen Wesen ein unnötiges Horrorszenario der inneren Not, des inneren Elends und der Seelenqual entsteht.

Seltsamerweise ist der Mensch aber gleichzeitig darum bemüht, neben seinem Bestreben, Sterben und Tod zu vermeiden, immer effizientere Waffen, Geräte und Giftstoffe zur Vernichtung seiner eigenen Art herzustellen, um Kriege größeren oder kleineren Ausmaßes führen zu können.

So steht einem Lebens-, Überlebens- und Erhaltungswahn gleichzeitig auch ein Tötungs- und Vernichtungswahn gegenüber.

Wir finden also in der Menschheit, als Ganzes genommen,

die gleichen extremen und ambivalenten Bestrebungen, wie wir sie in der Psyche bei wahnhaft erkrankten einzelnen Menschen finden.

Bei objektiver Betrachtung kommen wir nicht umhin, zu sagen: Die Menschheit ist krank – wahnhaft krank!

Die einen stürzen den Menschen durch ihren Lebens- und Erhaltungswahn in innere Not und inneres Elend; die anderen stürzen den Menschen durch ihren Tötungs- und Vernichtungswahn in äußere Not und äußeres Elend.

Unter den Anhängern des Vernichtungs- und Tötungswahns befinden sich bestimmte „religiöse" Gruppierungen, die, durch Fehlinterpretation der Heiligkeit des Sterbens, „Heilige Kriege" führen und bereit sind, ihr eigenes Leben zu opfern, um möglichst viele andersdenkende Menschen zu vernichten, im Glauben, irgendwo in einem Jenseits für ihre Gräueltaten, durch die sie „Ungläubige" vernichten, belohnt zu werden. Dabei haben sie vergessen, dass sie im gleichen Boot wie die „Ungläubigen", in der gleichen Welt der subjektiven „Identitäten" sitzen und dass wahre Religiosität, im Sinne von Rückverbindung zum Urgrund, im tiefsten Inneren des Menschen stattfindet und nichts mit der Vernichtung der eigenen Art zu tun hat. Sie haben vergessen, dass der wahre „Heilige Krieg" im Inneren des Menschen stattfindet und seine wirkliche, religiöse und ursprüngliche Bedeutung in der Auflösung der eigenen subjektiven „Identitäten" liegt.

Daneben finden sich unter anderen Machthungrigen auch Gruppierungen die Kriege führen um die gesamte Welt zu „demokratisieren", ohne zu bedenken, dass dafür auch eine gewisse Reife der entsprechenden Volksgruppen notwendig ist. Sobald der Diktator dann gestürzt und die „Demokratie" eingeführt ist, beginnen verschiedene Interessengemeinschaften sich in Bürgerkriegen gegenseitig zu vernichten und hinterlassen oft ein noch größeres Elend und Chaos, als es, wenn überhaupt, vorher eines war.

Jede Art der Wahnhaftigkeit, ob Erhaltungswahn oder Vernichtungswahn, ist mit einem gewissen Extremismus und Fanatismus sowie der der Überschreitung von natürlichen Grenzen behaftet.

Die beiden hier genannten und sich gegenseitig ergänzenden Wahnarten des Erhalten Wollens und Vernichten Wollens haben die gesamte Menschheit unterwandert. Sie sind zum Massenwahn geworden und bilden die Grundlage für viele andere Abnormitäten des menschlichen Daseins, wie beispielsweise Habgier, Neid, Eifersucht, Hass und Argwohn usw.
Und wie wir aus der Psychiatrie wissen, ist die Unkorrigierbarkeit ein Kennzeichen jedes Wahns. Das heißt, er wird als etwas vollkommen „Normales" betrachtet und diejenigen, die ihn anzweifeln, werden als „wahnhaft" angesehen.

Weil wir den allgemeinen Wahn des Erhalten Wollens und Vernichten Wollens seit Kain und Abel – von denen der eine, weil er sich benachteiligt fühlte, den anderen erschlug – schon mit der Muttermilch eingeflößt bekommen haben und er sich ausnahmslos in der Psyche jedes Einzelnen festgesetzt hat, können wir dem Ganzen als Einzelne nur dadurch entfliehen, indem wir uns nach innen wenden und einen Standpunkt in uns schaffen, der sowohl Geborenwerden und Leben, als auch Sterben und Tod als gleichermaßen heilig ansieht. Einen Standpunkt, der genau in der Mitte zwischen Leben und Tod, zwischen Ja und Nein liegt.

Auf diese Weise können alle Extreme und somit auch alle Arten des Wahnsinns überwunden und vermieden werden, sodass wir einen objektiven Blick auf die Dinge erhalten und erkennen, dass Leben und Tod zwei Seiten der gleichen Münze sind.

Betrachten wir nämlich Geborenwerden, Leben, Sterben und Tod in ihrem harmonischen Zusammenfunktionieren als notwendige kosmische und heilige Prozesse innerhalb der Kreisläufe des Bewusstseins, dann wird uns klar, dass durch den Lebens- und Erhaltungswahn das Sterben und der Tod entheiligt werden, indem er diese zu Schreckgespenstern der Zerstörung und des Siechtums macht; und dass auf der anderen Seite der Vernichtungs- und Tötungswahn Geborenwerden und Leben entheiligt, indem er diese missachtet und für viele Wesen ein Leben in Elend und bitterster Not erzeugt.

Wenn wir nach dem ursächlichen Grund, sowohl des Lebens- und Erhaltungswahns, als auch des Tötungs- und Vernichtungswahns des Menschen fragen, dann finden wir die Antwort im „Gefallenen Menschen", der *nur* in seiner subjektiven Welt der „Identitäten" mit ihren Eigeninteressen lebt und den Kontakt zum ungeformten Bewusstsein – seinem Ursprung – verloren hat, wodurch seine objektive Wahrnehmung ausgeschaltet oder zumindest gestört und verzerrt wird.

Dies geschieht durch die Aufspaltung des ursprünglichen, ungeformten, einen Bewusstseins in die mannigfachen Lebensformen verschiedener abgegrenzter, relativ selbstständiger Organismen, und im Falle des Menschen, durch die Identifikation mit verschiedenen Lebensformen und deren Abbildern in seiner Psyche, wodurch seine „Identitäten" entstehen.

Seine physiologische Grundlage findet der Erhaltungswahn in dem allen Organismen innewohnenden Selbsterhaltungstrieb, ohne den kein Überleben von Organismen möglich wäre.

Der Vernichtungswahn findet diese Grundlage in dem ebenfalls allen Organismen innewohnenden Todestrieb, ohne welchen keine Degeneration und auch kein Sterben von Organismen möglich wären.

Wir müssen hier noch etwas genauer verstehen, was mit Identifikation und „Identitäten" gemeint ist:

Identifikation bedeutet, dass das ursprünglich formlose Bewusstsein mit einem Organismus, einer im Leben eingenommenen Rolle, einer Idee, einer Vorstellung, einem Selbstbild, einer Emotion, einem Gefühl, einem Gedanken oder einer anderen Gegebenheit so stark verschmolzen ist, dass es sich nicht mehr davon unterscheiden kann oder sich als damit identisch wahrnimmt. Wir können dies daran erkennen, wenn wir etwas als „Ich", und im erweiterten Sinn auch als „Wir" bezeichnen.

Identifikation bildet die Grundlage eines jeden Wahns sowie des Unglücks und des Desasters, in dem sich der Mensch befindet. Identifikation ist immer parteilich und niemals objektiv.

Wir können nicht nur mit unserem Organismus und mit Inhalten unserer Psyche identifiziert sein, sondern auch mit Gegebenheiten unserer Umgebung wie zum Beispiel mit Besitztümern, Nationen, Religionen, Vereinen, politischen Parteien, Interessengemeinschaften, ja sogar mit Fußballmannschaften und anderen Gegebenheiten, die überhaupt nichts mit uns selbst zu tun haben.

Die Wahnhaftigkeit, die aus Identifikationen entsteht, können wir bei anderen Menschen leichter erkennen als bei uns selbst, zumal es einige Übung braucht, um uns selbst objektiv gegenüberzutreten und uns unserer Identifikationen sowie unseres eigenen Wahns bewusst zu werden.

Was Identifikation bei Menschen anrichten kann, können wir beispielsweise während Fußballmeisterschaftsspielen oder anderen Sportveranstaltungen beobachten:
Da sehen wir Menschen, die vollkommen außer sich geraten, wenn ein Tor fällt, obwohl sie objektiv gar nicht am Spiel beteiligt sind, sie jubeln, schreien, weinen oder schlagen sich sogar die Köpfe ein, nur weil ein Spieler, den sie

meist nur dem Namen nach kennen, einen Ball in ein Netz zwischen zwei Pfosten geschossen hat. Wir können sogar Leute sehen die beten und ihren „Gott" anflehen, er möge die Dinge doch so lenken, dass die „eigene" Mannschaft mehr Bälle ins Netz schießt als die andere. Sie verhalten sich, als ob ihr Leben davon abhinge, wenn die eine Mannschaft mehr Bälle ins Netz schießt als die andere. Das ist Identifikation par excellence.

Ebenso können wir ausnahmslos alle Gewaltakte, die der Mensch je begangen hat, begeht und noch begehen wird, als die Folge von Identifikation mit irgendwelchen Gegebenheiten, Vorstellungen, Ideen, Ideologien und „Identitäten" ansehen. Weil Identifikation und die daraus entstehende Wahnhaftigkeit die Grundursache des von Menschen geschaffenen Unglücks ist und immer nur im Einzelnen Menschen stattfindet – obwohl sie durch den Zusammenschluss vieler Einzelner auch als Massenbewegungen und Massenwahn in Erscheinung treten kann – kann auch die Auflösung von Identifikationen nur im Einzelnen Menschen stattfinden, indem er den inneren Weg geht und einen Schwerpunkt im formlosen Bewusstsein schafft.

Nun zu dem, was wir „Identitäten" nennen:
Weil das Bewusstsein durch Identifikation mit einer Gegebenheit gewissermaßen mit dieser verschmilzt und damit identisch wird, definieren wir unsere „Identität" praktisch dadurch, womit das Bewusstsein gerade identifiziert ist. Dann sagen wir zum Beispiel „Ich bin traurig", „Ich bin

froh", „Ich bin wütend", „Ich bin Herr/Frau so und so",
„Ich bin dies oder das" usw.

Mancher Leser mag sich fragen, warum hier meistens von
„Identitäten" anstatt von „Identität" die Rede ist.

Wir tun dies deshalb, weil der Mensch innerhalb seiner
Psyche mehrere „Identitäten" besitzt und oft von einer zur
anderen wechselt. Er selbst bemerkt dies jedoch nur selten
oder gar nicht.

Wenn er aber beginnt, sich selbst zu beobachten, dann
kann er sehen, dass er eine Haupt-„Identität" und viele
kleinere Neben-„Identitäten" besitzt, und dass selbst seine
Haupt-„Identität", die er meist mit seinem Namen verbindet, aus mehreren kleineren „Identitäten" besteht – nämlich aus seinen unterschiedlichen Hauptrollen im Leben.

So fasst er, wenn er zum Beispiel sagt „Ich bin Herr/Frau
so und so", unter seinem Namen sowohl seine beruflichen,
seine sozialen, seine familiären und seine ganz privaten
Rollen zusammen, obwohl er in all diesen Bereichen unterschiedlich denkt, fühlt und handelt – also andere „Identitäten" besitzt.

Die Haupt- „Identität" ist das, was wir allgemein auch unter dem Begriff „Persönlichkeit" zusammenfassen.

In Anführungszeichen setzen wir „Identitäten", weil die
durch Identifikation entstandenen „Identitäten" Schei-
nidentitäten sind. Sie sind eingebildet und haben mit der
wahren Identität oder dem wahren Wesen des Menschen
nichts zu tun, auch wenn er das nicht glauben oder anders
empfinden mag.

Denn solange er mit irgendeiner Gegebenheit identifiziert ist, empfindet er diese Gegebenheit als seine wahre und einzige „Identität". Für sein wahres Wesen hingegen ist er blind geworden.

Was die Neben- „Identitäten" eines Menschen anbelangt, müssen wir verstehen, dass sie ein Nebenprodukt seiner mit einem idealisierten Selbstbild behafteten Haupt- „Identität" sind.

Die Neben- „Identitäten" entstehen hauptsächlich durch die Idealisierung seines „Ichs" oder seiner Haupt- „Identität", was schließlich zu einer Abspaltung von Eigenheiten führt, die nicht in sein idealisiertes Selbstbild passen und dadurch eine Art Schattendasein in seiner Psyche führen.

Dazu gehören zum Beispiel Dinge, die ihn beschämen, ihm peinlich sind, die ihn ärgern oder nervös machen, die ihn hassen, lügen und schreckliche Dinge wider seinesgleichen tun lassen.

Es können sowohl körperliche Schwächen und Handicaps als auch tierische Triebe, Instinkte und charakterliche „Schwächen" sein, die ihn sporadisch ergreifen und ihn Dinge tun oder sagen lassen, welche er mit seinem idealen Selbstbild nicht vereinbaren kann, wodurch sie in ihm ein Gefühl des Unwohlseins hervorrufen und gleichzeitig den meist unwiderstehlichen Drang zur Selbstrechtfertigung erzeugen.

Oft sind diese Neben- „Identitäten" so weit in den Hintergrund seiner Psyche gedrängt, dass er sie gar nicht mehr als zu ihm gehörend erkennt.

Weil aber nichts von dem, was zu ihm gehört, ganz ausgeschlossen werden kann, tritt es ihm nun durch unangenehme Ereignisse und Personen von außen entgegen. Dadurch werden all seine eigentlich inneren Konflikte nach außen verlegt. Es ist das, was die allgemeine Psychologie als „Projektion" bezeichnet.

Jetzt bekämpft er nicht mehr seine ursprünglich eigenen „Schwächen", sondern die vermeintlichen „Fehler" und „Untugenden" anderer. Der innere Zustand seiner Psyche hat sich sozusagen nach außen gestülpt und er beginnt, in „Projektionen" zu leben.
Weil sich die „Anderen" aber in der gleichen Lage befinden und sich ebenso wenig ändern lassen wollen, wie er selbst, kommt es früher oder später immer wieder zu einem meist irrationalen Gemetzel kleineren oder größeren Ausmaßes unter den Menschen.
Die Ausmaße solchen irrationalen Gemetzels reichen von kleinen, oft harmlosen Streitereien bis hin zu Bürgerkriegen, Weltkriegen und Massenvernichtungen.

Das alles nimmt seinen Anfang durch die Identifikation des ursprünglichen, formlosen Bewusstseins mit verschiedenen Daseinsformen und der damit verbundenen Bildung von getrennten, parteilichen „Identitäten" oder „Ich's".

Von dem, was wir „Ich" nennen sind, wir ununterschieden. Und das, was wir als von uns unterschieden erkennen, nehmen wir als „Nicht-Ich" oder als Objekt wahr. So wird unser „Ich" zum Subjekt. Das „Nicht-Ich" wird zum Objekt im Sinne von Gegenständlichkeit oder zu etwas, das unserer „Identität" entgegensteht.

Identifikation bewirkt also eine subjektive Wahrnehmung der Trennung von Subjekt und Objekt, oder anders ausgedrückt, die Trennung „unserer Identität" von „anderen Identitäten".

Identifikation schafft so die erste Voraussetzung für die Wahrnehmung von „Freund" und „Feind".

Alles, was unserer „Identität" genehm ist und sie bejaht nehmen wir als „Freund" wahr, und alles, was ihr widerspricht und sie verneint, nehmen wir als „Feind" wahr.

Wir müssen hier verstehen, dass die Trennung verschiedener „Identitäten", und damit auch die Trennung von „Freund" und „Feind", nur in unserer subjektiven Wahrnehmung, die durch Identifikation und dem daraus entstehenden Wahn vom „Ich" beschränkt wird, stattfindet.

Wäre nämlich unsere Wahrnehmung nicht durch irgendeine „Identität" oder unserem sogenannten „Ich" beschränkt, dann könnten wir sehen und empfinden, dass alles aus dem gleichen Stoff gemacht ist, dass in allen Wesen und Formen das gleiche Bewusstsein anwesend ist und dass alle Gegensätze komplementäre Eigenschaften eines einzigen Großen und Ganzen sind. Dann könnten wir objektiv sehen und wirklich unparteilich sein.

Aber das alleinige intellektuelle Verstehen dieser Tatsache wird nicht genügen, wenn wir uns von unseren „Identitäten" und Identifikationen befreien wollen.

Wir müssen vielmehr selbst zu dieser Ganzheit werden, die alle Gegensätze in sich vereinigt. Und das können wir nur erreichen, wenn wir als „Identitäten" sterben und gleichzeitig einen Sammelpunkt im leeren, formlosen Bewusstsein besitzen. Besitzen wir einen solchen Sammelpunkt nämlich nicht, dann können wir zwar als eine „Identität" sterben – sei es durch den Tod unseres Körpers oder durch eine schicksalhafte Veränderung unserer Lebensumstände – werden aber im gleichen Moment eine andere „Identität" annehmen, sodass alles beim Alten bleibt.

Wir müssen sozusagen zu einem Niemand, oder wie es im Englischen heißt, zu einem „Nobody", das heißt wörtlich ausgedrückt, zu einem „Nicht-Körper" werden. Wir müssen zu einer Art flüssigem, formlosem Etwas werden, zu einem inhaltlosen Fließen.

Dieses formlose, inhaltlose Fließen wird unser wahres Glück, unsere Erfüllung und unsere Glückseligkeit sein.

Der Prozess des Sterbens der „Identitäten" wird als „heilig" bezeichnet, weil er uns ganz oder heil macht.

Wenn wir diesen Heiligen Prozess des Sterbens unserer „Identitäten" noch innerhalb der Lebenszeit unseres Körpers erleben dürfen, dann bedeutet das nicht, dass wir den Anforderungen unseres täglichen Lebens in der Welt der getrennten „Identitäten" nicht mehr gewachsen sein werden, weil wir keine „Identität" mehr besitzen. Sondern: indem wir nämlich zu einem inhaltlosen, fließenden, formlosen Etwas geworden sind, können wir jede beliebige

Form oder Rolle, die wir gerade benötigen, annehmen, um in dieser Welt klarzukommen, ohne uns damit zu identifizieren. Wir schlüpfen sozusagen in eine benötigte „Identität" hinein und wieder heraus.

Und selbst wenn es gelegentlich vorkommen mag, dass wir uns doch in irgendeiner Rolle oder „Identität" verlieren, so werden wir spätestens dann, wenn wir uns hinsetzen, um uns der Tiefe unseres Seins zuzuwenden, wieder zu dem, was wir wirklich sind – nämlich zu einem Niemand und einem inhaltlosen, fließenden Etwas.

Wir werden hier, bevor wir zum Abschluss dieses Kapitels kommen, zum tieferen Verständnis noch einen dem Menschen innewohnenden Impuls, den wir Expansionsdrang nennen, näher betrachten. Weil nämlich dieser Impuls durch die wahrnehmungsverzerrende Identifikation des Bewusstseins mit einer Rolle oder mit unserer Haupt-„Identität" meist fehlgeleitet wird und dann zu verheerenden Folgen führt, die nicht selten in der Vernichtung der eigenen Art gipfeln.

Wenn wir annehmen, dass das ursprünglich ungeformte Bewusstsein, wenn es durch Identifikation mit einer Form verschmolzen und zu einer „Identität" geworden ist, eine Art der Einengung, Einkerkerung und Verwundung erfährt, dann können wir auch annehmen, dass es sich aus dieser Lage befreien und zu seinem ursprünglichen, heilen Zustand der Freiheit und der Ganzheit zurückkehren will.

Durch diesen Drang des Bewusstseins nach Freiheit und Ganzheit entsteht im Menschen eine ursprünglich *heilige* Unzufriedenheit, die jedoch aufgrund von Identifikation und des sich nicht Trennen Könnens von seinen „Identitäten" fehlgeleitet wird. Aus dieser jetzt *unheiligen* und mit einer „Identität" verknüpften Unzufriedenheit gehen nun verschiedene Impulse hervor, welche allesamt entweder ein Verlangen nach Erweiterung, nach Freiheit, nach Vereinigung, oder nach Verschmelzung aufweisen.

Zu diesen Impulsen gehören zum Beispiel:

Das Verlangen nach Sex, um, wenn auch nur vorübergehend, mit dem anderen Geschlecht zu verschmelzen.

Das Verlangen nach Liebe und Verbundenheit, um die Wunden des Getrenntseins zu heilen.

Das Verlangen sein Hab und Gut zu vermehren und seine Macht zu vergrößern.

Das Verlangen sich mit Gleichgesinnten zu verbünden, sozial und wirtschaftlich zu fusionieren, Interessengemeinschaften, Volksgruppen und Nationen zu gründen, usw., um zu „Expandieren".

Durch das Haften an einer „Identität" und das *nur* Nach-außengerichtetsein des Menschen wird dieser Expansionsdrang aber fehlgeleitet und führt dazu, dass der Mensch lediglich seine „Identitäten", und damit auch die Ursache allen Übels vergrößert oder expandiert.

Die Folgen dieses Prozesses sehen wir an der Zugrunde Richtung unseres Planeten, in Bevölkerungsexplosionen, in Hungersnöten, in Gehässigkeiten jeder Art, in Morden, Kriegen und Völkermorden usw.

Identifikation in Verbindung mit dem Festhalten an „Identitäten" führt auch dazu, dass der Mensch, wohl wissend, dass er früher oder später ohnehin sterben wird, selbst in kaum erträglichen, menschenunwürdigen und widrigsten Situationen an seinem „Leben" festhält.

In tiefster Verzweiflung, Not und Elend, hoffnungslosem Siechtum und der Qual harrt er gegen jede Vernunft und Hoffnungslosigkeit aus – immer noch hoffend, dass sich doch noch etwas zum „Besseren" wenden könnte.

Solange der Mensch nur nach außen gerichtet ist und an seinen „Identitäten" festhält, kann er zwar kurzfristige und scheinbare Befriedungen seiner ursprünglich *heiligen* Unzufriedenheit erfahren; er kann seine „Identitäten" vergrößern, indem er sich mit anderen zusammentut und „expandiert", aber es wird ihn niemals ganz erfüllen, weil er trotzdem parteilich und abgegrenzt bleibt, weil er Erfüllung und Zufriedenheit an der falschen Stelle sucht.

Der nur nach außen gerichtete, mit allem Möglichen identifizierte Mensch, sucht nämlich Erfüllung und Ganzheit in der Expansion von Formen, Grenzen und Parteilichkeiten, aber das geht nicht.

Er kann seine ursprüngliche Ganzheit, sein Heil und seine Glückseligkeit nur durch den Heiligen Prozess des Sterbens seiner „Identitäten" und der damit verbundenen Auflösung seiner Abgrenzungen und Parteilichkeiten finden. Und dieser Prozess wird sich nicht im Außen, sondern ganz allein in seinem tiefsten Inneren abspielen; entweder gezwungenermaßen, während seines physischen Todes, oder freiwillig und absichtlich während seiner Lebenszeit, wenn er sich seinem innersten Wesen oder seinem Ursprung zuwendet, um, wie im vorigen Kapitel beschrieben, einen inneren Kreislauf des Bewusstseins zu ermöglichen.

Sobald wir genügend Übung im inneren Kreislauf des Bewusstseins besitzen, können wir sowohl unsere Haupt-„Identität" als auch unsere Neben- „Identitäten", der Leere, das heißt dem ungeformten Bewusstsein aussetzen. Wir können all unser Denken, Fühlen und Handeln, ja unser ganzes Sein der Leere gegenüberstellen und ohne Für und Wider betrachten.
Wir können unser gesamtes Sein, unseren gesamten Zustand, in dem wir uns gerade befinden in die Leere hineinwerfen. Dies ist so, als würden wir eine nässende, schlecht heilende Wunde dem Licht und der Luft aussetzen, sodass sie trocknen und heilen kann.

Indem wir dies tun und unsere „Identitäten" immer wieder der Leere aussetzen, werden wir nach und nach erkennen, dass sie lediglich Teilschatten eines großen Ganzen sind, und dass sie nur durch die Identifikation mit ihnen substanziell werden.

Parallel zur Festigung dieser Erkenntnis werden sich unsere „Identitäten", unsere Abgrenzungen und Parteilichkeiten dann nach und nach auflösen. Wir werden sozusagen „sterben, bevor wir sterben".

Ein anderer in diesem Zusammenhang erwähnenswerter Umstand ist der, dass wir ausnahmslos alle das Empfinden von „Irrealität" oder „Unwirklichkeit" erfahren, wenn ein uns nahestehender Mensch stirbt.

Aber diese empfundene „Irrealität" oder „Unwirklichkeit" ist in Wahrheit die Realität – und zwar in dem Sinn, dass alle vorübergehenden Erscheinungen im Angesicht des Todes etwas Unwirkliches und Eingebildetes oder lediglich vorüberhuschende Schatten sind. Sie haben nur in unserer Vorstellung ihren Bestand.

Der heilige Prozess des Sterbens unserer „Identitäten" wird uns schließlich vom Wahn des „Ich's" befreien und heilen, sodass wir als Ganzheit in unseren Urgrund eingehen, und, wie Meister Lü Dsu sagt, „den Einen Ton der Individuation hören" können.

Die *Heiligkeit* des Sterbens liegt also in der Auflösung unserer Identifikationen und der dadurch entstandenen „Identitäten", sodass das darin befangene und eingeschlossene, ursprünglich reine, formlose Bewusstsein wieder in seinen Urgrund eingehen kann.

Möglicherweise kommt es erst im Todeskampf während unseres physischen Sterbeprozesses und Todes zu dieser

Auflösung der „Identitäten", wenn sie noch nicht vollständig, durch bewusste Arbeit während unseres Lebens, zustande gekommen ist. Deshalb hier noch einige Worte zum Todeskampf während des Sterbens des physischen Organismus:

Der Todeskampf tritt regelmäßig in der Endphase des Sterbens eines physischen Organismus auf und ist, je nach individueller Konstitution, stärker oder schwächer ausgeprägt. Er kann Minuten, Stunden oder Tage dauern.

Verursacht wird der Todeskampf einerseits durch die im Stammhirn angelegten Funktionen und Mechanismen der Selbsterhaltung, welche, gleichgültig was geschieht, versuchen, Atmung und Herzschlag aufrechtzuerhalten, und andererseits durch die Anhaftung des Bewusstseins am Körper und an Strukturen der Persönlichkeit, mit denen sich der betreffende Mensch während seines Lebens sehr stark identifiziert hat. Aber auch eventuelle Gewissenskonflikte durch unerledigte Dinge, die nicht mehr erledigt werden können, oder begangene Taten, die nicht mehr rückgängig gemacht werden können, spielen hier eine Rolle.

Die äußeren Kennzeichen des Todeskampfes sind:
- Hastiges, aufgeregtes Atmen.
- Kaltschweißigkeit.
- Angespannte Gesichtsmuskulatur.
- Körperliche Unruhezustände.
- Rasche Augenbewegungen bei offenen oder geschlossenen Lidern.
- Ängstlicher Blick und Gesichtsausdruck.

Der Todeskampf ist Ausdruck des Übergangs von der Form in die Formlosigkeit, vom persönlichen Sein ins persönliche Nichtsein, der Auflösung unserer „Identitäten", oder bildlich ausgedrückt, die „Auflösung einer Welle im Ozean".

Der Todeskampf ist ein wichtiger Bestandteil des Sterbeprozesses in der Endphase, weil er die endgültige Lösungsphase des Bewusstseins vom Körper und der Persönlichkeit darstellt.

Das Aufhören des Todeskampfes:
Wenn der betreffende Mensch nicht schon während des Todeskampfes stirbt, beginnen sich gegen Ende der Lösungsphase die Gesichtsmuskulatur und der ganze Körper zu entspannen, das Gesicht ist glatt und entspannt, der Blick verklärt, die Atmung erfolgt nur noch mechanisch. Die „Welle ist wieder zum Ozean geworden".

Der Körper gleicht jetzt einem Gefährt, aus welchem der Fahrer ausgestiegen ist. Das Fahrzeug ist leer. Es rollt noch einige Zeit weiter, bis es mit einem letzten Ausatmen endgültig zum Stehen kommt. … STILLE …

Wir müssen wissen, dass der Todeskampf in der Endphase des Sterbeprozesses regelmäßig auftritt und wir ihn alle durchlaufen müssen.

Er kommt im Wesentlichen durch die unserem Organismus inhärenten Mechanismen der Selbsterhaltung und durch die Auflösung der Identifikationen des Bewusstseins mit Teilen der Persönlichkeit und des Körpers zustande.

Er stellt eine Art Ablösungsphase dar, ähnlich wie wir sie bei unserer Geburt durchlebten, als wir mit ungeheurem Druck durch den Geburtskanal gepresst wurden und auf äußerste Anspannung, mit unserem ersten Atemzug und erstem Schrei, die Entspannung folgte. Und ebenso, wie sich der Geburtsprozess über kürzere oder längere Zeit erstrecken kann, kann sich auch der Todeskampf über einen kürzeren oder längeren Zeitraum erstrecken.

Wir können den Todeskampf auch als rückläufigen Prozess der Geburt betrachten:

Bei der Geburt tritt das Bewusstsein, das sich im Mutterleib verkörperte, in die „Welt" ein.

Beim Todeskampf tritt es, am anderen Ende seines Lebensweges, wieder aus der „Welt" heraus.

Beide Prozesse sind mehr oder weniger mit Qualen verbunden.

Während des Todeskampfes lösen sich die noch am Körper und an der Persönlichkeit haftende Fragmente des Bewusstseins ab, um sich im Formlosen zu sammeln. Sobald dieser Prozess *vollständig* abgeschlossen ist, tritt das ein, was wir *Verklärung* nennen. Das Bewusstsein ist *klar* und still geworden, es wird nicht mehr durch Inhalte oder Anhaftungen getrübt. Es folgt eine tiefe Entspannung und Gelöstheit, auch wenn Atmung und Herzschlag noch für einige Zeit weiter gehen. Wir können diesen Zustand an der gelösten Gesichtsmuskulatur und einer Ehrfurcht gebietenden, fast greifbaren Stille erkennen, die den Sterbenden umgibt.

Wird dieser Prozess der vollständigen Verklärung *bewusst* erlebt und haben sich *alle* Bewusstseinsfragmente komplett von Körper und Persönlichkeit gelöst, erlangt das Bewusstsein wieder seine wahre, ursprüngliche Natur, sein wahres Sein.

Das Ausmaß der Qualen während des Todeskampfes ist abhängig von der Stärke der Anhaftung des Bewusstseins an Dingen, die noch erledigt werden müssten, aber nicht mehr erledigt werden können, an Gewissenskonflikten, an zurückbleibende Personen, an Instinkten der Selbsterhaltung und an Strukturen der Persönlichkeit oder an „Identitäten". Die daraus entstehenden Qualen können so unerträglich werden, dass der Mensch im Todeskampf das Bewusstsein verliert und einen unbewussten Tod stirbt.

Weil es dann keinen Schwerpunkt oder kein Gravitationsfeld, im formlosen Bewusstsein gibt, bleiben Bewusstseinsteile *ungelöst* an ihren Anhaftungsobjekten hängen, während der Sterbeprozess unaufhaltsam fortschreitet, bis schließlich der Tod eintritt, ohne dass es zu einer vollständigen Verklärung gekommen ist.

Der Mensch stirbt dann *ungelöst* in einem Zustand innerer Anspannung, und der Todeskampf setzt sich bis zum letzten Atemzug fort.

Bei manchen Menschen können wir dann auch nach Eintritt des Todes noch einen leidvollen Gesichtsausdruck erkennen, und den toten Körper umgibt eine spürbare Atmosphäre der Seelenqual und Trauer.

An dieser Stelle stellt sich die Frage:
Was geschieht nun mit den nicht abgelösten Bewusstseins-
oder Seelenteilen, wenn der Körper und mit ihm die Persönlichkeit gestorben sind?

Wenn wir uns hier eine Spekulation erlauben und annehmen, dass Bewusstsein, so wie wir es in tiefer Meditation
erfahren können, etwas Zeitloses oder außerhalb der Zeit
liegendes ist, dann ist es durchaus vorstellbar, dass ungelöste Bewusstseinsteile, wenn ihnen ihre äußere Form
durch den Tod des Körpers weggenommen wird, zu einer
Art Schemen werden, die danach trachten, sich wieder zu
verkörpern, und nach dem Prinzip „Gleich und Gleich gesellt sich gern" in einen neuen Mutterleib eingehen, um in
einem Embryo eine neue Verkörperung anzunehmen.[19]
Wie auch immer dies sein mag; jedenfalls können wir sehen, dass das Bewusstsein immer wieder in ähnlichen Mustern und Strukturen die gleichen Schicksale und Dramen
in dieser Welt durchläuft. Gleichgültig, ob wir das persönlich nehmen oder nicht.
Die für den Menschen erfahrbaren und richtungsgeben-
den inneren Prozesse, die das Bewusstsein während des
Sterbeprozesses durchläuft, sollen im nächsten Kapitel näher beleuchtet werden.

---

[19] Evans-Wentz, Walter Y.; Göpfert-March, Louise: Das tibetanische Toten-
buch.

Das „Jüngste Gericht"

Nach all dem, was bisher gesagt wurde, besitzen wir nun genügend Material um diesen rätselhaften Begriff „Das Jüngst Gericht", wie wir ihn im christlichen Gedankengut finden, zu klären und in seiner Tiefe zu verstehen.

Gewöhnlich wird mit diesem Begriff der Glaube verbunden, dass die „Seele" des Menschen nach seinem Tod vor ein „Gericht" gestellt und, je nach ihren „guten" oder „schlechten" Taten während ihres irdischen „Lebens", entweder in den „Himmel", ins „Fegefeuer", oder in die „Hölle" geschickt wird. Ähnliche Ideen finden wir auch in den Karma Lehren verschiedener östlicher Religionen.

Solange „Das Jüngste Gericht" und alles, was damit verbunden ist, nicht in seiner Tiefe verstanden wird, bleibt dies ein naiver und kindlicher Glaube, der beim „gebildeten" Menschen allerhöchstens ein mitleidiges oder auch höhnisches Schmunzeln auf seinen Lippen hervorruft, und beim Blindgläubigen Furcht und Schrecken erregt. Beim „Gebildeten" wird dies zu Garnichts führen, und beim Blindgläubigen zu Handlungen die aus Furcht entstehen – ohne zu *verstehen*.

Wenn wir verstehen wollen, müssen wir uns zunächst darüber im Klaren sein, was die Begriffe „Seele", „Himmel", „Fegefeuer", „Hölle", „gute Taten", „schlechte Taten" und „Jüngstes Gericht" bedeuten:

202

Mit „Seele" bezeichnen wir das an Formen und „Identitäten" gebundene, ursprünglich formlose Bewusstsein, das in der Abgeschiedenheit von seinem Urgrund die Begrenzungen von Formen und die Interaktionen von „Identitäten" erlebt und erleidet.

Mit „Himmel" meinen wir nicht etwa den bewölkten oder blauen Himmel über uns, und auch nicht „Das Land, wo Milch und Honig fließen", sondern wir meinen den Zustand der Einheit des ursprünglichen Bewusstseins. Ein Zustand, der zwar immer da ist, den wir aber durch die Identifikation des Bewusstseins mit Formen und „Identitäten", wegen der daraus resultierenden Beschränkung unserer Wahrnehmung, verloren haben.

„Fegefeuer" bezeichnet den Zustand, in welchem ein Mensch bereits einen Sammelpunkt im formlosen Bewusstsein geschaffen hat, aber trotzdem noch „Identitäten" besitzt, zu denen das ursprünglich formlose Bewusstsein noch sehr starke Bindungen hat, durch Identifikation darin eingeschlossen und ihnen unterworfen ist.
Ein Zustand, der sehr leidvoll sein kann. Denn aufgrund des bereits kristallisierten Sammelpunktes im formlosen Bewusstsein kann sich dieser Mensch nicht mehr ganz in Identifikationen verlieren, und aufgrund der noch vorhandenen starken Bindungen zu bestimmten „Identitäten", welche ebenfalls zu einem gewissen Maß kristallisiert sind, kann er auch nicht ganz im Sammelpunkt des Bewusstseins aufgehen.

Aus dieser inneren Zerrissenheit folgt ein innerer Schmerz, ein Verlangen, ein „Feuer", in welchem die Rest- „Identitäten" eingeschmolzen, dekristallisiert und verbrannt, das heißt „weggefegt" werden müssen, bevor der Betroffene ganz in seinen Urgrund eingehen kann.

Dies entspricht, anders ausgedrückt, der „Trennung des Weizens von der Spreu" – die Hülle oder „Identität", in der das ursprüngliche Bewusstsein eingeschlossen ist, muss noch gebrochen werden.

„Hölle", meint einen Zustand, in dem sich die „Identität" eines Menschen, durch ständig wiederholte und ausschließliche Erfüllung ihrer Eigeninteressen, soweit kristallisiert hat, dass sie einer autonome „Einheit" geworden ist, aber vollständig den Kontakt zu ihrem Urgrund oder zum formlosen Bewusstsein verloren hat.

Weil das formlose Bewusstsein aber die vermittelnde „Substanz" und letztendlich auch die vereinigende Kraft alles Seienden ist, bedeutet der Kontaktverlust zu dieser Kraft auch den inneren Kontaktverlust zu anderen „Identitäten", ein Ausgeschlossen Sein von allem Seienden und die Unmöglichkeit einer Wiedervereinigung mit dem Großen Ganzen oder dem ursprünglichen, ungeformten Bewusstsein. Wegen des vollständigen Kontaktverlustes zur vermittelnden Kraft kann ein solches Wesen niemals inneres Glück oder inneren Frieden finden.

Ein solches Wesen wird ständig von einem inneren Verlangen getrieben, welches aber nie ganz befriedigt werden kann. Mag sein, dass, solange der physische Organismus noch gut funktioniert, kurzfristige Teilbefriedigungen bestimmter Bestrebungen erzielt werden können, was aber letztendlich zu einem noch größeren, noch unstillbareren Verlangen führt.

Hinzu kommt – ebenfalls durch den Kontaktverlust zum formlosen Bewusstsein als verbindenden Faktor – dass einem solchen Wesen die Fähigkeit des Mitfühlens vollständig abhandengekommen ist.

Ein solches Wesen kann dann „über Leichen gehen", um sein Verlangen zu stillen.

Beginnt dann der physische Organismus im Alter zu degenerieren, wodurch seine Funktionen und Fähigkeiten mehr und mehr eingeschränkt werden, verliert dieses Wesen auch noch jede Hoffnung auf eine eventuelle Stillung seines Verlangens, welches aber unvermindert in ihm weiter brennt. Verbitterung, Hass und Seelenqual sind dann die unausweichlichen Folgen.

Wir können solche Zustände des Verloren Seins und der Seelenqual, in Verbindung mit unaufhörlichem Getrieben Sein, gelegentlich bei Menschen mit fortgeschrittener Demenz direkt beobachten. Das Bewusstsein hängt dabei in einem unstillbaren Verlangen fest, hat aber jeden Kontakt zur Realität und zum Formlosen verloren. Ein solches Verlangen kann dann weder gestillt noch relativiert werden. Das heißt, es bleibt ein absolut unstillbares Verlangen. Weil auch der geringste Kontakt zum formlosen Bewusstsein verloren gegangen ist, wird dieser Zustand in verschiedenen Religionen auch als Zustand der „Verdammnis" bezeichnet.

„Himmel", „Fegefeuer" und „Hölle" stellen also nicht etwa äußere, in weiter Ferne liegende Orte dar, sondern es handelt sich um innerpsychische Zustände oder „Welten", in denen sich unser Leben abspielt – auch wenn diese Zustände oft nach außen gestülpt sind und wir sie als äußere Ereignisse in Form von wohlhabendem, harmonischem Zusammenleben bis hin zu Streitereien, äußerer Not, äußerem Elend, körperlichem Leiden, Gewalt und Krieg erleben.

Wenn wir diesen Zuständen noch den innerpsychischen Zustand unseres gewöhnlichen Alltagslebens hinzufügen, welcher, aufgrund der Anwesenheit von geringen Mengen an formlosem Bewusstsein, durch ein relativ geordnetes Zusammenfunktionieren unserer verschiedenen „Identitäten" gekennzeichnet ist, und den wir hier als Zustand der „Erde" bezeichnen wollen, dann erhalten wir eine Stufenleiter von innerpsychischen Zuständen, innerhalb derer ein Mensch entweder auf- oder absteigen kann.

Die Rangordnung dieser Stufenleiter stellt sich dann folgendermaßen dar:

„Himmel" – ein Zustand des Einsseins mit dem Urgrund im ungeformten Bewusstsein. Oder das, was auch als „Unio mystica" bezeichnet wird.

„Fegefeuer" – ein Zustand der unvollständigen Verbundenheit mit dem Urgrund, wobei das Bewusstsein durch starke Bindungen an bestimmte „Identitäten" nicht gelöst werden kann. Dieser Zustand entspricht gewissermaßen den Worten von Goethes „Faust"[20]: „Zwei Seelen wohnen, ach! in meiner Brust, die eine will sich von der andren trennen: Die eine hält in derber Liebeslust sich an die Welt mit klammernden Organen; die andre hebt gewaltsam sich vom Dust zu den Gefilden hoher Ahnen."

„Erde" – ein Zustand des relativ geordneten Zusammenfunktionierens verschiedener, oft gegensätzlicher „Identitäten", ohne dass sich ein Sammelpunkt im formlosen Bewusstsein gebildet, oder in irgendeiner „Identität" eine starke Kristallisation stattgefunden hat.

„Hölle" – der Zustand einer kristallisierten „Identität", in der ursprünglich formloses Bewusstsein eingeschlossen ist und das die Verbindung zu seinem Ursprung vollständig und unwiederbringlich verloren hat.

An dieser Stelle können wir vielleicht eine etwas seltsam anmutende Aussage G. I. Gurdjieff's verstehen, die etwa so lautet:

„Gesegnet ist der, der eine Seele hat. Und gesegnet ist der, der keine hat, aber Wehe und Kummer für den, der sie im Keim besitzt."[21]

Zu demjenigen, der „eine Seele hat", gehört entweder der Zustand des „Fegefeuers", weil er einen Schwerpunkt im Ursprünglichen Bewusstsein besitzt, oder der Zustand des

---

[20] Johann Wolfgang von: Goethe: Faust.
[21] Aus: Moore, James: Georg Iwanowitsch Gurdjieff.

„Himmels", weil er mit seinem Ursprung Eins geworden ist.

Zu demjenigen, der „keine Seele hat", gehört der Zustand der „Erde". Er ist „Gesegnet", weil seine „Identitäten" weder kristallisiert, noch so verhärtet sind, sodass sie sich ohne größere Qualen, zum Beispiel während seines Sterbens, auflösen können. Die dadurch freiwerdenden Bewusstseinsteile verkörpern sich entweder in anderen „Identitäten", oder gehen, zumindest zum Teil, in ihren Urgrund ein.

Ein solches Wesen besitzt zwar keine unteilbare „Seele", oder, im strengsten Sinn des Wortes, keine „Individualität", kann aber durchaus seine Funktion am Übergang zwischen geformtem und ungeformtem Bewusstsein erfüllen und einen friedvollen Tod finden. Es ist der einfache, gewöhnliche und natürliche Mensch.

Während der gewöhnliche, natürliche Mensch dem Zustand der „Erde" entspricht, entspricht der Mensch, der einen Schwerpunkt im ungeformten Bewusstsein besitzt, dem Zustand der „Sonne".

Zu demjenigen, der eine Seele „im Keim besitzt", gehört der Zustand der „Hölle", weil sich das ursprünglich formlose Bewusstsein in einer „Identität" so stark kristallisiert hat, dass es sich auch während des Sterbeprozesses nicht lösen kann, sodass ihm sowohl eine Wiederverkörperung in einer anderen „Identität" als auch ein Eingehen in seinen Urgrund verwehrt bleiben.

Obwohl solch ein Wesen durch die Kristallisation seiner „Identität" eine Art „Individualität", das heißt, eine innere Unteilbarkeit besitzt, besitzt es diese doch an der falschen Stelle – nämlich in seiner „Identität", oder anders ausgedrückt, in seiner Persönlichkeit, anstatt im formlosen Bewusstsein, was in Bezug zur wahren Erfüllung oder zur Glückseligkeit die richtige Stelle wäre.

Die Ausbildung von einem unteilbaren, unverrückbaren Etwas in einer „Identität" oder in der Persönlichkeit eines Menschen wird in der Lehre Gurdjieff's als „falsche Kristallisation" bezeichnet.

Weil es sich bei all diesen Zuständen – von „Himmel" bis „Hölle" – um innerpsychische Zustände oder Zustände des Erlebens handelt, ist es vollkommen irrelevant, ob wir an ein „Weiterleben nach dem Tod", an „Reinkarnation", an „Wiedergeburt", an „Sonst was" oder an „Garnichts" glauben. In jedem Fall handelt es sich um innere Erlebens- und Erfahrungsräume des Bewusstseins, die in gewisser Weise zeit- und raumlos sind, das heißt, sie sind weder an unsere lineare Zeit noch an einen äußeren Raum gebunden. Sie können also zu jeder Zeit und an jedem Ort auftreten.

Ebenso ist es Fakt, dass solche Zustände immer wieder in neu gebildeten Organismen auftreten – gleichgültig, ob wir dies als „Reinkarnation", „Wiedergeburt" oder „Ewige Wiederkehr" bezeichnen.

Wir brauchen in diesem Zusammenhang „Reinkarnation", „Wiedergeburt" und „Ewige Wiederkehr" auch nicht als etwas „Persönliches" zu nehmen, sondern können das Ganze auch dahin gehend verstehen, dass sich das ursprünglich ungeformte und überpersönliche Bewusstsein immer wieder in den gleichen oder ähnlichen Lebensmustern und Strukturen manifestiert, und dass das „Persönlich Nehmen" dieser Tatsache allein durch die Identifikation des ursprünglich ungeformten Bewusstseins mit einem gegebenen Lebensmuster zustande kommt. Durch Identifikation wird nämlich alles „persönlich" und einem, wenn auch nur in der Vorstellung vorhandenen, „Ich" zugeschrieben.

Was nun die „guten Taten" und die „schlechten Taten" betrifft, so müssen wir sehen, dass „gut" oder „schlecht" immer in Relation zu etwas Anderem steht.
In der subjektiven Welt der „Identitäten" ist oft das, was für den einen „gut" ist, „schlecht" oder „böse" für den anderen. Daher gibt es wohl in jeder Gesellschaftsform einen Moralkodex und ein Gesetzbuch, um wenigstens ein gewisses Maß an „harmonischem Zusammenleben" zu ermöglichen. Denn würden die verschiedenen subjektiven „Identitäten" ohne diesen Zwischenpuffer, der aus Moralkodex und Gesetzbuch besteht, aufeinanderprallen, dann gäbe es wahrscheinlich nur noch Mord und Totschlag, weil ja jede „Identität" nur ihr eigenes „gut" und „böse" kennt. Wir dürfen deshalb hier, im Zusammenhang mit dem „Jüngsten Gericht", was „gute Taten" oder „schlechte Taten" betrifft, weder von einem Moralkodex, der in verschiedenen Kulturen ganz unterschiedlich aussehen kann,

noch von irgendeinem Gesetzbuch, welches ebenfalls je nach Gesellschaftsform ganz anders aussehen kann, ausgehen.

In unserem Zusammenhang steht nämlich „gut" oder „schlecht" eher für Nicht-Identifikation oder Identifikation.

Das heißt: Im Zusammenhang mit dem „Jüngsten Gericht" ist Nicht-Identifikation „gut", und Identifikation ist „schlecht" – weil uns nämlich allein die Identifikation mit irgendwelchen Dingen oder „Identitäten" in den Zuständen der „Hölle", der „Erde" oder des „Fegefeuers" festhält und uns den Zugang zu den Gefilden der Glückseligkeit, zu unserem Urgrund und wahren Sein verwehrt.

Solche Zustände brauchen wir nicht etwa als eine „Strafe Gottes" anzusehen, wie es von manchen Religionen propagiert wird, sondern sie entspringen unumstößlichen, existenziellen Gesetzmäßigkeiten. Und wenn wir diese Gesetzmäßigkeiten kennen, dann können wir unser Handeln oder Nichthandeln danach richten, anstatt uns dagegen aufzulehnen.

Und nun zum Rätsel des „Jüngsten Gerichts":
Wenn wir der tieferen Bedeutung dieses rätselhaften Begriffs näherkommen wollen, dann müssen wir ihn zunächst ein wenig auseinandernehmen, um ihn später wieder zusammenzusetzen.

Wir müssen für uns beantworten, was „Jüngste" und was „Gericht" als getrennte und als zusammengesetzte Worte, im Zusammenhang mit Tod und Geburt, bedeuten.

Wenn wir annehmen, dass das „Jüngste" so viel wie das „Erste", oder das, was am Anfang eines Entstehungsprozesses steht, bedeutet, und wenn wir ein Menschenleben als einen *Kreislauf* des Bewusstseins zwischen Geburt und Tod betrachten, dann ist das „Jüngste" oder das „Erste" auch das „Letzte", weil ein Kreislauf immer wieder an seinem Anfang endet.

Demnach bedeutet dies, dass das „Jüngste" zwischen Tod und Geburt platziert ist.

Wenn wir dann noch annehmen, dass mit dem Begriff „Gericht" eine Instanz gemeint ist, durch die etwas gerichtet oder ausgerichtet wird, eine Instanz, die dem Entstehenden eine Richtung oder Matrix, entlang derer sich das Entstehende entwickelt, vorgibt, dann können wir das „Jüngste Gericht" als eine *Richtungsgebende* Instanz, die zwischen Tod und Geburt ihren Platz einnimmt, definieren.

Wir haben bereits bei der Beschreibung des Kreislaufs des Bewusstseins, wie dort in Abb.11 dargestellt, gesehen, dass das Bewusstsein mit der Empfängnis und der Geburt in eine lineare Zeitform, die durch Vergangenheit, Gegenwart und Zukunft oder durch eine sukzessive Abfolge von Ereignissen gekennzeichnet ist, eintritt und mit dem Tod wieder aus dieser linearen Zeitform austritt.

Folglich liegt das „Jüngste Gericht" zwischen dem Austrittspunkt des Bewusstseins *aus* der linearen Zeit, und dessen Wiedereintrittspunkt *in* die lineare Zeit – also am Kreuzungspunkt der linearen Zeit mit unserem Ursprung oder der Ewigkeit.

Wenn also das Bewusstsein von einem Lebenskreislauf zu diesem Kreuzungspunkt zurückkehrt, wird sich entscheiden, ob es in einen Zustand der „Hölle" eingeht, ob es in einen neuen Lebenskreislauf, mit all seinen Identifikationen, „Identitäten", Mühen und Nöten usw. eintritt und die Zustände der „Erde" oder des „Fegefeuers" durchlebt, oder ob es in seinen Urgrund, dem Zustand des „Himmels" eingehen kann. Dieser Entscheidungsprozess ist das „Jüngste Gericht".

Dabei wird der entscheidende Faktor der Grad der Identifikation des Bewusstseins mit irgendeiner „Identität" oder einem Organismus sein, nicht aber gelebte Moral oder Unmoral. Letztere haben ihren Bestand nämlich ausschließlich in der Identifikation mit subjektiven „Identitäten".

Das Bewusstsein muss sozusagen rein, das heißt rein von jeder Identifikation, am Kreuzungspunkt der linearen Zeit mit der Ewigkeit oder beim „Jüngsten Gericht" ankommen, wenn es in die Gefilde seines Urgrundes eingehen will.

Der Begriff „Reinheit der Seele" erhält dann eine ganz andere Bedeutung: „Rein" bedeutet dann nicht „rein" von Unmoral, sondern „rein" von Identifikation, „rein" von „Identitäten", oder einfach ungetrübt und leer. Ebenso verhält es sich mit dem Wort „Sünde".

Letztendlich wird es darauf ankommen wie weit oder wie stark wir im Augenblick unseres Todes mit einer unserer „Identitäten" oder mit unserem Organismus identifiziert sind. Die Stärke der Identifikation wird dabei auch von der Stärke der karmischen Verstrickungen mitbestimmt.

Sind wir weniger stark identifiziert, können sich die Identifikationen während unseres Sterbeprozesses auflösen und die freiwerdenden, „reinen" Bewusstseinsanteile können in ihren zeitlosen Urgrund eingehen.

Sind wir hingegen stark identifiziert, kann eine solche Loslösung nicht stattfinden und das durch die Identifikation gebundene, „unreine" Bewusstsein muss seinen Lebenskreislauf in gleichen oder ähnlichen „Identitäten" in einem neuen Organismus wiederholen. Wie bereits erwähnt, brauchen wir diesen Prozess nicht als etwas Persönliches zu nehmen, denn das identifizierte Bewusstsein einer *wieder* angenommene „Identität" wird sich nicht an die vorhergehenden Leben erinnern können – ebenso wie sich unser jetziger Organismus und unsere jetzigen „Identitäten" nicht an einen vorherhegenden, vielleicht gleichen Organismus mit gleichen „Identitäten" erinnern können. Aber wir können durchaus davon ausgehen, dass unser jetziger Organismus, unsere Gene und unsere jetzigen „Identitäten" selbst diese Erinnerung an vorhergegangene Organismen und „Identitäten" sind. Das heißt auch: Unser jetziges Leben, wir selbst, so wie wir sind, unsere genetischen Dispositionen, unser Organismus und unsere „Identitäten" sind eine Erinnerung, die aus vorangegangenen Organismen und „Identitäten" hervorgegangen ist und sich in kommende Organismen und „Identitäten" fortsetzt.

Das durch Identifikation an diesen Prozess gebundene, ursprüngliche Bewusstsein kann also nur durch *De-identifikation* aus diesen unaufhörlichen, sich ständig wiederholenden Lebenskreisläufen befreit werden.

So gesehen sind unsere „Identitäten" mit ihren karmischen Verstrickungen die „Dämonen", die das ursprüngliche Bewusstsein in den Lebenskreisläufen der linearen Zeit festhalten.

In Zusammenhang mit dem „Jüngsten Gericht" bedeutet das Ganze, dass wir den „Richterspruch" des „Jüngsten Gerichts", oder, wenn man so will, die Karmische Verquickung und das dazugehörige Urteil bereits in uns tragen, wenn wir dort ankommen.

Schlussfolgernd können wir nun die verschiedenen Möglichkeiten aufzeigen, die dem Bewusstsein widerfahren können, wenn es das „Jüngste Gericht" passiert:

Erreicht ein Wesen das „Jüngste Gericht" im Zustand des „Himmels", was so viel bedeutet, dass es bereits während seines Lebenskreislaufs in der linearen Zeit einen dauerhaften Schwerpunkt im formlosen Bewusstsein geschaffen und einen Zustand der dauerhaften Nicht-Identifikation erlangt hat, wodurch es vollständig zu einer Nicht-„Identität" geworden ist, dann ändert sich durch den Tod des physischen Organismus für dieses Bewusstsein Garnichts, denn es ist bereits zu dem geworden, was es immer schon war.
Weil sich sein Schwerpunkt im formlosen Bewusstsein zu einem, wenn auch formlosen Individuum, im Sinne eines unteilbaren Etwas kristallisiert hat, steht ihm, wenn wir uns hier eine Spekulation erlauben, die Möglichkeit offen, sich

zu Reinkarnieren um beispielsweise anderen, die sich auf dem Inneren Weg befinden, zu helfen.

In diesem Fall würde ein solches Wesen vorübergehend eine „Identität" annehmen, ohne vollständig damit identifiziert zu sein. Es würde lediglich einen Zweck erfüllen, ohne seine unteilbare Nicht- „Identität" zu verlieren.

Erreicht das Bewusstsein beim Tod des physischen Körpers das „Jüngste Gericht" im Zustand des „Fegefeuers", der durch das Vorhandensein eines kristallisierten Sammelpunktes im formlosen Bewusstsein und den gleichzeitigen starken Bindungen an bestimmte „Identitäten" gekennzeichnet ist, dann werden sich seine Rest-„Identitäten" entweder während des Sterbeprozesses seines physischen Körpers, wenn auch teilweise unter großem Leid, auflösen und das Bewusstsein kann ganz in seinen Urgrund eingehen; oder dieses Bewusstsein wird erneut in neue Lebenskreisläufe eintreten, bis es sich vollständig von seinen Rest-„Identitäten" gelöst hat und in den Zustand des „Himmels" oder der dauerhaften Glückseligkeit einer Nicht-„Identität" gelangt.

In „Beelzebubs Erzählungen für seinen Enkel"[22] erzählt Beelzebub seinem Enkel Hasin von einem Planeten namens „Fegefeuer", über dessen Eingang folgender Satz steht: „Nur der hat hier Zutritt, der sich in die Lage der anderen Resultate meiner Bemühungen versetzt."

---

[22] Gurdjieff, Georg Iwanowitsch: Beelzebubs Erzählungen für seinen Enkel.

Das heißt: wer die Grenzen der eigenen „Identität" überschreiten und sich in die Lage anderer Wesen versetzen kann.

Das Bewusstsein, das sich während seines Lebenskreislaufs in der linearen Zeit weder in irgendwelchen „Identitäten" noch im formlosen Bewusstsein kristallisiert hat und somit keine dauerhafte Unteilbarkeit besitzt – was dem Zustand der „Erde" entspricht – wird sich beim Passieren des „Jüngsten Gerichts" nach dem karmischen Prinzip „Gleich und Gleich gesellt sich gern", in eine neue „Identität" kleiden oder unter mehr oder weniger starkem Leid auflösen. Hier gilt der Satz „Erde zu Erde, Staub zu Staub". Das heißt, die freiwerdenden Bewusstseinsteile kehren zu ihrem Urgrund zurück, und die noch gebundenen fließen, je nach ihrer Natur und Herkunft, wieder in neue Lebenskreisläufe anderer Lebewesen der Pflanzen-, Tier- und Menschenwelt ein. Diese „Erde"-Wesen sind Teilseelen, welche als Bedienstete der Natur im aufsteigenden Kreislauf des Bewusstseins ihre Funktion erfüllen und als Übergänge dienen. Nachdem ihre Funktion als Teilseelen mit vorübergehenden „Identitäten" erfüllt ist, lösen sie sich wieder auf und werden auch wieder zu Nicht-„Identitäten".
Weil sich während ihres Daseins in der linearen Zeit weder ein Schwerpunkt im formlosen Bewusstsein, noch in irgendeiner „Identität" kristalliert hat, gehen sie zwar, ebenso wie die „Fegefeuer"- und „Himmel"-Wesen, als

Nicht- „Identitäten" in die Glückseligen Gefilde ihres Ursprungs ein, können aber, weil es sich um *unbewusste* Nicht- „Identitäten" handelt, die Glückseligen Gefilde nicht bewusst erleben. Es sind die Unbewusst-Glückseligen.

Das Bewusstsein der „Hölle"-Prädestinierten, das sich ausschließlich in einer „Identität" kristallisiert hat und dadurch den Kontakt zu seinem Urgrund sowie zu anderen Wesen verloren hat, ist zwar zu einem dauerhaften, autonomen Individuum geworden, das während seines Daseins in der linearen Zeit auch bestimmte, vorübergehende Glücksmomente erfahren mag, weil irgendeine seiner Bestrebungen in Erfüllung gegangen ist, doch die Passage durch das „Jüngste Gericht" wird sich für solch ein Wesen am schwierigsten gestalten.

In der linearen Zeit finden wir solche *kristallisierten* „Identitäten" als starke Persönlichkeiten in Führungspositionen, in Lobbyisten Kreisen und in der Politik. Sie können zwar Dinge größeren Ausmaßes in Bewegung setzen, aber aufgrund ihres mangelnden Mitgefühls fehlt ihnen ein echtes Gewissen.

Beim Passieren des „Jüngsten Gerichts" bleiben ihnen, da sie *nur* in einer „Identität" dauerhaft kristallisiert sind, sowohl eine Auflösung, wie im Zustand der „Erde", als auch der Zugang zu den Zuständen des „Fegefeuers" oder des „Himmels" verwehrt. Lediglich ein erneutes Eintreten in die lineare Zeit, mit ähnlichen Bedingungen wie vorher, scheint möglich.

Es sind die „Verdammten", die in der linearen Zeit und

der Welt der „Identitäten" immer wieder die gleichen Rollen einnehmen müssen.

Wir sollten diese beschriebenen Möglichkeiten, die dem Bewusstsein am Ende eines Lebenskreislaufs widerfahren können, nicht als doktrinäre und dogmatische Glaubenssätze verstehen, sondern lediglich als Hinweise und richtungsweisende Wegweiser zur Tiefe unseres Seins und zu den Gefilden unseres Glückseligen Urgrundes. Denn schließlich würden uns doktrinäre und dogmatische Glaubenssätze nur in unseren „Identitäten" festhalten und uns daran hindern wirkliche und echte Erfahrungen des ursprünglichen, „reinen" Einen Bewusstseins zu machen.

Des Weiteren muss hier noch verstanden werden, dass sich die lineare Zeit an jedem Punkt oder in jedem Augenblick, entlang eines Lebenskreislaufs, mit der Zeitlosigkeit oder der Ewigkeit kreuzt. Das heißt, dass das „Jüngste Gericht" oder der Kreuzungspunkt der linearen Zeit mit der Ewigkeit in jedem einzelnen Moment unseres Lebens in der linearen Zeit auf einer kleineren Skala anwesend ist, ohne dass wir dies bemerken. Und wir bemerken es deshalb nicht, weil es im minutiösesten Punkt zwischen zwei Augenblicken liegt. Es liegt genau zwischen Vergangenheit und Zukunft, an dem Punkt, an dem ein Ereignis, ein Augenblick oder ein Gedanke bereits vergangen ist, und noch kein neues Ereignis, kein neuer Augenblick oder kein neuer Gedanke entstanden ist.
Wir passieren also das „Jüngste Gericht", wenn auch im

Kleinformat, in jedem Augenblick unseres Daseins in der linearen Zeit.

Und dieser Punkt oder die Lücke zwischen zwei Ereignissen, zwischen zwei Augenblicken oder zwei Gedanken ist auch die Tür zu den Gefilden der Glückseligkeit, zur Zeitlosigkeit, zu unserem Urgrund, zum stillen Gegenwärtig Sein, zu dem, was wir wirklich sind. Es ist sozusagen die „Himmelstür".

Aber wir können nur durch diese Tür treten, wenn wir frei von jeder Art der Identifikation sind, wenn wir zu einer Nicht- „Identität", zu einem Niemand geworden sind. Ansonsten gehen wir immer wieder an dieser „Himmelstür" vorbei, ohne sie zu bemerken.

Die mikroskopisch kleine Lücke zwischen den Augenblicken ist auch das, was Alles mit Allem verbindet. Es ist der tiefste Hintergrund, vor dem sich die Dinge, die Existenz, unser Dasein und unser gesamtes Leben abspielen. Sobald wir in diese Lücke eintreten, ist es, als ob der gegebene Augenblick, wir selbst und auch die Zeit stillstünden. Wir sind in eine andere Dimension der Zeit, die wir „Ewigkeit" nennen, eingetreten.

Aber sobald sich der geringste Gedanke regt und wir ihm folgen, befinden wir uns auch schon wieder in der linearen Zeit, wo wir rastlos von Augenblick zu Augenblick hasten, wo wir in jedem Moment unbemerkt das „Jüngste Gericht" passieren, wo jeder Augenblick den nächsten bestimmt und wir uns im Fluss der linearen Zeit verlieren, indem wir zum Beispiel über Vergangenes nachsinnen, Künftiges planen oder gedanklichen und emotionalen Assoziationsketten folgen.

Auf diese Weise leben wir in einer Scheinrealität – weil Vergangenes nicht mehr und Künftiges noch nicht ist, weil wir uns in Gedanken und Emotionen verloren haben. Wir verpassen so die einzig wirkliche Realität des Hier und Jetzt das genau zwischen Vergangenheit und Zukunft liegt.

Es ist also gar nicht so einfach, wirklich im Hier und Jetzt zu leben und zu *sein*, wie es uns verschiedene spirituelle Lehren empfehlen. Allein unsere Aufmerksamkeit zu schulen, in einem gegebenen Augenblick zu bleiben, wird nicht genügen. Es wird uns zwar näher an die Lücke zwischen den Augenblicken bringen, aber es wird uns noch lange nicht in die Lücke selbst, ins wahre Hier und Jetzt bringen. Dazu bedarf es noch eines zweiten Faktors, nämlich der gleichzeitigen, bewussten Ausrichtung unserer Aufmerksamkeit auf die momentanen Gegebenheiten *und* auf die Leere.

Denn weil die Lücke zwischen den Augenblicken leer ist, können wir sie auch nur mit einem leeren Bewusstsein oder als Nicht- „Identität" betreten.

Auch wenn es am Anfang schwierig erscheinen mag, in die Lücke zwischen den Augenblicken zu gelangen, wird es nach längerem Üben der Teilung unserer Aufmerksamkeit, zwischen einem gegebenen Augenblick und der Leere, immer leichter.

221

Sobald sich nämlich nach längerer Zeit beharrlichen Übens ein Schwerpunkt im formlosen, leeren Bewusstsein gebildet hat, gelangen wir immer öfter und ganz spontan in diese Lücke.

Das formlose Bewusstsein oder die Leere sind nämlich die Lücke selbst und sie bleibt zwischen allen Augenblicken das Gleiche.

Meister Lü Dsu sagt dazu: „Das Wasser der Bleigegend hat überall den gleichen Geschmack."

Durch die Bildung eines Schwerpunktes im formlosen Bewusstsein werden wir nach und nach zu einer Nicht-„Identität" und selbst zu dieser Lücke, die sich immer gleichbleibt. Dann werden wir uns nicht mehr im Fluss der Augenblicke verlieren, sondern wir werden in der Tiefe unseres Seins immer das Gleiche bleiben, während sich die Augenblicke, die Gedanken und die Emotionen, dem Fluss der linearen Zeit folgend, an der Oberfläche ständig ändern. Bildlich gesprochen sind wir dann zur Tiefe des Ozeans geworden, während die Wellen an der Oberfläche mal stürmisch, mal weniger stürmisch ihren Gang gehen.

Nachdem wir es auf diese Weise bewältigt haben, das „Jüngste Gericht" auch während unseres Daseins in der linearen Zeit, wenn auch im Kleinformat, *bewusst* zu passieren, werden wir gut vorbereitet sein, es auch im Groß-format, während unseres Sterbens, *bewusst* zu passieren, sodass unser Sterbeprozess, im wahrsten Sinne des Wortes, ein Heiliger Prozess wird und wir mit unserem letzten

Atemzug als Ganzes in die Gefilde der Glückseligkeit und des Großen Einen eingehen können.

Die Dimensionen der Zeit

Für ein besseres und tieferes Verständnis der verschiedenen Dimensionen der Zeit, von denen wir hier sprechen, und um einige wichtige Schlussfolgerungen daraus ziehen zu können, soll an dieser Stelle ein Raum-Zeit-Modell, wie wir es in den Schriften P. D. Ouspensky's[23] finden, kurz erläutert werden.

Auch wenn manches in diesem Kapitel dem Leser möglicherweise unverständlich erscheinen mag, sollte er es trotzdem, nach dem Prinzip „Ein bisschen was bleibt immer hängen", bis zu Ende oder eventuell auch mehrmals lesen und darüber nachdenken. Es kann ihm nämlich eine Tür zu einem objektiveren Denken und zu einer realistischeren Sichtweise der Dinge eröffnen.

Diesem Raum-Zeit-Modell zufolge bilden Raum und Zeit eine untrennbare Einheit. Das heißt ohne Raum keine Zeit und ohne Zeit kein Raum. Dieses Raum-Zeit-Kontinuum kann in etwa so beschrieben werden:

Ein Punkt, der noch keinerlei Ausdehnung besitzt, entspricht der Null-Dimension. Wenn sich dieser Punkt durch das Aneinanderreihen von Punkten in eine Richtung ausdehnt, entsteht eine Linie, deren Querschnitte aus Punkten bestehen.

---

[23] Ouspensky, Peter D.: Ein neues Modell des Universums. Und: Tertium organum: der dritte Kanon des Denkens.

Eine Linie entspricht der Ersten Dimension unseres Raumes. Dehnt sich die Linie durch das Aneinanderreihen von Linien quer zu ihrem Verlauf aus, wird sie zur Fläche, deren Querschnitte aus Linien bestehen.

Die Fläche entspricht der Zweiten Dimension unseres Raumes. Wenn sich die Fläche durch ein Aufeinanderschichten von Flächen vertikal ausdehnt, wird sie zu einem dreidimensionalen Körper, dessen Querschnitte aus Flächen bestehen.

Ein dreidimensionaler Körper entspricht der Dritten Dimension unseres Raumes. Darüber hinaus gibt es keine *räumliche* Ausdehnung mehr. Aber es gibt noch eine *zeitliche* Ausdehnung eines jeden Körpers – nämlich die Ausdehnung von seiner Entstehung bis zu seinem Ende, was wir als *lineare* Zeit bezeichnen.

Die lineare Zeit ist durch die Aufeinanderfolge bzw. das Aneinanderreihen von Ereignissen oder Augenblicken gekennzeichnet und entspricht gewissermaßen einer Linie – nämlich einer Zeit-Linie.
Die lineare Zeit ist dann also die Vierte Dimension des metrischen Raumes und entspricht der Ersten Dimension des Zeit-Raumes.
Als Erste Dimension des Zeit-Raumes entspricht sie auch der als Linie bezeichneten Ersten Dimension des metrischen Raumes – nämlich einer aus Punkten bzw. aus Augenblicken zusammengesetzten Zeit-Linie.

Auf dieser Zeit-Linie entspricht jeder einzelne Moment eines dreidimensionalen Körpers einem Punkt, und ein gesamter Lebenskreislauf, von seinem Anfang bis zu seinem Ende, von der Geburt bis zum Tod, entspricht einer abgeschlossenen, ganzen Zeit-Linie.

Jeder einzelne Moment eines dreidimensionalen Körpers stellt dann einen Querschnitt dieser Zeit-Linie oder eines Lebenskreislaufs in der linearen Zeit dar.

Das heißt, dass jeder einzelne Moment in unserem Leben, oder jeder dreidimensionale Körper, so wie wir ihn wahrnehmen, lediglich ein Querschnitt aus seiner gesamten Lebens-Zeit-Linie ist.

Weil nun die gewöhnliche Wahrnehmung des Menschen auf die dreidimensionale Welt des Raumes und auf die in dieser Welt stattfindenden Ereignisse beschränkt ist, nimmt er nur Querschnitte von Zeit-Linien wahr, aus denen er sich seine „Realität" zusammenbaut.

In dieser Hinsicht entsteht jedes Ereignis durch die Kreuzung oder das Aufeinandertreffen von verschiedenen Zeit-Linien.

Das bedeutet konkret, dass jedes Ding, jedes Lebewesen, alles was wir in der dreidimensionalen Welt wahrnehmen können, von Staubpartikeln bis hin zu Galaxien, eine Zeit-Linie besitzt, welche in jedem gegebenen Augenblick mit unzähligen anderen Zeit-Linien zusammentrifft und auf diese Weise ein momentanes Ereignis entstehen lässt.

So besitzen wir selbst, der Stuhl, auf dem wir gerade sitzen, das Buch, das wir gerade in der Hand halten, der Tisch der vor uns steht, alle darauf liegenden Gegenstände, der Mensch, der gerade zur Tür hereinkommt, das Zimmer, in dem wir uns gerade aufhalten und so weiter, alle ihre eigenen Zeit-Linien, die gerade hier in diesem Augenblick an irgendeiner Stelle ihres Verlaufs aufeinandertreffen oder sich kreuzen und das momentane Ereignis dieses Augenblicks entstehen lassen.

Weil bereits das Fehlen einer einzigen Zeit-Linie, oder ein Zusammentreffen an anderer Stelle ihres Verlaufs, das Ereignis geringfügig oder auch gravierend verändern würde, entsteht eine unendlich große Anzahl von Möglichkeiten.

Das bedeutet, dass zum Beispiel bereits das Fehlen oder das Vorhandensein eines Gegenstandes auf dem Tisch der vor uns steht, oder das frühere oder spätere Hereinkommen eines Menschen durch die Zimmertür usw., verschiedene Möglichkeiten wären.

Von der unendlichen Anzahl der Möglichkeiten kann sich beim Aufeinandertreffen verschiedener Zeitlinien in einem gegebenen Augenblick immer nur eine einzige Möglichkeit verwirklichen; die nicht verwirklichten bleiben aber als Möglichkeiten vorhanden und finden vielleicht zu einer anderen Zeit an einem anderen Ort, in einem anderen Leben oder auch in einem anderen Universum ihre Verwirklichung.

In dem hier beschriebenen Raum-Zeit-Modell besitzt der Zeit-Raum ebenso wie der metrische Raum drei Dimensionen:

Die Erste Dimension des Zeit-Raumes ist die lineare Zeit oder eine Zeit-Linie, die sich aus aneinandergereihten Zeit-Punkten oder Augenblicken zusammensetzt, wobei jeder Zeit-Punkt oder Augenblick einen Querschnitt dieser Zeit-Linie darstellt.

Durch die Überkreuzung und das Aneinanderreihen von verschiedenen Zeit-Linien manifestieren sich bestimmte Möglichkeiten als tatsächliche Ereignisse.
Alle tatsächlichen Ereignisse oder alle verwirklichten Möglichkeiten ergeben eine Zeit-Fläche oder die Zweite Dimension des Zeit-Raumes, von der jede einzelne Zeit-Linie dann einen Querschnitt darstellt.

Diese Zweite Dimension des Zeit-Raumes oder die Zeit-Fläche wird auch als Ewigkeit bezeichnet.
Ewigkeit bedeutet hier nicht ein unendliches Fortbestehen der linearen Zeit, sondern meint eine quer zum Verlauf der linearen Zeit sich ausdehnende Dimension der Zeit, die aus *allen* in allen Zeit-Linien *verwirklichten* Möglichkeiten besteht.
Anders ausgedrückt bedeutet dies, dass alles, was sich durch ein Aufeinandertreffen von verschiedenen Zeit-Linien jemals manifestiert hat oder zu einem Ereignis geworden ist, nicht mehr aus dem Zeit-Körper entfernt werden

kann und als Geschehnis auf der Zeit-Fläche bestehen bleibt – also in die Ewigkeit eingeht.

Nebenbei bemerkt ist das vielleicht der Grund, warum wir, wenn wir tief in einen Augenblick eintauchen, das Empfinden haben, der gegebene Augenblick einschließlich wir selbst würden stillstehen, und in uns einen Eindruck hinterlässt, die Ewigkeit berührt zu haben.

Wir dürfen hier die Zweite Dimension des Zeit-Raumes oder die Ewigkeit nicht mit unseren Erinnerungen an vergangene Ereignisse verwechseln, denn diese Erinnerungen finden lediglich in unserem subjektiven Denken und Fühlen in der linearen Zeit statt, wo sie meist auch noch durch unseren Blickwinkel, durch unsere beschränkte Wahrnehmung sowie durch unsere Vorlieben und Abneigen verfälscht werden.

Die Inhalte der Zweiten Dimension des Zeit-Raumes oder der Ewigkeit sind eher mit den in der Raum-Zeit hinterlassenen Spuren, wie wir sie von der Astrophysik kennen, vergleichbar.
Eine solche für uns am einfachsten erkennbare Spur in der Raum-Zeit ist zum Beispiel das von Sternen abgegebene Licht.

Würde beispielsweise unsere Sonne in diesem Augenblick erlöschen, dann würde sie, weil sie acht Lichtminuten von uns entfernt ist, für uns erst nach acht Minuten erlöschen.

Wären wir aber hunderttausend Lichtjahre von ihr entfernt, dann würde sie, obwohl sie schon erloschen ist, noch
hunderttausend Jahre für uns scheinen. Wären wir viele
Milliarden Lichtjahre von ihr entfernt, dann wäre sie für
uns vielleicht noch gar nicht entstanden, obwohl sie schon
erloschen ist; das heißt auch, dass sie irgendwann für uns
entstehen würde, obwohl sie schon gar nicht mehr da ist,
und so weiter.

Hier können wir auch sehen, dass wir in die „Vergangenheit" schauen, wenn wir ins All blicken – der tausend
Lichtjahre von uns entfernte Stern zeigt sich uns heute, wie
er vor tausend Jahren war.

Die Dritte Dimension des Zeit-Raumes besteht nun in einer vertikalen Ausdehnung unserer Zeit-Fläche, die aus allen verwirklichten Möglichkeiten von miteinander verbundenen Zeitlinien besteht.

Diese vertikale Ausdehnung der Zeit kann also nur in
Richtung naheliegender, aber noch nicht verwirklichter
Möglichkeiten gehen. Und die noch nicht verwirklichten,
naheliegenden Möglichkeiten ergeben sich aus den zuvor
verwirklichten Möglichkeiten. Das heißt jeder verwirklichte Augenblick oder jede verwirklichte Möglichkeit eröffnet eine gewisse Anzahl weiterer möglicher Verwirklichungen, in die sich die Zeit-Fläche ausdehnt, um schließlich einen Zeit-Körper zu bilden. Der Zeit-Körper besteht
also aus übereinadergeschichteten, verwirklichten Zeit-
Flächen und noch zu verwirklichende Möglichkeiten, was

ihn zu einem dynamischen, sich ins Unendliche ausdehnenden Gebilde macht.

Wir dürfen auch hier die Dritte Dimension des Zeit-Raumes oder den Zeit-Körper nicht mit unseren Zukunftsplänen verwechseln, die, ebenso wie unsere Erinnerungen an vergangene Ereignisse, lediglich in unserem subjektiven Denken und Fühlen in der linearen Zeit oder in der Ersten Dimension des Zeit-Raumes stattfinden.

Der Zeit-Körper ist mit metrischen Körpern, welche die drei Dimensionen des Raumes beinhalten, untrennbar verbunden.

So ergibt sich für einen metrischen Körper, zwischen seinem Entstehen und seinem Vergehen, eine lineare Abfolge von Augenblicken – seine Zeit-Linie; eine Anzahl verwirklichter Möglichkeiten – seine Zeit-Fläche; und zusammen mit einer Anzahl noch möglicher Verwirklichungen – sein Zeit-Körper.

Als Gesamtheit betrachtet, enthält ein Raum-Zeit-Körper also sechs Dimensionen, wobei eine höhere Dimension die darunterliegenden immer miteinschließt.

Zusammengefasst stellen sich die Dimensionen des Raum-Zeit-Körpers dann so dar:

Die Erste Dimension – die Linie – ist der Querschnitt einer Fläche.

Die Zweite Dimension – die Fläche – ist der Querschnitt eines Körpers.

Die Dritte Dimension – der Körper – ist der Querschnitt einer Abfolge von Augenblicken in einer Zeit-Linie.

Die Vierte Dimension – eine abgeschlossene Zeit-Linie – ist der Querschnitt einer aus allen abgeschlossenen Zeit-Linien bestehenden Zeit-Fläche.

Die Fünfte Dimension – die aus allen abgeschlossenen Zeit-Linien bestehende Zeit-Fläche – ist der Querschnitt eines aus allen noch verwirklichbaren Möglichkeiten bestehenden Zeit-Körpers.

Die Sechste Dimension – der Zeit-Körper – enthält alle bisher verwirklichten und alle noch nicht verwirklichten Möglichkeiten.
Und weil die Anzahl der Möglichkeiten, durch die möglichen Kreuzungspunkte schon entstandener und noch nicht entstandener Zeit-Linien, unbegrenzt ist, kann sich der Zeit-Körper ins Unendliche ausdehnen.
Soviel zu Ouspensky's Raum-Zeit-Modell das hier aus dem Stegreif und mit einigen eigenen, eingeflochtenen Schlussfolgerungen wiedergegeben wurde.

Weitere Schlussfolgerungen:
Weil die Sechste Dimension, oder der Zeit-Körper, alles Seiende und noch nicht Seiende in sich enthält, gibt es „darüber" nur noch die Siebte Dimension, und „darunter" nur noch die Null Dimension.
Die Null Dimension „unterhalb" des Raum-Zeit-Körpers können wir uns als ausdehnungslosen Punkt denken; die

Siebte Dimension „oberhalb" des Raum-Zeit-Körpers als Unendlichkeit.

Die Null Dimension und die Siebte Dimension sind das Gleiche – nämlich ein ausdehnungsloser Punkt, der sich gleichzeitig ins Unendliche, oder in sich selbst, ins unendlich Ausdehnungslose ausdehnt. Es ist der Ursprung und das Ende alles Seienden und noch nicht Seienden. In Gurdjieff's Worten: „Das Absolute".

Es ist Etwas das am „unteren" Ende mit der Aneinanderreihung von ausdehnungslosen Punkten – das heißt mit der Aneinanderreihung von sich selbst – als Linie beginnt, sich über sechs Raum-Zeit-Dimensionen ins unendliche ausdehnt, um sich am „oberen" Ende selbst zu umgeben und in sich einzuschließen.
Das Ganze ist so aufgebaut, dass in größere Raum-Zeit-Körper kleinere, und in die Kleineren wiederum noch kleinere eingebaut sind.
So ist zum Beispiel das gesamte Universum ein großer Raum-Zeit-Körper, unsere Galaxie ein kleinerer, unser Sonnensystem ein noch kleinerer, und unser Planet Erde ein wiederum noch kleinerer, und so weiter – bis hinab zu einzelnen Organismen, Organen, Zellen, Molekülen, Atomen, Elektronen und Lichtquanten usw.

Andersherum betrachtet und auf uns als Menschen bezogen, ist im Verhältnis zu unserem physischen Körper das gesamte organisierte Leben auf unserem Planeten ein großer Raum-Zeit-Körper, und im Verhältnis zu einer einzelnen Zelle unseres physischen Körpers ist dieser ein großer Raum-Zeit-Körper.

Wir können also unseren physischen Körper als eine einzelne Zelle der gesamten Menschheit, und die gesamte Menschheit als ein Organ innerhalb des gesamten organisierten Lebens auf unserem Planeten Erde verstehen.

Größere Raum-Zeit-Körper besitzen längere Lebens-Zeit-Linien, kleinere besitzen kürzere Lebens-Zeit-Linien.

Das bedeutet auch, dass innerhalb der Lebens-Zeit-Linie der Menschheit die gesamte Lebens-Zeit-Linie eines einzelnen Menschen nicht länger als einen Augenblick dauert, während der einzelne Mensch entlang seiner eigenen Lebens-Zeit-Linie eine unzählige Anzahl von Augenblicken durchläuft.

Die Anzahl der bewusst erlebten Augenblicke entlang der Lebens-Zeit-Linie eines einzelnen Menschen bestimmt die empfundene Länge seines Lebens oder seiner wirklichen Lebenszeit, nicht aber die Anzahl der Jahre, die während des Durchlaufs seiner Lebens-Zeit-Linie verstreichen.

Das Zeitempfinden und die empfundene Länge der Lebenszeit eines Menschen sind also nicht vom Zeiger einer Uhr oder von der Anzahl seiner Lebensjahre abhängig, sondern allein vom Grad seines Bewusstseins und der Fähigkeit in einem Augenblick bewusst da zu *sein*.

Seltsamerweise versuchen – trotz dieser Tatsache – die Medizin, die Wissenschaft und der Mensch selbst seine Lebenszeit in Jahren zu verlängern, mit dem Ergebnis, dass es immer mehr Demenzkranke und immer mehr in nur noch halbwegs funktionierenden Organismen dahinsiechende Menschen gibt.

Es ist vollkommen gleichgültig um wie viel Jahre ein Mensch seine Lebens-Zeit-Linie verlängert; seine wirkliche Lebenszeit kann er auf diese Weise nicht verlängern.

Ob er siebzig, achtzig oder hundert Jahre an der Oberfläche seiner Lebens-Zeit-Linie unbewusst in einer Art Halbschlaf dahintreibt, ist gleichsam sinn- und wertlos. Diese Sinn- und Wertlosigkeit seines Lebens und die vage Hoffnung, irgendwann doch noch einen Sinn und Wert finden zu können, mögen auch die treibende Kraft dafür sein, seine Lebenszeit in Jahren verlängern zu wollen.

Der Mensch kann aber seine wirkliche Lebenszeit nur verlängern, wenn er *bewusst* in die Tiefe seiner Zeit-Linie, in die Tiefe des Augenblicks, in die Tiefe seines Seins eindringt, wodurch sich als Nebeneffekt auch alle Fragen nach dem Sinn und Wert seines Daseins erübrigen und auflösen werden.

Solange er lediglich an der Oberfläche seiner Zeit-Linie verweilt, kann er nur an Vergangenes denken oder von etwas Künftigem träumen, was ihn aber davon abhält, tief in einen Augenblick, tief in seine Lebens-Zeit-Linie einzutauchen, wodurch er nicht nur sein Leben verlängern, sondern auch die Ewigkeit sowie seine Erfüllung und seine Glückseligkeit finden könnte.

Taucht er nämlich bis auf den tiefsten Grund eines Augenblicks hinab, tritt sein Bewusstsein aus seiner Lebens-Zeit-

Linie heraus und wechselt in die Zeit-Fläche oder in die Ewigkeit über.

Ein solcher Überwechsel von der linearen Zeit in die Ewigkeit kann nur an zwei Stellen erfolgen, nämlich in der Tiefe eines Augenblicks oder am Ende einer Lebens-Zeit-Linie, das heißt beim Tod, wo die kreisförmige Lebens-Zeit-Linie, die innerhalb eines größeren Raum-Zeit-Körpers ja auch nicht mehr als ein Augenblick ist, wieder ihren Ursprung berührt.

Wollen wir tief in einen Augenblick eindringen, um von unserer Zeit-Linie in die Zeit-Fläche der Ewigkeit, wo auch die Gefilde der Glückseligkeit beginnen, überzutreten, dann müssen wir noch mit in Betracht ziehen, wo unser Bewusstsein herkommt, an welcher Stelle es sich normalerweise innerhalb unseres sechsdimensionalen Raum-Zeit-Körpers befindet und wie seine Wahrnehmungen an dieser Stelle eingeschränkt werden.

Betrachten wir das ursprünglich ungeformte Bewusstsein als etwas Ausdehnungs-, Form- und Zeitloses, dann können wir seinen Herkunftsort in der Null- oder Siebten Dimension außerhalb des Raum-Zeit-Körpers platzieren.

Mit der Bildung eines sich über sechs Dimensionen ausdehnenden Raum-Zeit-Körpers verlässt es seinen Ursprungsort und beginnt sich innerhalb dieses Raum-Zeit-Körpers mit ihm auszudehnen.

Bei uns Menschen taucht dieses ursprünglich ausdehnungslose Bewusstsein dann in der Dritten Dimension des

Raumes, also in unserer dreidimensionalen Welt auf. Und diese dreidimensionale Welt beschränkt auch unsere Wahrnehmung, weshalb wir hier nur dreidimensionale Körper wahrnehmen können. Wie wir oben gesehen haben, besteht diese unsere dreidimensionale Welt aber lediglich aus den *Querschnitten* sich berührender sowie parallel verlaufender und sich kreuzender Zeit-Linien.

An dieser Stelle können wir das Bewusstsein oder die „Seele" eines Menschen auch als einen göttlichen Funken verstehen, der als eine Art punktförmiges Etwas entlang einer Zeit-Linie wandert, in jedem Augenblick mit anderen Zeit-Linien zusammentrifft, und, aufgrund seiner beschränkten Wahrnehmung, lediglich die Querschnitte dieser Zeit-Linien wahrnimmt.

Allein wenn wir uns tief in diese Tatsache hineindenken und uns klar machen, dass wir uns gerade in diesem jetzigen Augenblick zwischen verschiedenen Zeit-Linien befinden, von denen wir nur die Querschnitte, die uns als Oberflächen erscheinen, wahrnehmen, können wir einen Schimmer von Gedankenstille, Wahrheit, Glückseligkeit und Ewigkeit erlangen.

Ein solcher Schimmer kann uns, indem wir ihn im Nachhinein betrachten, die Richtung weisen, die wir einschlagen müssen, wenn wir als Bewusstsein aus unserer Zeit-Linie austreten und in die Ewigkeit oder in die Gefilde der Glückseligkeit eintreten wollen.

Nachdem uns solch ein Schimmer widerfahren ist, können wir bei näherer Betrachtung Folgendes feststellen:

Wir sind in eine Lücke gefallen.

Es gab kein Nachdenken über vergangene oder künftige Ereignisse. Der Augenblick stand still.

Die Gegenwart von unbegründetem Glück oder Glückseligkeit.

Ein Empfinden von Todlosigkeit oder Ewigkeit.

Das Nichtvorhandensein von „Ich" oder „Identität".

Sobald dieser Schimmer vorüber ist, befinden wir uns auch schon wieder in der linearen Zeit und durchwandern bewusst oder unbewusst die aufeinanderfolgenden Augenblicke unserer Zeit-Linie mit ihren erwarteten und unerwarteten Ereignissen in der dreidimensionalen Welt, bis wir wieder einmal, durch was auch immer, so tief in einen Augenblick eintauchen, dass wir die Zeit-Fläche berühren und in eine Lücke fallen.

Wir müssen in diesem Zusammenhang auch verstehen, dass wir, wenn wir in eine Lücke zwischen den Augenblicken fallen, gleichzeitig auch durch das aus verwirklichten Zeit-Linien bestehende Maschennetz der Zeit-Fläche fallen, was letztendlich bedeutet, dass wir, wenn auch nur kurzfristig, aus dem Raum-Zeit-Körper herausfallen und unseren Urgrund, nämlich die Null-Dimension oder das formlose Bewusstsein berühren.

Aus dieser Berührung des Bewusstseins mit dem Urgrund außerhalb des Raum-Zeit-Körpers geht sowohl das Nichtdenken, das Stillstehen des Augenblicks als auch die Gegenwart eines unbegründeten inneren Glücks, das wir Glückseligkeit nennen, hervor.

Sobald sich unser Bewusstsein außerhalb des Raum-Zeit-Körpers befindet, werden alle Fragen in Bezug auf Leben, Sterben, Tod, lange Lebenszeit, kurze Lebenszeit, usw., vollkommen bedeutungslos, woraus sich das Empfinden von Todlosigkeit und Ewigkeit erklärt.

Das Nichtvorhandensein von „Ich" oder „Identität" erklärt sich mit dem Herausfallen des Bewusstseins aus dem Raum-Zeit-Körper in die Formlosigkeit von selbst: ohne Form kein „Ich" und ohne „Ich" keine „Identität".
Wir dürfen den Austritt des Bewusstseins aus der Zeit-Linie oder aus der linearen Zeit, und letztendlich aus dem Raum-Zeit-Körper aber nicht dahin gehend missverstehen, dass wir dadurch aufhören würden, unsere Zeit-Linie bis zu ihrem Ende zu leben. Es wird vielmehr so sein, dass unser psychophysischer Organismus seine Zeit-Linie mit all den Überkreuzungen durch andere Zeit-Linien vollenden wird, während das mit seinem Urgrund verbundene Bewusstsein diesen Prozess als beobachtender Faktor begleitet. Und wenn dieser psychophysische Organismus stirbt, werden auch die letzten darin gebundenen Bewusstseinsteile in ihren Urgrund eingehen.
Wir können hier, zum Abschluss dieses Kapitels, auch noch einige Rückschlüsse auf das ziehen, was uns verschiedene spirituelle Lehren empfehlen:

Sie empfehlen uns Nicht-Identifikation, weil jegliche Identifikation das Bewusstsein in einer Zeit-Linie festhält und es am Ende dieser Zeit-Linie, das heißt beim Tod, wieder in eine neue eintreten lässt; oder, auf die einzelnen Augenblicke innerhalb dieser Zeit-Linie bezogen, weil uns jegliche Identifikation von Augenblick zu Augenblick springen lässt, ohne die Lücke zwischen den Augenblicken zu bemerken. Nicht-Identifikation würde das Bewusstsein sofort mit seinem formlosen Urgrund verbinden.

Sie empfehlen uns im Hier und Jetzt zu sein, weil sich nur in der Tiefe des Augenblicks die Tür zu unserem zeitlosen Urgrund, zu unserer Erfüllung und zur Glückseligkeit öffnet.

Sie empfehlen uns, uns nicht zu sorgen, weil uns Sorgen gedanklich und emotional zwischen Vergangenheit und Zukunft auf einer Zeit-Linie hin und her jagen, und uns daran hindern Hier und Jetzt tief in einen Augenblick einzutauchen.

Sie empfehlen uns Stille, weil uns wirkliche Stille aus dem Raum-Zeit-Körper herausfallen lässt.

Sie empfehlen uns, unsere Aufmerksamkeit auf die Leere zu richten, weil wahres Sein und Glückseligkeit untrennbar mit leerem, ungeformtem Bewusstsein verbunden sind.

Sie empfehlen uns, uns regelmäßig in der Kontemplation – der Widerspieglung eines gegebenen Augenblicks im leeren Bewusstsein – zu üben, um am Kreuzungspunkt der Zeit-Linien einen Schwerpunkt im Formlosen zu schaffen, sodass das in den Zeit-Linien umherwandernde Bewusstsein in seinen ursprünglichen Zustand der Formlosigkeit, in seinen Urgrund zurückfließen kann.

Sie empfehlen die tägliche Meditation – im Sinne von Hinwendung zur Stille und Leere – um das im Alltagsleben durch den Kontakt mit verschiedenen Zeit-Linien getrübte Bewusstsein wieder zu klären.

Wie wir sehen können, läuft dies alles auf das Gleiche hinaus – nämlich von der Form in die Formlosigkeit, von der Fülle in die Leere, von der Zeit in die Ewigkeit überzutreten.

Meister Lü Dsu drückt das ungefähr so aus: „Das tiefste Geheimnis unserer Lehre beruht darauf, das Herz leer zu machen."

Glück und Glückseligkeit

Was meinen wir denn mit dem Wort „Glück"?

In jedem Fall ist es ein sehr vielschichtiges Wort, das für jeden etwas anderes bedeuten kann. Es hat aber immer etwas mit der Erfüllung von Bestrebungen zu tun.

Wenn wir Glück als die Erfüllung von Bestrebungen definieren, dann ist jedes Bestreben auch ein Streben nach Glück.

Und weil die gesamte Existenz aus einer Bestrebung hervorgegangen ist, können wir die Existenz selbst und jedes einzelne in ihr vorhandene Dasein, vom Atom bis zur Galaxie, als Bestreben nach Glück begreifen, woraus sich auch unser eigenes unaufhörliches Streben nach Glück erklärt.

Sobald nämlich eine Bestrebung erfüllt ist und wir glauben, dass wir uns jetzt zur Ruhe setzen könnten, beginnt auch schon wieder ein Bestreben nach „Mehr", was sich entweder im Versuch, das Erreichte zu erweitern, oder in der Verfolgung neuer Bestrebungen äußert. So sind wir ruhe- und rastlos immer wieder auf der Suche nach einem größeren und neueren Glück.

Dabei übersehen wir aber meist ein anderes wesentliches Bestreben der Existenz – nämlich ihr Bestreben wieder zu ihrem Urgrund zurückzukehren – was sich durch den Tod oder durch das Herausfallen des Bewusstseins aus seiner Zeitlinie erfüllt.

Und wenn wir annehmen, dass jedes Bestreben auch ein Bestreben nach Glück ist, dann ist auch das Bestreben zum Urgrund zurückzukehren, oder das Todes-Bestreben, ein Streben nach Glück.

Wir können in der Existenz also zwei entgegengesetzte Glücks-Bestrebungen sehen: Das eine ist nach außen – weg vom Ursprung, in Richtung Werden – gerichtet; das andere ist nach innen – hin zum Ursprung, in Richtung Vergehen – gerichtet.

Daraus ergeben sich zwei vollkommen verschiedene Arten des Glücks:

Die Erfüllung von nach außen gerichteten Bestrebungen nennen wir *Äußeres* Glück oder einfach Glück. Dieses Glück kann sich nur *bedingt*, in Abhängigkeit von anderen Personen und äußeren Umständen erfüllen.

Die Erfüllung von nach innen gerichteten Bestrebungen nennen wir *Inneres* Glück oder Glückseligkeit. Es ist von anderen Personen und äußeren Umständen unabhängig, also *bedingungslos*.

Die Erfüllung oder Nichterfüllung des Äußeren Glücks vollzieht sich im Wesentlichen innerhalb einer Zeit-Linie und ist Teil eines Raum-Zeit-Körpers. Erfülltes Glück ist hier immer vorübergehendes Glück. Nichterfülltes Glück ist hier immer vorübergehendes Unglück.

Die Erfüllung des Inneren Glücks, oder der Glückseligkeit, vollzieht sich im Wesentlichen außerhalb einer Zeit-Linie, das heißt auch außerhalb eines Raum-Zeit-Körpers und somit jenseits aller Gegensätze. Glückseligkeit ist das Wesen des Urgrundes. Erfüllte Glückseligkeit ist hier zeitlose Glückseligkeit.

Weil Glückseligkeit das Wesen des Urgrundes ist, kann sie sich nur durch die Vereinigung des Bewusstseins mit seinem Urgrund erfüllen. Nicht erfüllte Glückseligkeit bedeutet dann, dass das Bewusstsein innerhalb eines Raum-Zeit-Körpers von seinem Urgrund abgespalten ist, wo es lediglich Äußeres Glück oder Unglück erfahren kann.

Äußeres Glück

Weil sich das Äußere Glück innerhalb einer Zeit-Linie vollzieht, ist es einerseits schon von seiner Wesensnatur her ein Vergängliches Glück, andererseits kollidiert es häufig mit den Bestrebungen anderer Zeit-Linien, die den eigenen Bestrebungen oft entgegengesetzt sind, sodass das Glück des einen nicht selten das Unglück des anderen bedeutet oder sogar auf dem Unglück des anderen beruht.

Ein Umstand, der oft übersehen wird, weil die Wahrnehmung des in einer Zeit-Linie wandernden Bewusstseins durch die dreidimensionale Welt auf Querschnitte beschränkt ist, und weil dieses Bewusstsein durch die Identifikation mit den Inhalten seiner Zeit-Linie nur Eigeninteressen kennt.

In dieser Hinsicht sind wir verlorene und verirrte, in Zeit-linien umherwandernde „Seelen" auf der Suche nach „Glück".

Verloren sind wir als solche umherwandernde „Seelen" deshalb, weil sich durch die unendliche Anzahl verschiedener Zeit-Linien, die sich in dieser unserer dreidimensionalen Welt kreuzen, neben einer unendlichen Anzahl von Möglichkeiten des „Unglücks", auch eine unendliche Anzahl von Möglichkeiten des „Glücks" auftut.

Diese sich eröffnenden, glückverheißenden Möglichkeiten lassen uns selbst im schlimmsten Unglück und tiefstem Leid noch auf ein „neues Glück" hoffen, und wir setzen unsere Reise durch den Dschungel der Zeit-Linien fort, ohne zu bemerken, dass wir verlorene „Seelen" sind, die sich auf der Suche nach dem „Ultimativen Glück" immer tiefer in einen ausweglosen Dschungel von Glück und Unglück verstricken.

Verirrte „Seelen" sind wir, weil wir uns durch diesen Prozess immer weiter veräußern und uns immer weiter von unserem Urgrund, unserer wahren Erfüllung und Glückseligkeit wegbewegen.

Im Dschungel der Zeit-Linien hat „Glück" sehr unterschiedliche Bedeutungen und kann auf ganz verschiedenen Ebenen erfahren werden:
Es kann als Glück empfunden werden, wenn wir, rein zufällig durch unvorhergesehene Überkreuzungen von Zeit-Linien, einem Unfall, einer Krankheit oder irgendeinem anderen äußeren Unglück entgehen; wenn ein „kleineres Übel" uns daran hindert, in ein „größeres Übel" zu geraten, was wir dann „Glück im Unglück" nennen; wenn wir zufällig einen Gewinn bei irgendeinem Glücksspiel machen, usw.
All das können wir als Glück im Sinne von unbeabsichtigten, zufälligen Ereignissen empfinden. Es ist zufälliges Glück.
Ein Großteil unseres gesamten Lebens innerhalb von Zeit-Linien wird von solchen „glücklichen" oder „unglücklichen" Zufällen bestimmt, sodass es, wenn wir die Komplexität und die vielfältigen Möglichkeiten sich überkreuzender Zeitlinien in Betracht ziehen, fast schon an ein

Wunder grenzt, dass wir in solch einem Zeit-Linien-Chaos überhaupt überleben können.

Auf dieser Ebene des Zufalls geschieht unser „Glück" oder „Unglück" absichtslos und ganz ohne unser Zutun oder einer persönlichen Bestrebung unsererseits.

Hier ist es allein das Bestreben der Existenz sich selbst zu erhalten, was unser „Glück" oder auch unser „Unglück" ausmacht, auch wenn wir manchmal den Eindruck haben, es sei unser eigenes Bestreben, was unser „Glück" auf dieser Ebene erzeugt. Ein solcher Eindruck entsteht dann, wenn unser persönliches Bestreben zufällig mit einer sich verwirklichenden Möglichkeit übereinstimmt.

Im Bereich der Bestrebungen auf der physischen Ebene reicht unser Glücksempfinden von einem satten Bauch, über das Empfinden von Erleichterung bei der Lösung angestauter Spannungen oder bei der Entleerung verschiedener für die Ausscheidung vorgesehene Substanzen, über ein gefülltes Portemonnaie, bis hin zu einem allgemeinen physischen Wohlbefinden in einer komfortablen Umgebung.

Im psychologischen Bereich wird empfundenes Glück komplexer und vielfältiger. Unser Glücks- oder Unglücksempfinden wird hier von der Erfüllung oder Nichterfüllung persönlicher Bestrebungen und Wünschen bestimmt. Weil diese Bestrebungen innerhalb von Zeit-Linien stattfinden und weil sie ihren Ursprung in der Identifikation mit psychischen Inhalten, das heißt, in unseren „Identitäten" haben, die allesamt nach außen gerichtet sind, zählt das dadurch erlangte „Glück" ebenfalls zum Äußeren Glück, auch wenn dieses Glücksempfinden innerhalb unserer Psyche stattfindet.

Unter solchen Bestrebungen finden wir beispielsweise das Streben nach Besitz, nach Reichtum, nach Macht, nach Berauschung, nach Anerkennung, nach Ruhm und Ehre, nach Rekorden, nach Bedeutung, nach Respekt und öffentlichen Erfolg sowie nach Sex und nach „Glücklichen Beziehungen", usw.

Gegen all diese Bestrebungen wäre ja nichts einzuwenden, wenn da nicht die Identifikation wäre. Durch die Identifikation mit diesen Bestrebungen werden sie zu unserer „Identität" und erhalten dadurch allesamt sowohl einen egomanischen Charakter als auch einen masturbatorischen Anstrich.

Wären wir nicht mit unseren Bestrebungen identifiziert, könnten wir unsere Rollen innerhalb des Zeitkörpers in unserer Zeit-Linie erfüllen, ohne dass das Bewusstsein den Kontakt zu seinem Urgrund verlieren würde.

Bleibt hingegen das Bewusstsein mit diesen Bestrebungen und deren Erfüllungen oder Nichterfüllungen identifiziert, haben wir den Kontakt zu unserem Urgrund verloren und werden zu Sklaven unserer persönlichen Bestrebungen, die uns immer weiter von unserem Urgrund wegtreiben.

Und je weiter wir uns vom Urgrund entfernen, desto stärker werden unsere Bestrebungen nach mehr und neuem Äußeren Glück, obwohl wir schon alles haben, um ein gutes Leben führen zu können. So entsteht ein Teufelskreis, der uns immer weiter in die Ausweglosigkeit treibt, die sich spätestens mit dem Nahen unseres Todes offenbaren wird. Sind wir nämlich mit irgendeiner Gegebenheit in unserer Zeit-Linie identifiziert, werden wir dadurch zu sterblichen „Identitäten", an die wir uns klammern, wenn sich unsere Zeit-Linie unaufhaltsam ihrem Ende nähert, um uns schließlich all das, was wir durch unsere Bestrebungen innerhalb unserer Zeit-Linie erreicht haben, wieder wegzunehmen.

Instinktiv um die Sterblichkeit unserer „Identitäten" wissend, sind wir dann nicht selten bestrebt, bewusst oder unbewusst, wenigstens unserer Nachwelt einen bleibenden Eindruck von uns zu hinterlassen, um uns wenigstens auf diese Weise „unsterblich" zu machen oder zu „verewigen". Aber auch das ist Äußeres Glück. Denn selbst wenn wir unserer Nachwelt ein Denkmal gesetzt haben, dürfen wir nicht vergessen, dass sich dieses Denkmal ebenfalls auf einer, wenn auch größeren Zeit-Linie befindet und eines Tages mit dieser auch wieder sein Ende finden wird.

Weil sich das in einer Zeit-Linie umherwandernde Bewusstsein sehr weit von seinem Urgrund entfernt hat, können wir sein unaufhörliches Bestreben nach „Glück" auch als einen Ausdruck des Unwohl Seins, des Unerfüllt Seins und der Sehnsucht zu seinem Ursprung zurückzugelangen begreifen.

Aufgrund der Identifikation mit seinen Bestrebungen und seiner eingeschränkten Wahrnehmung, die innerhalb seiner Zeit-Linie allein auf die Querschnitte der eigenen und

anderer Zeitlinien beschränkt ist, verfällt dieses umherwandernde Bewusstsein immer wieder den Verblendungen
des Äußeren Glücks und entfernt sich immer weiter von
dem, was es eigentlich sucht – nämlich die Wiedervereinigung mit seinem Urgrund, wo seine Erfüllung, sein zeitloses Inneres Glück und seine Glückseligkeit liegen.

Wir dürfen das Gesagte aber nicht dahin gehend missverstehen, dass wir ganz und gar von Äußerem Glück absehen
sollten, um Inneres Glück zu erreichen. Das eine schließt
nämlich das andere nicht aus.

Vielmehr können und sollten wir so viel Äußeres Glück
wie möglich anstreben. Denn wenn wir außen unglücklich
und in Sorge sind, wie sollten wir uns dann dem Inneren
Glück zuwenden?
Wir sollten lediglich nicht mit dem Äußeren Glück identifiziert sein oder es ins Maßlose treiben, und stets im Auge
behalten, dass Äußeres Glück innerhalb einer Zeit-Linie
stattfindet und somit Vorübergehendes Glück ist.
Unser Äußeres Glück wird dann einen anderen Charakter
annehmen:
Unser Bestreben wird nicht mehr *nur* auf Äußeres Glück
gerichtet sein, sondern wird sich auch einem anderen zeitlosen Inneren Glück zuwenden.
Wir werden dankbar dafür sein, dass wir Äußeres Glück
haben dürfen.
Es wird seinen egomanischen, unersättlichen, masturbatorischen Charakter verlieren.

Es wird unsere Basis und unser Sprungbrett in ein anderes zeitloses Inneres Glück sein, das uns nicht mehr genommen werden kann.

Inneres Glück oder Glückseligkeit

Wenn wir Glückseligkeit, die der Natur unseres Urgrundes zugehört, als etwas Zeitloses und damit auch als etwas Unvergängliches kategorisieren, dann kann sie nicht innerhalb einer Zeit-Linie und auch nicht innerhalb eines Zeit-Körpers liegen, weshalb wir sie hier auch nicht finden werden.

Innerhalb des Zeit-Körpers und unserer Zeit-Linie finden wir lediglich vorübergehende Freuden- und Glücksgefühle, die nicht mehr und nicht weniger als vorüberhuschende Schatten der zum Urgrund gehörenden zeitlosen Glückseligkeit sind.

Das durch die Entstehung der Existenz zersplitterte, in Zeit-Linien umherwandernde und nach außen gerichtete Bewusstsein widert in diesen vorüberhuschenden Schatten der Glückseligkeit Ähnlichkeiten mit der Natur seines Urgrundes, zu dem es sich zurücksehnt, und beginnt diese Schatten zu verfolgen – woraus sich unser unaufhörliches Bestreben nach „Glück" erklärt. Dabei bemerkt das nach außen gerichtete Bewusstsein nicht, dass es selbst das Licht ist, das hinter diesen Schatten steht.

Es gleicht einer Katze, die sich immer wieder im Kreis dreht, weil sie versucht, den Schatten ihres eigenen Schwanzes zu fangen. Bewegt sie sich, bewegt sich auch der Schatten, bleibt sie stehen, bleibt auch der Schatten stehen.

Dass in einer Zeit-Linie umherwandernde Bewusstsein müsste nur innehalten, seine Blickrichtung um 180 Grad drehen, und es würde direkt in seinen Urgrund, in seine eigene Natur schauen und sich selbst als Teil seines eigenen Urgrundes erkennen.

Wenn wir also wirkliche Erfüllung oder Glückseligkeit suchen und finden wollen, dann müssen wir sie am richtigen Ort suchen.

Weil Glückseligkeit zum Urgrund gehört und außerhalb der Zeit liegt, können wir sie auch nicht mit unseren Begrifflichkeiten oder mit unserem Verstand verstehen. Denn jede Begrifflichkeit liegt innerhalb einer Zeit-Linie und ist auf die darin wahrgenommenen Querschnitte von Zeit-Linien beschränkt. Wir können Glückseligkeit also niemals *be*-schreiben, sondern immer nur *um*-schreiben.

Aber trotzdem können wir Glückseligkeit erfahren, denn schließlich ist sie ja unsere innerste Natur.

Außerhalb der Zeit liegend zeigt sie sich uns in der Leere oder in den Lücken *zwischen* den Augenblicken unserer Zeit-Linie. Dies ist der richtige Ort wo wir sie suchen müssen und auch finden können.

Weil Glückseligkeit unsere innerste Natur ist, können wir sie auch nicht betrachten, wie wir ein Objekt betrachten. Sie ist kein Objekt, das betrachtet werden kann, sie ist das Betrachtende selbst.

Sie ist das, was wir in der Tiefe unseres Wesens sowieso schon sind – nämlich unsere ureigenste innere Natur.

Wenn wir nach Glückseligkeit trachten und sie anstreben, gleichen wir in etwa einem Menschen, der seine Brille sucht, während er sie schon auf der Nase hat. – Wahrscheinlich würden wir einen solchen Menschen als „nicht mehr ganz bei Sinnen" bezeichnen. Aber in Bezug auf Glückseligkeit und unserer wahren Erfüllung ist unsere Situation nicht viel anders. – Nachdem er dann alles Mögliche abgesucht hat, gibt er die Suche vielleicht erst mal auf und lässt sich auf einem Stuhl nieder, um sich ein wenig auszuruhen. Während er von der Suche schon leicht erschöpft dasitzt und über den Verlust nachsinnt, da juckt ihn plötzlich etwas an der Stirn. Und, während seine Hand langsam nach oben gleitet, um sich zu kratzen, da stößt sie an etwas Hartes, und langsam beginnt es ihm zu dämmern: „Ah, … da ist sie ja."

Auf der Suche nach Erfüllung und Glückseligkeit befinden wir uns in einer ähnlichen Situation:
Das, was wir suchen befindet, sich nicht da, wo wir es suchen. Aber wir suchen es genau da, wo es nicht ist. Wir müssen erst enttäuscht werden, um einzusehen, dass unser Durst und unser Bestreben nach „Glück" nicht durch Äußeres Glück gestillt werden kann.
Erst wenn wir das erkannt haben, können wir uns wie der Mensch in unserem Beispiel niedersetzen und beginnen nachzusinnen. Wir müssen über unser Dasein, über Glück und Unglück, über Freude und Leid, über Leben und Sterben, über das *Wer* und *Was* wir sind, nachsinnen, wir müssen darüber „brüten", und wir müssen zur Ruhe kommen,

indem wir regelmäßig und unablässlich unsere Aufmerksamkeit auf die Leere zwischen den Dingen richten. Dann werden wir, mit etwas Glück, eines Tages auf etwas stoßen, das uns in sich hineinzieht oder in das wir hineinfallen, und wortlos sagen: „Ah … da ist es ja!"

Weil Glückseligkeit unsere ureigenste, innerste Natur ist, weil sie außerhalb der Zeit liegt und auch kein Objekt ist, können wir sie auch nicht als solches anstreben. Wenn wir sie aber suchen, muss sich unser Bestreben von allen Objekten unserer Zeit-Linie, einschließlich unserer „Identitäten", Gedanken und Emotionen, lösen, sodass ein objektloses, *reines* Bestreben entsteht, welchem nur noch die Leere gegenübersteht. Dieses reine, objektlose Bestreben ist unsere ursprüngliche Natur, unsere Erfüllung und unsere Glückseligkeit.

Weil dem reinen Bestreben nur die Leere gegenübersteht, fällt es wieder auf sich selbst zurück. Wir können Glückseligkeit daher als ein SICH-SELBST-ERFÜLLENDES-BESTREBEN bezeichnen.

So wenig wie Glückseligkeit betrachtet werden kann, weil sie das Betrachtende selbst ist, ebenso wenig kann sie auch angestrebt werden, weil sie das Bestrebende selbst ist.
Weil sich aber dieses ursprünglich reine, von keinem Objekt getrübte Bestreben beim Eintritt in eine Zeit-Linie in Gegensätze aufspaltet, sich in seinen Bestrebungen nach außen richtet und an Objekte heftet, wird es zerstreut und

seine ursprüngliche Natur so verfälscht, dass es zum Begehren wird, welches sich nun auf einzelne „Glück verheißende", „begehrenswerte" Objekte richtet.

Dabei dürfen wir nicht vergessen, dass in diesem Zusammenhang auch „Glück verheißende" psychische Objekte wie „Ideal-Identitäten", Selbstwertschätzung, entgegengebrachte Anerkennung, Ehre und Ruhm usw. ebenfalls zu den „begehrenswerten" Objekten gehören können.

Mag sein, dass dem Leser diese Zeilen schwer verständlich oder gar unverständlich erscheinen und er das Lesen solcher Logismen sogar als Tortur empfindet. Doch allein sein Bemühen, solche Dinge zu verstehen, kann ihn dadurch, dass es seinen Verstand erschöpft und diesen kurzzeitig zum Stillstand bringt, ein wenig näher an den Zustand der Glückseligen Einheit bringen.

Unser Verstand, der gewöhnlich alles in bekannte Denkmuster einordnet, ist nämlich, neben unserem Begehren und unseren „Identitäten", einer der Faktoren, die unser Bewusstsein in einer Zeit-Linie festhalten und es daran hindern in die Glückseligkeit, das heißt in seinen ursprünglichen Zustand, einzugehen.

Wir können nichts von dem, was einer Zeit-Linie angehört, in die Gefilde der Glückseligkeit mitnehmen, weshalb wir auch nur als Leeres oder Reines Bewusstsein dort eingehen können, indem wir als solches aus unserer Zeit-Linie austreten, oder besser gesagt herausfallen, um selbst zur Glückseligkeit zu werden.

Das bedeutet auch, dass wir als das, was wir in unserer Zeit-Linie sind, sterben müssen; wir müssen als objektbehaftete „Identitäten" oder als „Ich" sterben, um zu dem zu werden, was wir wirklich sind.

In diesem Zusammenhang müssen wir auch verstehen, dass Glückseligkeit nicht irgendwann, zu irgendeinem Zeitpunkt entsteht, wie unser Äußeres Glück, sondern dass sie im Hintergrund immer da ist. Lediglich das aus dem Urgrund stammende Bewusstseinsfragment hat sich durch die Identifikation mit einer „Identität" und der Beschränkung seiner Wahrnehmung innerhalb seiner Zeit-Linie, von seiner wahren Natur – oder seinem ursprünglichen Zustand der Glückseligkeit – entfernt. Glückseligkeit befindet sich eigentlich immer „Gleich um die Ecke".

Die Lücken oder „Türen" durch die wir als leeres Bewusstsein aus der Zeit-Linie, und damit aus dem Raum-Zeit-Körper heraustreten können, liegen entweder innerhalb der Zeit-Linie – das heißt, während unserer Lebens-Zeit – zwischen den Augenblicken, oder aber, im Augenblick des Todes – am Ende unserer Zeit-Linie – zwischen der endenden und einer neu beginnenden Zeit-Linie.

Diese „Türen" tun sich also immer dann auf, wenn es zu einem Halt oder Stopp *innerhalb* unserer Zeit-Linie, oder zu einem Stopp der *gesamten* Zeit-Linie im Augenblick unseres Todes kommt.

Innerhalb unserer Zeit-Linie kommt es zwischen allen Augenblicken und allen Gedanken zu einem kurzfristigen Stopp. Aber die Frequenz der Abfolge von Augenblicken,

Gedanken und Emotionen ist so hoch, dass wir die dazwischenliegenden Zwischenräume nicht wahrnehmen.

Wir können das mit einem aus einzelnen Bildern zusammengesetzten Filmstreifen vergleichen, bei dem wir ab einer bestimmten Ablaufgeschwindigkeit die Übergänge zwischen den Einzelbildern nicht mehr bemerken, sondern nur noch einen übergangslosen Ablauf von Bewegungen erkennen können.

Unsere gesamte Lebens-Zeit-Linie entspricht in dieser Hinsicht einem sich abspulenden Filmstreifen.

Der Eindruck des Abspulens entsteht dabei aber nicht durch die Bewegung des „Filmstreifens", sondern dadurch, dass unser aus dem Urgrund stammendes Bewusstseinsfragment punktförmig entlang des „Filmstreifens" – das heißt entlang unserer Lebens-Zeit-Linie – wandert.

Und das bedeutet auch, dass wir nicht den Filmstreifen stoppen können, sondern lediglich unser wanderndes Bewusstsein.

Wandert es schnell durch die Zeit-Linie, erscheint uns unsere Lebens-Zeit kürzer, wandert es langsam, erscheint uns unsere Lebens-Zeit länger. Bleibt es hingegen stehen, fällt es aus der Zeit-Linie heraus. Es wird dann selbst zur Lücke zwischen den Augenblicken und zu etwas Zeitlosem, wodurch es seinem ursprünglichen Zustand der Unsterblichkeit und Glückseligkeit gleichkommt.

Wenn wir von diesem Standpunkt aus den heutigen „schnelllebigen" Menschen betrachten, dann sehen wir, dass er seine Zeit-Linie in immer größerer Eile und immer schneller durchwandert, indem er von Ereignis zu Ereignis hastet, wodurch er sich aber immer weiter von seinem Urgrund entfernt und seine wirkliche Lebens-Zeit immer kürzer wird, obwohl er durch einen gesunden Lebensstil und medizinischen Fortschritt die Anzahl der Jahre seines „Lebens" verlängert.

Denn wenn er über die Augenblicke seiner Lebens-Zeit-Linie hinweg eilt, bemerkt er gar nicht, dass er da ist. Seine Lebens-Zeit verstreicht dann „wie im Fluge".

Vielleicht ist das auch der Grund, warum er versucht, die Lebenszeit seines physischen Körpers mit allen zur Verfügung stehenden wissenschaftlichen und medizinischen Mitteln zu verlängern.

Es ist aber vollkommen gleichgültig, wie viele Jahre er seinen physischen Organismus am „Leben" erhält; solange er die Geschwindigkeit seines wandernden Bewusstseins nicht verringert, wird er seine wirkliche Lebens-Zeit nicht verlängern können.

Das Einzige, was dabei herauskommt, sind oft halb tote, an Demenz erkrankte, dahinsiechende Organismen.

Die Frage ist also nicht, wie wir unseren physischen Organismus so lange wie möglich aufrechterhalten können, sondern wie wir die Geschwindigkeit unseres in Zeit-Linien umherwandernden Bewusstseins verlangsamen können, um unsere *wirkliche* Lebens-Zeit zu verlängern; oder, wie wir das wandernde Bewusstsein anhalten können, damit es wieder in seinen ursprünglichen zeitlosen Zustand der Glückseligkeit zurückkehren kann.

Weil wir das in Zeit-Linien umherwandernde Bewusstsein aber nicht direkt verlangsamen oder gar stoppen können, müssen wir bei den Dingen ansetzen, durch die es in seiner Zeit-Linie umherwandert und durch die es darin festgehalten wird:

Umherwandern tut es mittels des Denkens, das es vom gegebenen Augenblick entweder in die Zukunft oder in die Vergangenheit abschweifen lässt.

Festgehalten wird es durch die Identifikation mit den Inhalten seiner Zeit-Linie und den daraus entstehenden „Identitäten".

Auf unser obiges Beispiel mit dem Filmstreifen bezogen, bedeutet dies: Es ist von den ablaufenden Bildern und Handlungen des „Filmes" so fasziniert, dass es sich darin verwickeln lässt und selbst bestimmte Rollen, die es als seine „Identitäten" ansieht, darin annimmt.

Um also unsere Lebens-Zeit verlängern zu können, müssen wir unser Denken zügeln und es auf den gegebenen Augenblick beschränken.

Wir müssen unsere Aufmerksamkeit im Hier und Jetzt halten. Denn wo unsere Aufmerksamkeit ist, da ist auch unser Denken.

Und um dann die Möglichkeit zu schaffen, aus der Zeit-Linie herauszufallen, in unsere wahre zeitlose, ursprüngliche, glückselige Natur, müssen wir immer wieder – zum Beispiel durch Meditation, oder der gleichzeitigen Teilung

unserer Aufmerksamkeit zwischen Objekten und Leere –
bis tief auf den Grund eines gegebenen Augenblicks hinab
tauchen, bis unser Bewusstsein eines Tages die Lücke oder
Leere, das heißt, den zeitlosen Urgrund zwischen den Augenblicken berührt. Dann kommt es zu einem Stopp. Wir
werden als „Identität" gestorben sein – Erfüllung ...
Glückseligkeit ... Stille ... – bis wir uns wieder zurück in
unserer Zeit-Linie befinden, uns neu verstricken, und der
ganze Prozess von vorne beginnt. Dabei wird es nicht auf
die „Länge" der Lücke ankommen, denn schließlich liegt
sie ja außerhalb der Zeit. Nur *wir* müssen in unserer Zeit-
Linie diesen Prozess so oft wiederholen, bis sich auch die
letzten Reste unserer Identifikationen aufgelöst haben.

Was nun das Ende unserer Zeit-Linie betrifft – das heißt,
unseren physischen Tod – handelt es sich um den gleichen
Prozess. Nur diesmal im größeren Format. Unser gesamtes
Leben wird nicht mehr als ein vergangener Augenblick o-
der ein ausgeträumter Traum sein, und unser Bewusstsein
wird die Lücke zwischen allen Lebens-Zeit-Linien, die es
jemals durchwandert hat, berühren. Ob das Bewusstsein
dann in eine neue Zeit-Linie eintritt oder ob es weiter in
seinem ursprünglichen, zeitlosen Zustand der Glückseligkeit verweilen wird, wird davon abhängen, inwieweit es
sich noch während seines Aufenthalts in seiner Zeit-Linie
von allen Identifikationen und „Identitäten" gelöst hat.

Hat es sich vollständig gelöst, befindet es sich in einem
Zustand der „Reinheit" und wird in seinem Urgrund verweilen.

Hat es sich nicht vollständig von seinen „Identitäten" gelöst, befindet es sich in einem Zustand der „Getrübtheit" und wird im Augenblick seines physischen Todes zwar kurzfristig und unbewusst zu seinem Urgrund aufsteigen, um aber dann auch wieder abzusteigen und in eine neue Zeit-Linie einzutreten. Der ganze Prozess beginnt dann wieder von vorne – von Augenblick zu Augenblick, von Lebens-Zeit-Linie zu Lebens-Zeit-Linie usw.

Wir mögen uns hier auch noch folgende Frage stellen: Wenn doch unser Zeitloser Glückseliger Urgrund ein SICH-SELBST-ERFÜLLENDES-BESTREBEN ist, warum tritt dann dieser Eins Seiende Glückselige Urgrund überhaupt aus sich selbst heraus, um eine Raum-Zeit Existenz zu bilden und sich innerhalb von Raum-Zeit-Körpern in gegensätzliche, sich bekämpfende, sich wiedervereinigende und oft Leid und Qual bringende Bestrebungen zu manifestieren?

Die Antwort ist naheliegend und einfach:
Aus schierem ÜBERFLUSS!
Diese Antwort ist zwar einfach, aber trotzdem schwer verdaulich, wenn wir sie mit allen Implikationen und den daraus folgenden Konsequenzen annehmen.
Es bedeutet nämlich auch, dass die gesamte Existenz, einschließlich uns selbst, ein Überfluss, ein Ausfluss, eine Art Ausscheidung, eine Art Spaltprodukt, eine Art Abfall, die Folge eines Unfalls, oder aber sogar auch etwas Überflüssiges ist.

Wie seltsam oder abartig diese Antwort auf den ersten Blick auch erscheinen mag; es ist die einfachste und plausibelste Antwort, die alle mit der Entstehung der Existenz entstandenen und noch entstehenden Desaster wenigstens annähernd erklärbar macht.

Wenn nämlich die Existenz aus einem Ursprünglichen Zeitlosen Einen Glückseligen Urgrund, den die Religionen auch „Gott" nennen, hervorgegangen ist, dann muss dieser Urgrund so erfüllt gewesen sein, dass er durch den „Druck" des Erfüllt Seins einen „Sprung" oder „Riss" bekommen hat – was in gewisser Hinsicht auch der Urknalltheorie entspricht.

Weil dieser „Riss" oder „Sprung" im Urgrund entstanden ist, nennen wir ihn, im wahrsten Sinne des Wortes, „Ur-Sprung".

Durch diesen „Ur-Sprung" ist dem Urgrund oder „Gott" wohl ein beträchtliches, folgenschweres Malheur passiert – es ist nämlich etwas von seiner „Substanz" aus dem „Riss" *herausgeflossen*, wodurch diese „Substanz" von ihrem Urgrund und ihrer Erfüllten Glückseligen Natur getrennt und abgespalten wurde.

Im Bestreben, den ehemaligen Glückseligen Zustand der Einheit wiederherzustellen, begann sich diese von ihrem Urgrund abgespaltene „Substanz" nun auszudehnen.

Aufgrund dieser ersten Ausdehnung, der jetzt vom Urgrund abgespaltenen, noch ungeordneten chaotischen „Ur-Substanz", traten nun Raum und Zeit in Erscheinung:

– der Raum durch die Ausdehnung; die Zeit durch die Bewegung.

Aus dem weiter vorhandenen Bestreben der immer noch ungeordneten, chaotischen „Ur-Substanz", ihren verlorenen Glückseligen Zustand der Einheit wieder herzustellen, begann sie sich nun in mehr oder weniger geordneten Formationen zu verdichten.

Dadurch bildeten sich sowohl unermesslich große als auch unermesslich kleine Raum-Zeit-Körper wie Galaxien, Sonnen, Planeten, Planetensysteme, bis hin zu den kleinsten molekularen und atomaren Strukturen usw., wodurch sich die „Ur-Substanz" aber immer weiter von ihrem Eins Seienden Urgrund entfernte.

Durch die Bildung von Raum-Zeit-Körpern ist nun auch noch die Vergänglichkeit und damit auch die Sterblichkeit sowie die Zerstörbarkeit von allem Entstandenen und Entstehenden mit ins Spiel gekommen, während das Bestreben, zum Urgrund und zu der damit verbundenen Glückseligen Einheit zurückzukehren, auch in diesen vergänglichen Raum-Zeit-Körpern weiterwirkt.

Mit der Entstehung der Raum-Zeit und den darin sich bildenden vergänglichen Raum-Zeit-Körpern kommt es also auch noch zu einer Aufspaltung und Trennung von gegensätzlichen Grund-Bestrebungen – nämlich zu einem Bestreben des Werdens und Erhaltens auf der einen Seite und zu einem Bestreben der Degeneration und der Vernichtung auf der anderen Seite.

Diese beiden gegensätzlichen Grund-Bestrebungen stehen sich dann sowohl *innerhalb* der entstandenen Raum-Zeit-Körper gegenüber, als auch *zwischen* den einzelnen Raum-Zeit-Körpern untereinander, was zu weiteren Abspaltungen und Trennungen führt, sodass die „Ur-Substanz" jetzt noch weiter von ihrem Urgrund abgefallen ist und sich noch weiter von ihm entfernt hat.

Jetzt stehen sich voneinander abgetrennte, unterschiedliche, ähnliche, gegensätzliche, sich widerstrebende oder auch gleichstrebende Strukturen und Organismen gegenüber, welche, zusammen mit dem aus dem Urgrund stammenden Bestreben nach Einheit und Glückseligkeit, gleichzeitig auch nach Vereinigung und Verschmelzung trachten, um den ursprünglichen Zustand der Glückseligen Einheit wieder herzustellen.

Auf diese Weise entstehen Prozesse des Werdens, des Erhaltens, des Vergehens, der Degeneration, der Zerstörung, der Trennung, der Vereinigung, der Verschmelzung, der erneuten Trennung und Zerstörung usw. – insgesamt ein hochkomplexer Prozess, den wir „LEBEN" nennen und der im Wesentlichen aus getrennten, polarisierten, interagierenden Gegensätzen besteht, welche wieder nach ihrer verlorenen Glückseligen Urgrund-Einheit trachten.

Aber auf dieser von der Urgrund-Einheit weit entfernten Ebene der getrennten Gegensätze – der Ebene, die wir „LEBEN" nennen – kann es allerhöchstens zu einer vorübergehenden Verschmelzung einzelner kleiner Gegensatzpaare kommen, was uns zwar gewisse vorübergehende äußere Glücksmomente bescheren mag, uns aber niemals finden lässt, was wir eigentlich suchen.

Denn alles auf dieser Ebene der getrennten Gegensätze, oder des „LEBENS" ist, einschließlich uns selbst, mehr oder weniger ein Spaltprodukt des Urgrundes, welches aufgrund seiner Herkunft – nämlich aus der primären Abspaltung von seinem Urgrund – immer wieder den gleichen Abspaltungsprozess, in immer kleiner werdenden Maßstäben durchläuft, bis nur noch kleinste Fragmente einer einst Glückseligen Urgrund-Einheit übrig bleiben und anderen solcher Spaltprodukte gegenüberstehen.

Aber in all diesen Spaltprodukten oder Fragmenten ist immer noch ein „Funke" der „Ur-Substanz" aus dem Urgrund – wenn auch jetzt in Form und Struktur gekleidet – vorhanden und aktiv. Dieser noch vorhandene, aktive „Ur-Funke" trachtet nun unaufhörlich nach Wieder-Vereinigung mit seinem verlorenen Urgrund.

Allein das Trachten dieses „Ur-Funkens" hält alle Teile des gesamten Universums in Bewegung, indem er Verbindungen mit anderen Fragmenten oder Spaltprodukten eingeht, oder solche Verbindungen auch wieder zur Auflösung bringt, wenn sie der angestrebten Rückverbindung mit dem Urgrund, oder einem SICH-SELBST-ERFÜLLEN-DEN-BESTREBEN, das heißt, einer Glückseligen Einheit nicht entsprechen.

So gesehen ist das „LEBEN" ein Experimentierfeld um die bestmöglichen Verbindungen herauszufinden, die ein Näherkommen an den ursprünglichen Zustand der sich selbst erfüllenden Glückseligen Einheit möglich machen.

Wir können auch den Menschen – das heißt auch uns selbst – als ein Ergebnis dieses Experimentierens ansehen. Zumal der aus dem Urgrund stammende „Funke" der „Ur-Substanz", den wir hier Bewusstsein nennen wollen, in uns Menschen sich seiner selbst bewusst werden *kann*. Die Betonung liegt hier auf „*kann*", weil das nicht notwendigerweise geschehen muss und ein Mensch sein gesamtes Leben im Halbschlaf, in Identifikationen und „Identitäten" verbringen kann, ohne dass sein Bewusstsein sich seiner selbst bewusst wird. Er glaubt dann zwar sich seiner selbst bewusst zu sein und spricht von „Selbstbewusstsein", ist aber vom wirklichen und wahren Bewusstsein seiner selbst sehr weit entfernt.

Wenn nämlich der „Ur-Funke" oder das Bewusstsein sich seiner selbst wirklich bewusst wird, dann fällt es auf sich selbst zurück und schließt so seinen kosmischen Kreislauf des Abstiegs in die Formen und des Aufstiegs zurück zu seiner ursprünglichen Formlosigkeit. Dadurch erfüllt es sich selbst und entspricht jetzt – wenn auch im Kleinformat – dem Zustand des sich selbst erfüllenden Urgrundes oder einer sich selbst erfüllenden Glückseligen Einheit, die als solche beim Tod des physischen Körpers in den Urgrund des Großen und Ganzen eingehen kann.

Daraus leitet sich dann auch die Aufgabe oder die Bestimmung des Menschen ab – nämlich in seinem Inneren die sich selbst erfüllende Glückselige Einheit des Urgrundes wiederherzustellen.

Kann er diese Bestimmung nicht erfüllen, werden andere

Organismen aus dem Experimentierfeld „LEBEN" hervorgehen und ihn ersetzen. Denn wenn er diese Bestimmung nicht erfüllen kann, dann machen sein Leben und sein Dasein keinen Sinn mehr und bleiben mit unnötigem, sinnlosem Leid erfüllt.

Kann er diese Bestimmung aber erfüllen, dann wird er spätestens bei seinem physischen Tod als ein SICH-SELBST-ERFÜLLENDES-BEWUSSTSEIN ganz in seinen Glückseligen Urgrund eingehen und dadurch einen aus dem Urgrund selbst stammenden „Funken", der durch das besagte unvorhergesehene Malheur, das dem Urgrund durch den Ur-Sprung widerfahren ist, verloren gegangen war, wieder zurückbringen. Kurz: Er kann seine „Seele" von den Qualen der Welt der getrennten Gegensätze erlösen und wieder zu dem werden, was er schon immer war – nämlich eine SICH-SELBST-ERFÜLLENDE-GLÜCKSELIGE-EINHEIT. Er kann das dem Urgrund geschehene unvorhergesehene Malheur gewissermaßen wieder rückgängig machen. Er kann so dem Urgrund helfen, die verlorene „Ur-Substanz" wieder einzusammeln. Auf diese Weise kann er wirklichen „Gottesdienst" leisten. Wir können auch sagen, dass durch die aktive, organisierende Kraft der zum Urgrund zurückstrebenden Bewusstseinsteile kleine Abbilder des Großen und Ganzen entstanden sind – nämlich die sogenannten Mikro Kosmen, von denen der Mensch wohl einer der komplettesten ist, weil in ihm das vom Urgrund stammende Bewusstseinsfragment sich seiner selbst bewusst werden und so den Zu-

stand des Urgrundes vor dem Ursprungs-Malheur widerspiegeln kann.

Weil diese Mikro Kosmen Abbilder des Großen und Gan-
zen sind, wiederholt sich in ihnen auch immer wieder das
Ursprungs-Malheur des Urgrundes im kleineren Maßstab.
Das heißt: Wann immer sich Mikro Kosmen fortpflanzen
und in Erscheinung treten, kommen sie durch einen
Sprung oder Riss hervor; ebenso wie die „Ur-Substanz",
durch übergroße Fülle oder innerem Druck, aus dem Ur-
Sprung des Urgrundes hervorgegangen ist.

Die Schale eines Samenkorns *reißt*, bevor der Keim austritt;
die Erdkruste *springt*, bevor die Pflanze in Erscheinung
tritt; die Knospe *reißt*, bevor die Blüte sich entfaltet; das Ei
springt, bevor das Küken schlüpft. Und die Fruchtblase
reißt, bevor ein neuer Mensch und mit ihm ein neuer Be-
wusstseins- „Funke" das Licht der Welt erblickt, um sich
dann weiter fortzupflanzen, indem er sich nach außen richtet, oder aber auch, um seinen Rückweg zu seinem Urgrund, zurück zu den Glückseligen Gefilden der Einheit
anzutreten, indem er sich nach innen wendet.

In diesem Zusammenhang ist die psychologische „Sehnsucht nach dem Mutterleib" nichts anderes als ein Abbild
von der Sehnsucht nach dem Urgrund, nämlich der Sehnsucht nach einer SICH-SELBT-ERFÜLLENDEN-
GLÜCKSELIGEN-EINHEIT, wobei Erstere, da sie lediglich ein Abbild und allein schon physiologisch unerfüll-
bar ist, nicht erfüllt werden kann, aber Letztere hingegen

durchaus erfüllbar ist, weil ihre Erfüllung „Gleich um die Ecke" in unserem innersten Leeren Bewusstsein liegt.

Hier findet auch das biblische Gleichnis vom verlorenen Sohn seine psychologische und spirituelle Bedeutung:

„Er sprach aber: Ein gewisser Mensch hatte zwei Söhne; und der jüngere von ihnen sprach zu dem Vater: Vater, gib mir den Teil des Vermögens, der mir zufällt. Und er teilte ihnen die Habe. Und nach nicht vielen Tagen brachte der jüngere Sohn alles zusammen und reiste weg in ein fernes Land, und daselbst vergeudete er sein Vermögen, indem er ausschweifend lebte. Als er aber alles verzehrt hatte, kam eine gewaltige Hungersnot über jenes Land, und er selbst fing an, Mangel zu leiden. Und er ging hin und hängte sich an einen der Bürger jenes Landes; der schickte ihn auf seine Äcker, Schweine zu hüten. Und er begehrte, seinen Bauch zu füllen mit den Träbern, welche die Schweine fraßen; und niemand gab ihm. Als er aber zu sich selbst kam, sprach er: Wie viele Tagelöhner meines Vaters haben Überfluß an Brot, ich aber komme hier um vor Hunger. Ich will mich aufmachen und zu meinem Vater gehen, und will zu ihm sagen: Vater, ich habe gesündigt gegen den Himmel und vor dir, ich bin nicht mehr würdig, dein Sohn zu heißen; mache mich wie einen deiner Tagelöhner. Und er machte sich auf und ging zu seinem Vater. Als er aber noch fern war, sah ihn sein Vater und wurde innerlich bewegt und lief hin und fiel ihm um seinen Hals und küßte ihn sehr. Der Sohn aber sprach zu ihm: Vater, ich habe gesündigt gegen den Himmel und vor dir, ich bin nicht mehr würdig, dein Sohn zu heißen. Der Vater aber sprach zu seinen Knechten: Bringet das beste Kleid her und ziehet es ihm an und tut einen Ring an seine Hand und Sandalen an seine Füße; und bringet das gemästete Kalb her und schlachtet es, und lasset uns essen und fröhlich sein; denn dieser mein Sohn war tot und ist wieder lebendig geworden, war verloren und ist gefunden worden. Und sie fingen an fröhlich zu sein …" (Lukas 15,11-24)

Sex und Glückseligkeit

Bisher haben wir von Äußerem Glück und von Innerem Glück gesprochen.

Weil Sex in Bezug auf Glückseligkeit eine Sonderstellung einnimmt, wird dieses Thema hier gesondert behandelt. Sex kann nämlich ein Zwischending, ein Brückenglied zwischen Äußerem und Innerem Glück sein.

Zum Äußeren Glück gehört Sex, weil sein Bestreben nach außen auf das Gegengeschlecht gerichtet ist, um sich vorübergehend mit diesem zu vereinigen; weil seine Erfüllung außen gesucht und auch im Außen gefunden wird; weil er ein von der Natur eingerichtetes Mittel zur Arterhaltung ist; weil er etwas ist, das Mensch und Tier antreibt und drängt, sich dem anderen Geschlecht zuzuwenden um seinen Zweck, Nachkommen zu erzeugen, zu erfüllen.

Zum Inneren Glück gehört Sex, weil er uns während der dabei möglichen tiefen und innigen Verschmelzung mit dem Gegengeschlecht, einen vorübergehenden Schimmer von Glückseligkeit, von Innerem Glück geben kann.

In tiefer hingabevoller Verschmelzung mit dem gegenpoligen Geschlecht können wir nämlich, wenn auch nur vorübergehend, in einen Zustand geraten, der dem Zustand einer SICH-SELBST-ERFÜLLENDEN-GLÜCKSELIGEN-EINHEIT gleicht oder diesem zumindest nahekommt. Das ist es wohl auch, was dem Sex seine oft unwiderstehliche Zugkraft verleiht.

Dieser Zustand, der während einer geschlechtlichen Vereinigung zustande kommen *kann* – die Betonung liegt auf „*kann*" – hat bestimmte Kennzeichen, die denen des Inneren Glücks oder der Glückseligkeit gleichen:
Wir befinden uns ganz im Hier und Jetzt.
Die Zeit hat keine Bedeutung mehr und scheint still zu stehen.
Das Denken hat aufgehört.
Wir sind erfüllt von Innerem Glück.
Wir besitzen keine „Identität" und damit auch kein „Ich" mehr.
Wir sind zu einem fließenden Etwas geworden.

Wir sprechen hier von einem Zustand, der zustande kommen *kann,* weil er nicht die Regel, sondern eher eine Ausnahme ist.
Sex bleibt nämlich viel häufiger eine äußere Angelegenheit, die von ihrer Natur her eigentlich zur Arterhaltung gedacht war, aber im Leben des einzelnen Menschen auch noch eine Vielzahl anderer Formen angenommen hat, welche vorwiegend mit Eigeninteressen verknüpften Zwecke dienen.
Diese mit Eigeninteressen verknüpften Zwecke reichen vom liebevollen Austausch von Zärtlichkeiten, vom einfachen physischen Lustgewinn beim „Druck ablassen", von einem aus der Brunftzeit der Tierwelt stammenden Imponiergehabe mit egomanischem Charakter, über autosexuelle Selbstbefriedigung durch ein äußeres „Objekt", bis hin zu pervertierten Abarten der Sexualität, wie Pornografie,

Prostitution, Pädophilie, sadomasochistische Praktiken, Vergewaltigungen und Sodomie usw.

Im Grunde ist Sex, soweit es seinen natürlichen Zweck zur Fortpflanzung betrifft, eine sich wiederholende Nachahmung oder ein Abbild des Ursprungs-Malheurs im kleineren Maßstab:

Wie bereits im vorhergehenden Kapitel ausführlich dargestellt wurde, ist die Existenz aus einem „Riss" oder „Sprung" des Urgrundes hervorgegangen. Die ausgetretene, sich ausdehnende „Ur-Substanz" war von nun an dem Raum und der Zeit unterworfen, was zur Entstehung von vergänglichen, abgegrenzten Raum-Zeit-Körpern und damit auch zu getrennten Gegensätzen führte, welche aufgrund ihrer jetzt entstandenen „Unvollkommenheit" wieder nach Vereinigung mit ihrem Gegenstück oder Gegenpol trachten, um den Zustand der Selbsterfüllten Ganzheit und Einheit des Urgrundes wieder herzustellen.

Aufgrund der organisierenden Kraft der noch aus dem Urgrund stammenden Bewusstseinsanteile in den Gegensätzen bildeten sich nach und nach Organismen, die entsprechend ihrer Polarität zwar getrennt und „unvollkommen" waren, aber dennoch Eigenschaften aufwiesen, welche zumindest eine vorübergehende Vereinigung mit ihrem Gegenpol ermöglichten und so das Experimentierfeld des Lebens erweiterten.

Weil sich diese gegenpoligen Organismen wie alles Entstandene nach dem Vorbild des Ur-Sprungs bildeten, musste der eine Pol das Austreten der Ur- „Substanz", oder das *Aktive Prinzip* repräsentieren, während der andere Pol das Empfangende, oder das *Passive Prinzip* repräsentieren musste.

Wer diese beiden grundsätzlich verschiedenen Prinzipien des männlichen und weiblichen Geschlechts aufgrund von entstandenen „Frauenemanzipationsbewegungen" anzweifelt, dem sei gesagt, dass der nach außen gestülpte männliche Penis zum Eindringen, und die nach innen gestülpte weibliche Scheide zum Empfangen geschaffen ist. Oder wem das immer noch nicht genügt, der möge eine weibliche Eizelle und eine Spermazelle nebeneinanderlegen und unter dem Mikroskop betrachten, dann kann er mit eigenen Augen sehen, was *Aktives* und was *Passives* Prinzip ist.

Es ist zwar richtig, dass sowohl der Mann als auch die Frau, ihre gegensätzlichen Prinzipien sowohl physiologisch als auch psychologisch, wenn auch meist in verkümmerter Form, in sich tragen; aber das ändert nichts an ihrem polarisierten Grund-Prinzip.

Nach dem Vorbild des Ur-Sprungs wird durch die geschlechtliche Vereinigung der polarisierten Gegensätze nun vorübergehend die sich selbst erfüllende Einheit des Urgrundes nachgeahmt.

Die teilnehmenden Organismen, oder zumindest deren Geschlechtsorgane, erfüllen sich während dieser Vereinigung so sehr mit „Glück", bis aus dem einen eine Art polarisierte „Ursubstanz" lustvoll heraus- und überfließt, während der andere Organismus diese polarisierte, aktive „Ursubstanz" lustvoll empfängt und ihr zum Zweck der Fortpflanzung eine polarisierte passive „Ursubstanz" – eine Eizelle – entgegensetzt.

Das Ganze wiederholt sich nun nochmal im kleineren Maßstab auf der zellulären Ebene zwischen Samen- und Eizelle – den polarisierten „Ursubstanzen" – mit dem Unterschied, dass sich die polarisierten Organismen nach Erfüllung des Aktes wieder trennen müssen, während Ei- und Samenzelle so sehr miteinander verschmelzen, dass eine Trennung nicht mehr möglich ist. Ei- und Samenzelle sind dann als solche gestorben.

Durch die Verschmelzung werden sie zu einer sich selbst erfüllenden Einheit, die sich nun nach dem Ur-Prinzip der Teilung und Wiederverbindung vermehrt, um innerhalb einer Fruchtblase im Mutterleib einen neuen Organismus zu bilden.

Innerhalb der Fruchtblase entspricht dieser Organismus dem Abbild der sich selbst erfüllenden Einheit des zeitlosen Urgrundes, bis die Fruchtblase *reißt* und der neue Organismus, wieder nach dem Vorbild des Ursprung-Malheurs, aus dem Mutterleib heraustritt, um sich zu einem polarisierten passiven weiblichen oder aktiven männlichen Organismus zu entwickeln, womit der Prozess der Sehnsucht nach Einheit und Ganzheit wieder von vorne beginnt.

Weil die aus dem Urgrund stammenden Bewusstseinsteile mit diesen physiologischen Prozessen verwoben sind, wird dadurch auch unsere Psyche maßgeblich geprägt, sodass unsere unaufhörliche Suche nach „Glück", „Ganzheit" oder „Vollkommenheit" im Grunde auf die Sehnsucht nach der ursprünglichen Einheit reduziert werden kann.

Wir können die sexuelle Vereinigung, den liebevollen Austausch von Zärtlichkeiten, die orgastischen Zuckungen und Strömungen, den lustvollen Abgang von bestimmten Flüssigkeiten, mit oder ohne Fortpflanzungsabsicht, als „Glück" oder „Erfüllung" empfinden.
Aufgrund unserer Sehnsucht nach der ursprünglichen Einheit, bzw. dem uns eingepflanzten Trieb der Arterhaltung, trachten wir dann immer wieder und regelmäßig nach sexueller Vereinigung und deren Vollzug.

Das alles liegt noch im natürlichen Rahmen und ist, zumindest solange wir noch keinen Zugang zum Inneren Glück oder zur Glückseligkeit gefunden haben, für eine gewisse Psychohygiene sogar notwendig. Denn in unserem weit von unserer wirklichen Natur entfernten und gekünstelten „persönlichen Leben" innerhalb der Persönlichkeitskultur bleibt nämlich Sex oft die einzige Möglichkeit, um wenigstens für einige Augenblicke unsere innerste Wesensnatur zu berühren. Schließlich repräsentiert der natürliche Sex ja die ursprüngliche Kraft des Inerscheinungtretens der Existenz.
Aber wo und warum, beginnt das Ganze abartig und pervers zu werden?
Es beginnt in unserem Kopf – wenn Sex zur „Kopfsache"

wird. Sex gehört nämlich nicht zum Kopf, sondern zum Bauch, zu den Geschlechtsorganen. Der Kopf ist zum Denken da, das Herz zum Fühlen und der Bauch zum Verspüren. Wenn Sex im Kopf ist, dann ist das Denken in den Geschlechtsorganen. Und wenn das Denken in den Geschlechtsorganen ist, dann dreht sich alles um „Sex" oder darum, immer wieder neue „sexuelle" Reize anzustreben. Dann wird Sex zur Fantasie, zur Fantasterei, und kann auch nur noch in der Fantasie „befriedigt" werden, aber nicht wirklich. Auch wenn das fantasiert wird.

Auf diese Weise entsteht ein Teufelskreis:
Je weniger wirkliche sexuelle Befriedigung, desto mehr Fantasie, und je mehr Fantasie, umso weniger wirkliche Befriedigung usw., bis auch sexuelle Abarten und Perversionen als „normal" angesehen und offen oder verdeckt angestrebt und ausgelebt werden.
Hier wird auch offenbar, warum Sex „in den Kopf steigt" und zur „Kopfsache" wird. Nämlich: weil er unbefriedigt bleibt. Und unbefriedigt bleibt er dann, wenn wir die Fähigkeit zur Hingabe verloren haben.
Die Fähigkeit zur Hingabe ist nämlich die Voraussetzung dafür, dass sich die in den Geschlechtsorganen angesammelte Energie vollständig lösen und unseren gesamten Organismus in orgastischen Wellen durchströmen, erfrischen und uns für einige Augenblicke in den Zustand der Einheit versetzen kann.
Was uns die Fähigkeit zur Hingabe nimmt, sind unsere „Identitäten", unser „Ich", unsere Vorstellungen von uns

selbst, mit denen wir uns identifizieren – womit wir wieder bei der Grundursache allen Übels – der Identifikation – angelangt sind.

Umso stärker die Identifikation mit unserem Selbstbild ist, umso weniger Hingabefähigkeit an den orgastischen Strom besitzen wir.

Hält sich die Identifikation mit unseren „Identitäten" und Selbstbildern in Maßen, besteht aber durchaus die Möglichkeit, dass der orgastische Strom eine Stärke erreicht, die unsere „Identitäten" und Selbstbilder vorübergehend wegspült und wir dennoch eine gewisse Befriedigung des Bestrebens nach Verschmelzung und Vereinigung erfahren können.

Ist die Identifikation aber so stark, dass sie vom orgastischen Strom nicht weggespült werden kann, bleibt die Kopulation lediglich ein lokales Lustempfinden in den Geschlechtsorganen, mit der Folge einer ungestillten, unbefriedigten Sehnsucht nach Auflösung, Verschmelzung und Vereinigung.

Diese ungestillte Sehnsucht steigt dann „zu Kopf" und kreiert fantastische Vorstellungen, die allen möglichen, oft zwanghaften sexuellen Neigungen, Abarten und Perversionen Tür und Tor öffnen.

In diesen Neigungen und deren Verwirklichung kommt dann meist auch der Zustand zum Ausdruck, in welchem sich das von unauflösbaren, persönlichen „Identitäten" blockierte sexuelle Bestreben nach Vereinigung und Verschmelzung befindet:

So können wir zum Beispiel pädophile Neigungen als Ausdruck einer unterentwickelten, unreifen Sexualität sehen. Und – Entschuldigung – Homosexualität ebenso, weil sie die Stufe der Heterosexualität noch nicht erreicht hat.

In der Sadomasoszene finden wir Dominanz, Unterwerfung, Masken, Gitterstäbe, Fesseln, Peitschen und andere Folterwerkzeuge, was im Grunde nur zum Ausdruck bringt, dass die wirkliche und natürliche Sexualität von den „Identitäten" dieser Personen *dominiert, unterworfen, unkenntlich gemacht, eingesperrt, gefesselt, ausgepeitscht und gefoltert* wird.

Vergewaltigungen und andere direkt oder indirekt mit Sexualität verknüpfte Gewaltakte können als Ausbruchsversuche dieser von unseren „Identitäten" entstellten, eingekerkerten und gequälten ursprünglichen, natürlichen Kraft, die wir Sex nennen, angesehen werden.

Was das alles mit „sexueller Befreiung" zu tun haben soll, ist mehr als fraglich.

Wirklich befreiter Sex ist *reiner* Sex, das heißt sauber und ungetrübt von „Identitäten", Selbstbildern, Neigungen, Fantasien und emotionalen Sentimentalitäten. Nur dann kann er uns die Tür zum Inneren Glück öffnen und uns einen vorübergehenden Geschmack von Glückseligkeit geben.

Weil aber auch dieser reine Sex, neben der Bereitschaft zur völligen Hingabe, von der Vereinigung und Verschmelzung mit einem anderen polarisierten Organismus abhängig ist und wir uns immer wieder von diesem trennen müssen, kann er uns auch immer nur einen vorübergehenden

Geschmack der sich selbst erfüllenden Glückseligkeit geben.

Der durch Sex mögliche Zustand einer sich selbst erfüllenden Glückseligen Einheit ist also immer nur unter bestimmten äußeren und inneren Bedingungen, die nicht alle willentlich geschaffen werden können, möglich. Das heißt, es wird immer ein unsicheres, labiles und anfälliges Glück bleiben, das in großem Maße von äußerem Glück und äußeren Umständen abhängig ist und das wir immer wieder verlieren können.

Letztendlich müssen wir innerlich sowohl über alle Abarten der Sexualität als auch über den natürlichen Sex hinauswachsen, weil Sex immer nur auf der Ebene getrennter, polarisierter Gegensätze möglich ist, unsere wahre Erfüllung aber jenseits von allen polarisierten Gegensätzen, in der Tiefe unseres Seins, und somit auch jenseits aller Sexualität und Geschlechtlichkeit liegt. Das heißt auch: Solange wir innerlich nicht über jede Art der Sexualität hinausgewachsen sind, bleiben wir unvollendete, unvollkommene und unerfüllte Wesen.

Weil Sex auf polarisierten Gegensätzen beruht, die für sich genommen unvollständige Einheiten sind, erinnern uns Sex und unsere Geschlechtlichkeit in der Tiefe unseres Wesens, zum einen auch daran, dass wir selbst unvollständige und unvollkommene Wesen sind, und zum anderen, daran, dass das ursprüngliche, freie, ungebundene Eine Bewusstsein dem Fortpflanzungs- oder Sexualtrieb und somit unserer Geschlechtlichkeit unterjocht ist, wodurch der Sexualität oder der Geschlechtlichkeit wohl auch eine gewisse, natürliche Scham anhaftet.

Um dem unangenehmen Empfinden dieser natürlichen Scham zu entgehen, hat der Mensch verschiedene, oft mit unguten Folgen einhergehende Strategien entwickelt.

Die einen versuchen ihre Geschlechtlichkeit und Sexualität zu unterdrücken, zu verbergen oder zu verleugnen, mit der Folge einer pervertierten, bis zur Unkenntlichkeit entstellten Sexualität, die nun in krankhaften Verhaltensweisen wie Pedanterie, Habgier, Geltungssucht, Machthunger, Dogmatismus, Fanatismus, Gewalttätigkeit und Zerstörungswut oder Ähnlichem ihren Ausdruck findet.

Die anderen versuchen ihre an sich natürliche Sexualität innerhalb ihres persönlichen Lebens in einer Art sexistischer Persönlichkeitskultur zu rechtfertigen, um ohne das geringste Schamgefühl und hemmungslos den größtmöglichen, persönlichen Lustgewinn daraus ziehen zu können. Die daraus resultierenden Folgen zeigen sich in einer reizhungrigen, übersexualisierten, reizüberfluteten Persönlichkeits- und Genderkultur mit sexistischer Propaganda, unersättlicher Gier nach „noch mehr", „noch größer", „noch schneller", „noch weiter", „noch höher" usw. und dem fast vollständigen Kontaktverlust des Menschen zu seiner wirklichen Natur und zur Tiefe seines Seins.

Wie wir sehen können, findet der Mensch weder in der Repression und dem Verbergen noch in der hemmungslosen Exhibition seiner Geschlechtlichkeit oder seiner Sexualität wirkliche und dauerhafte Erfüllung, sondern er endet stattdessen immer wieder bei einer Pervertierung dieser ursprünglichen Kraft, die wir Sex nennen.

Wirkliche und dauerhafte Erfüllung ist in dieser Hinsicht nur möglich, wenn wir uns der Scham unserer Geschlechtlichkeit, das heißt, der Scham unserer Unvollständigkeit stellen und in unserem tiefsten Inneren ungeschlechtlich oder sexlos werden.

Um einen solchen unabhängigen und dauerhaften Zustand der Erfüllung oder der Glückseligen Einheit zu erlangen, müssen die Vereinigung und Verschmelzung der polarisierten Gegensätze vor allem in uns selbst, in unserem Inneren stattfinden.

Mit der Trennung vom Mutterleib, der Entwicklung unserer Geschlechtlichkeit und der damit verbundenen Polarisation unseres Organismus, hat sich nämlich auch unsere Psyche in polarisierte Gegensätze aufgespalten. Und solange diese innere Spaltung bestehen bleibt, ist eine dauerhafte, sich selbst erfüllende Glückselige Einheit nicht möglich.

In tantrischen Lehren wird vom „Inneren Mann" und von der „Inneren Frau", die es zu vereinigen gilt, gesprochen. In taoistischen Lehren spricht man von der Vereinigung von „Feuer und Wasser" oder der Vereinigung von „Himmel und Erde".

Und selbst in der christlichen Lehre finden wir im Evangelium nach Thomas[24] folgende interessante Passage:

Jesus sprach zu ihnen: „Wenn ihr die Zwei zu Einem macht und wenn ihr das Innere wie das Äußere macht und das Äußere wie das Innere und das Obere wie das Untere, und zwar damit ihr das Männliche und das Weibliche zu einem einzigen macht, auf dass das Männliche nicht männlich und das Weibliche nicht weiblich sein wird ... dann werdet ihr eingehen in das Königreich." (Logion 22 p. 37,20-35)

Wenn „...das Männliche nicht männlich und das Weibliche nicht weiblich sein wird...", dann haben sich die polarisierten Gegensätze aufgelöst und sind EINS geworden – wie bei einer tiefen sexuellen Vereinigung polarisierter Organismen, wie bei der Verschmelzung von Samen- und Eizelle auf der äußeren Ebene – nur diesmal im Inneren, „... dann werdet ihr eingehen in das Königreich".

Was anderes sollte dann das „Königreich" sein, als der EINE-SICH-SELBST-ERFÜLLENDE-GLÜCKSE-LIGE-URGRUND?

So wie sich durch die Verschmelzung von Samen- und Eizelle ein „äußerer" Embryo bildet, so bildet sich durch die

---

[24] Schröter, Jens/Bethge, Hans-Gebhard: Das Evangelium nach Thomas (NHCII,2)

Verschmelzung der inneren polarisierten Gegensätze ein „innerer" Embryo.

Im „Tai I Gin Hua Dsung Dschi"[25] spricht Meister Lü Dsu von einem „geistigen Embryo", der „gewärmt und genährt" werden muss, bis er sich „kristallisiert", um dann in die „Leere" eingehen zu können.

Ist die innere Verschmelzung der polarisierten Gegensätze erst einmal vollzogen, dann zeigt sich auch noch ein anderer Effekt:
Der Durst, der Drang, das Trachten und die Sehnsucht nach sexueller Vereinigung mit dem gegenpoligen Geschlecht werden weniger oder ganz und gar verschwinden. Denn die äußere sexuelle Vereinigung kann unserem Inneren Glück nichts mehr hinzufügen.
Wir sind innerlich sexlos geworden, wir sind frei von Sexualität geworden. Sex wird nicht mehr zwanghaft sein und unser Glück wird nicht mehr von Kopulationen mit dem anderen Geschlecht abhängen.
Das ist wirkliche „sexuelle Befreiung", was aber nicht notwendigerweise bedeuten muss, dass wir überhaupt keinen Sex mehr haben werden. Denn schließlich werden unsere polarisierten Organismen ihre Polarität nicht verlieren und weiter Substanzen produzieren, die entweder entleert werden, oder aber vom Organismus auch wieder resorbiert werden können, ohne dass sie uns „zu Kopf" steigen, um

---

[25] Wilhelm, Richard: Geheimnis der goldenen Blüte.

dort sexuelle Abarten und Perversionen entstehen zu lassen.

Durch die Vereinigung der inneren polarisierten Gegensätze bildet sich nämlich eine innere Einheit, oder ein „geistiger Embryo", der die überschüssige sexuelle Energie wie ein Gravitationsfeld auf sich zieht, um sich zu nähren. Diese Gegebenheiten sind wohl der Ursprung des echten Zölibats.

Unser Sex wird *frei* sein. Wir werden über den Sex hinausgewachsen sein. Wir *können*, aber wir *müssen* nicht. Wir werden innerlich davon frei sein. Und wenn wir uns mit einem gegenpoligen Organismus vereinigen, dann müssen wir es auch nicht mehr „auf den Gipfel treiben", um angesammelte sexuelle Substanzen auszustoßen, sondern wir können im Strom der Energie, die durch die Vereinigung frei wird, baden und so unseren inneren „geistigen Embryo" nähren, wie ein trächtiger Mutterleib den in ihm heranwachsenden Embryo nährt.

Wie aber können wir unsere inneren polarisierten Gegensätze – unseren „inneren Mann" und unsere „innere Frau" –, die sich als aktives und passives Prinzip präsentieren, miteinander verbinden und vereinigen? Die Antwort liegt in unserer Aufmerksamkeit. Gewöhnlich wird unsere Aufmerksamkeit, die untrennbar mit unserem ursprünglich leeren Bewusstsein verwoben ist, von Sinneseindrücken aus unsrer Umgebung, von Körperempfindungen und den daraus entstehenden intellektuellen und emotionalen Aktivitäten, welche wir auch als unsere Psyche bezeichnen, aufgesogen, darin verwickelt und zerstreut.

Dabei stellen unsere Sinneseindrücke, unsere Körperempfindungen und unsere Psyche mit ihren intellektuellen und emotionalen Aktivitäten das agierende, aktive Prinzip dar, während unsere Aufmerksamkeit und unser Bewusstsein das empfangende, passive Prinzip darstellen – sie werden nämlich von Sinneseindrücken, Körperempfindungen und unsren psychischen Inhalten dirigiert.

Es besteht sozusagen ein Ungleichgewicht zwischen den Prinzipien. Bei dem einen, dem agierenden Prinzip, liegt der Schwerpunkt im Außen, und beim anderen, dem inneren passiven Prinzip, finden wir meist gar keinen oder nur einen unvollständigen Schwerpunkt, weil es vollständig vom äußeren agierenden Prinzip dominiert und aufgesogen wird. Das gilt sowohl für den Mann als auch für die Frau.

Und weil uns der innere Schwerpunkt fehlt, suchen wir unseren Gegenpol immer wieder im Außen, im anderen Geschlecht. Wir müssen also zuerst unseren Schwerpunkt nach innen verschieben, indem wir unsere Aufmerksamkeit *aktiv* benutzen um einen Sammelpunkt im leeren, ungeformten Bewusstsein zu schaffen.

Das erreichen wir dadurch, dass wir unsere Aufmerksamkeit zwischen unseren physischen und psychischen Aktivitäten und der inneren Leere teilen. Das heißt, wir richten einen Teil unserer Aufmerksamkeit auf unsere Körperempfindungen, momentan ablaufende Gedanken und

Emotionen, und den anderen Teil richten wir gleichzeitig auf die innere Leere.

Auf diese Weise verbinden wir unseren agierenden Körper und unsere agierende Psyche *bewusst* mit deren inneren Gegenpol, dem leeren, empfänglichen, passiven Bewusstsein, wodurch es zu einem rückläufigen Energiefluss kommt und sich dort mit der Zeit ein Sammelpunkt, eine Art Gravitationsfeld bildet, das eine Attraktion auf unsere zuvor aktiv nach außen gerichteten psychischen Inhalte ausübt und sie zu einer Inneren Einheit verschmelzen lässt.

In dieser Glückseligen Einheit gibt es keine getrennten Gegensätze, keine getrennten Gedanken und auch keine ambivalenten Gefühle und Emotionen mehr. Alles ist Eins geworden.

Dieser im leeren Bewusstsein sich bildende Sammelpunkt ist das, was „geistiger Embryo" oder auch „Embryo des Tao" genannt wird. Ein solcher „Embryo" muss regelmäßig und unablässig durch die doppelte Ausrichtung unserer Aufmerksamkeit genährt werden, bis er „ausgewachsen", das heißt „kristallisiert" ist und zu einer autonomen Einheit geworden ist.

Ob wir nun über solche Dinge theoretisieren, ob wir daran glauben oder nicht daran glauben ist vollkommen irrelevant. Wir müssen die doppelte Ausrichtung unserer Aufmerksamkeit praktizieren, um zu sehen oder zu erfahren, was dabei herauskommt. Das wäre im Grunde ja auch ganz einfach, wenn da nicht noch das Vergessen und die Trägheit wären, die uns ständig daran hindern in solch einem Prozess voranzukommen, wenn wir den Entschluss gefasst haben, diese Methode zu praktizieren. Wir dürfen also auch nicht auf frühe Ergebnisse hoffen, sondern müssen uns immer wieder an unser Vorhaben erinnern und uns immer wieder aufraffen, um zu praktizieren.

Im folgenden Kapitel sollen nun einige praktische Methoden beschrieben werden, die uns bei der Bildung eines Sammel- und Schwerpunktes im ungeformten Bewusstsein helfen können.

Vorbereitende Methoden zur Sammlung des Bewusstseins im leeren Raum

In diesem Kapitel werden wir von einigen inneren Methoden und deren Wirkmechanismen sprechen, die, wenn wir
sie praktizieren, die Bildung eines Schwer- und Sammelpunktes im leeren Raum fördern und uns auf die innere
Einheit unseres Seins vorbereiten.

Wir werden sowohl Übungen beschreiben, die nur in stiller
Zurückgezogenheit praktiziert werden sollten, als auch solche, die wir in unserem alltäglichen Leben praktizieren
können.

Weil solche Praktiken schon seit „Urzeiten" existieren und
in den unterschiedlichsten spirituellen Lehren, wenn auch
in leicht abgewandelter Form zu finden sind, kann ihre
Herkunft oft auch keiner ausschließlichen Quelle zugeord-
net werden, weshalb im Folgenden auch auf explizite
Quellenzuordnungen verzichtet wird.

Wir werden in diesem Kapitel weitgehend auf die Darstellung körperlicher Übungen verzichten, was aber nicht bedeuten soll, dass wir vollständig darauf verzichten können.
Vielmehr sollten wir, um den größtmöglichen Nutzen aus
den folgenden Übungen zu ziehen, auch körperliche
Übungen in unser tägliches Programm mit aufnehmen.

Das können zum Beispiel Dehn- und Streckübungen jeder
Art, Yoga, Tai-Chi, Chi-Gong, Lu Jong oder Ähnliches
sein.

Das alles mag jeder für sich selbst entscheiden. In jedem
Fall sollte es den Körper geschmeidig und für energetische
Ströme durchlässig machen sowie eine natürliche Atmung
fördern. Es müssen auch nicht stundenlang andauernde
Übungen sein. Zehn bis zwanzig Minuten am Morgen o-
der bevor wir uns zur Meditation hinsetzen, können schon
ausreichend sein.

Wer sich jedoch für ein komplettes System zur Kultivie-
rung von Körper und Geist interessiert, der sei hier auf
Falun Dafa, einem von Meister Li Hongzhi gelehrten, großen Weg zur Vollendung, hingewiesen, zu dessen Verständnis das vorliegende Buch einen bescheidenen Beitrag
leisten mag. Literatur und Übungsvideos zu diesem auf
Wahrheit, Barmherzigkeit und Nachsicht basierenden Weg
findet der Leser im Internet unter www.falundafa.de, als
auch im Buchhandel.

Trotz aller öffentlicher Kritik durch den von seinem Urgrund sich entfernenden, niederträchtigen Menschen, der
grausamen, gewalttätigen und bösartigen Verfolgung von
Falun Dafa Anhängern durch die niederträchtige KPCH,
ist es dennoch ein aufrichtiger und guter Weg.

Entspannte Körperhaltung

Unser Körper sollte stets, ob in Ruhe oder in Bewegung, eine möglichst entspannte Haltung einnehmen.

Dies erreichen wir am einfachsten, wenn wir beim Gehen, Stehen, Sitzen oder Liegen das Gewicht unseres Körpers verspüren, und, wenn wir einen Gegenstand heben oder tragen, zusätzlich auch noch das Gewicht dieses Gegenstandes bewusst wahrnehmen.

Hierdurch werden sich nämlich alle Muskeln, die wir gerade nicht benötigen, entspannen, und alle, die wir gerade benötigen, werden sich nur so viel als nötig anspannen. Dadurch können wir eine Menge Energie einsparen, die wir ansonsten sinnlos in unnötigen Muskelanspannungen und Verspannungen vergeuden würden. Zudem ist es eine gute Übung, die Ausrichtung unserer Aufmerksamkeit zu trainieren.

Natürlich können wir diese Übung wie immer nur dann praktizieren, wenn wir uns auch daran erinnern.

Meditation

Im Allgemeinen wird „Meditation" als eine Art des kon-
zentrierten „Nachdenkens" oder „Nachsinnens" verstanden. Hier in unserem Zusammenhang meinen wir aber
nichts dergleichen, sondern eher das Gegenteil. Wenn wir
Meditation als „Bewegung zur Mitte" oder als ein „Zur
Mitte kommen" verstehen, dann sind wir der Sache schon
etwas näher. Und wenn wir „Mitte" als etwas begreifen,
das genau zwischen den polarisierten Gegensätzen liegt,
dann bedeutet Meditation, unsere Aufmerksamkeit genau
zwischen innen und außen, zwischen oben und unten, zwischen aktiv und passiv, zwischen Ja und Nein, zwischen
männlich und weiblich, zwischen Fülle und Leere, zwischen Himmel und Erde, usw. zu *platzieren*. Dadurch wird
alles ins Gleichgewicht kommen. Alles wird das gleiche
Gewicht haben. Und wenn alles das gleiche Gewicht hat,
wird alles stillstehen. Die Gedanken, die Emotionen und
wir selbst werden stillstehen – sich selbsterfüllende, Glückselige Stille – Meditation.

Wir können einen solchen Zustand nicht absichtlich erzeugen, weil zum einen, jede Absicht irgendeinem polarisierten Gegensatz zugehört und deshalb außerhalb dieses Zustandes liegt, und zum anderen, weil wir in diesem Zustand
als das, was wir gewöhnlich sind, nämlich als „Identitäten"
nicht mehr vorhanden sein werden. Deshalb können wir
nur die Bedingungen für diesen Zustand der STILLE

schaffen, damit er am Anfang vielleicht nur für einen kurzen Moment, und eines Tages, ohne unser Zutun, ganz spontan, für längere Zeit eintreten kann. Damit dieser Zustand dann dauerhafter werden kann, müssen wir immer und immer wieder, ob mit oder ohne Erfolg, versuchen die Bedingungen dafür zu schaffen. Wir müssen sozusagen „Bahnen graben", um ein häufigeres und länger dauerndes Auftreten dieses Zustandes, durch den sich das Bewusstsein im leeren Raum zu sammeln beginnt, zu ermöglichen.

Wir sollten uns täglich eine bestimmte Zeit, in der wir ungestört sein können, dafür reservieren. Am Anfang vielleicht nur eine halbe Stunde und später ca. ein bis zwei Stunden. Jedenfalls sollten wir nach und nach in der Lage sein für ca. eine Stunde mit geradem Rücken zu sitzen, ohne dabei einzuschlafen. Wer mit gekreuzten Beinen nicht gerade sitzen kann, dem sei ein Zen Schemel empfohlen, der auch für uns Abendländer ein längeres, anstrengungsloses Sitzen mit geradem Rücken möglich macht. Am idealsten wäre jedoch der doppelte Lotussitz, der mit ein wenig Mühe auch von uns Abendländern erlernt werden kann.

Was nun die im Sitzen auszuführende Methode zur Schaffung der Bedingungen für das Eintreten der STILLE betrifft, so scheint die von Meister Lü Dsu[26] beschriebene Methode wohl eine der effizientesten zu sein.

---

[26] Siehe auch Richard Wilhelm: Das Geheimnis der goldenen Blüte

Wir müssen dafür weder unseren Beruf oder unser gewohntes Leben aufgeben, noch müssen wir uns in die vollständige Einsamkeit zurückziehen oder irgendeinem
Mönchtum beitreten.

Sobald wir uns mit geradem Rücken niedergesetzt haben,
ruhen unsere Hände ineinandergelegt und mit den sich be-
rührenden Daumen ein Oval bildend auf unseren Beinen,
während wir das Eigengewicht unseres Körpers verspüren.

Wir senken die Augenlider zur Hälfte oder etwas mehr, sodass gerade noch ein wenig Licht einfällt und wir die Konturen der Dinge in unserer Umgebung nur noch diffus erkennen können.

Nun richten wir einen Teil unserer freien Aufmerksamkeit
auf das diffus einfallende Licht und auf das Ein- und Ausströmen des Atems, ohne diesen zu verändern, sowie auf
die einfallenden Geräusche oder auch auf die einfallende
Stille, wenn keine Geräusche da sind, und auf den Gedankenstrom in unserem Kopf, der durch die volle Inan-
spruchnahme unserer Aufmerksamkeit auch manchmal
versiegen kann.

Dabei genügt es, wenn wir diese Dinge nur diffus wahrnehmen. Es kann auch hilfreich sein die Atemzüge zu zählen; aber ohne sich besonders darauf zu konzentrieren, sodass das Zählen ganz am Rande in die diffuse Wahrnehmung von einfallendem Licht, Atembewegungen und Ge-
räuschen mit einfließt.

Und dann richten wir gleichzeitig noch den Rest Teil unserer Aufmerksamkeit auf den leeren Raum, oder wie Meister Lü Dsu empfiehlt, auf die Leere zwischen unseren beiden Augen.

Dabei wird es immer wieder vorkommen, dass wir uns im Strom der Gedanken verlieren, dass sich unsere Aufmerksamkeit an eine Erinnerung, eine Erwartung, einen Gedanken, an ein einzelnes Geräusch, an eine einzelne Körperempfindung oder irgendeine andere Sinnesempfindung heftet und wir uns in den dadurch ausgelösten, gedanklichen Assoziationsketten verlieren.

Sobald wir das bemerken, kehren wir zu unserer Aufmerksamkeit zurück und richten sie wieder gleichzeitig auf die oben genannten Gegebenheiten.

Das alles mag uns schwieriger erscheinen, als es in Wirklichkeit ist. Wenn wir diese Methode regelmäßig und beharrlich praktizieren, wird sich mit der Zeit die Quantität unserer freien Aufmerksamkeit erhöhen, ihre Qualität wird sich verbessern und wir werden bald den Kniff heraushaben, unsere Aufmerksamkeit gleichzeitig und anstrengungslos auf so viele Dinge zu richten.
Die einzige Anstrengung wird es dann noch sein, uns immer wieder zurückzuholen, wenn wir uns in einer Assoziationskette, in Fantasien oder Vorstellungen verloren haben.
Wir sollten auch darauf achten, die Übung nicht zu starr

oder zu krampfhaft auszuführen. Die Anweisungen sollten
lediglich als richtungsweisende Empfehlungen verstanden
werden. Wenn wir zum Beispiel zu sehr in den Gedanken
abdriften und kurz vor dem Einschlafen sind, können wir
uns ruhig mal strecken oder einige Schritte umhergehen,
um uns dann wieder der gleichzeitigen Ausrichtung unserer Aufmerksamkeit zu widmen. Ebenso können wir, sollten unsere halb geschlossenen Augen anfangen zu brennen, diese auch schließen und unsere geteilte Aufmerksamkeit auf das durch die geschlossenen Lider noch einfallende Licht oder auch auf die Dunkelheit richten, usw. Es
wird immer auf eine gewisse Leichtigkeit und Lockerheit
ankommen.

Weil diese Übung eine der Hauptmethoden zur Bildung
und Ernährung eines Sammelpunktes im leeren Raum darstellt, sollten wir uns täglich auch die notwendige Zeit dafür nehmen, um sie zu praktizieren. Und zwar so, wie wir
uns täglich die notwendige Zeit nehmen, um unserem physischen Körper Nahrung und Flüssigkeit zuzuführen.

Wenn nämlich unser innerstes Sein nicht verkümmern soll,
dann müssen wir es nähren und pflegen, wie wir unseren
physischen Organismus nähren und pflegen.

Praktizieren wir diese Methode regelmäßig, wird sich, während wir unser gewohntes Leben weiterleben, im Hintergrund ein Gravitationsfeld im leeren Raum bilden. Auch
wenn wir dieses vorerst nicht bemerken, sollte es uns nicht

davon abbringen, unsere täglichen Meditationsübungen
fortzuführen.

Es kann nämlich, je nach unserer Konstitution und der Intensität unseres Übens, Monate bis Jahre dauern, bis dieses
Gravitationsfeld so stark geworden ist, dass es selbstständig zu agieren beginnt, dass es zu einer autonomen Einheit
wird und wir bemerken, dass da etwas in uns wohnt, was
unverrückbar jenseits der polarisierten Gegensätze liegt
und unserer wahren Heimat, den glückseligen Gefilden unseres Urgrundes angehört.

Sobald dieses Gravitationsfeld aktiv geworden ist, wird es
immer wieder unsere Aufmerksamkeit auf sich ziehen.
Und wenn wir uns in körperlichen oder emotionalen und
gedanklichen Aktivitäten unserer Psyche verloren haben,
wird es uns daran erinnern, dass wir uns zu weit „aus dem
Fenster gelehnt" und unsere Mitte verloren haben. Dann
werden wir uns wieder dahin zurücksehnen und uns erneut
auf den Weg machen, zum Zentrum unseres Seins.

Um zur Mitte zwischen den polarisierten Gegensätzen,
dem Zentrum unseres Seins, oder während unserer Meditationsübung zur Stille zurückzukehren, nutzen wir die
Kontemplation.

Kontemplation

Kontemplation bedeutet in Zusammenhang mit der Bildung eines Schwer- und Sammelpunktes des Bewusstseins im leeren Raum, die umfassende Reflexion oder Widerspiegelung eines gegebenen Augenblicks.

Es ist die direkte und unmittelbare Betrachtung dessen, was gerade in und um uns vor sich geht, aber *ohne* das Betrachtete zu *beurteilen*, zu *verurteilen* oder zu *analysieren*. Es ist reines Widerspiegeln, wie ein Spiegel eben, der auch nicht über das, was vor ihn tritt nachdenkt, urteilt oder es analysiert.

Das reine Widerspiegeln kann nur in Verbindung mit einem leeren Bewusstsein geschehen. Und diese Verbindung schaffen wir nach und nach mit der oben beschriebenen Meditationsübung, indem wir unsere Aufmerksamkeit immer wieder auf den leeren Raum zwischen den Dingen richten, sobald wir bemerken, dass wir sie verloren haben. Meditation und Kontemplation sind zwei Seiten ein und derselben Sache. Sie gehören zusammen wie Ein- und Ausatmen. Das eine ist ohne das andere nicht möglich. Wenn wir unsere Aufmerksamkeit gleichzeitig auf unsere physischen und psychischen Aktivitäten sowie auf den leeren Raum ausrichten, dann ist es Kontemplation. Wenn wir dadurch zur Stille jenseits der polarisierten Gegensätze gelangt sind, dann ist es Meditation.

Das bedeutet: Meditation ist passives Verweilen in der
Stille jenseits der Gegensätze. Kontemplation ist aktive
Rückführung zur Stille, wenn wir sie verloren haben.

Bildlich gesprochen gleicht wirkliche Kontemplation einem gut ausgebildeten Schäferhund, der den irregeleiteten
Schafen – das heißt den Gedanken und den Emotionen –
die Richtung weist und sie zurück ins Gatter treibt.

Wir nutzen die Kontemplation sowohl während unserer
Meditationsübung als auch während unseres alltäglichen
Lebens, wann immer wir uns daran *erinnern*. Es ist ein un-
mittelbarer Willensakt, ein plötzliches Innehalten, ein
plötzliches Stoppen, ein plötzliches Erwachen und
Schauen.

Mit einem Schlag nehmen wir unsere physische und psychische Situation in der momentanen Umgebung wahr: In
was sind wir gerade verwickelt? In Gedanken? In Emotionen? In Freude? In Stolz? In Eitelkeit? In Ehrgeiz? In
Überschwänglichkeit? In Sorgen? In Ängsten? In Überheblichkeit? In Gier? In Eifersucht? In Neid? In Argwohn?
In Selbstbewunderung? In Selbstmitleid? In Rechtfertigungen? In vergangenen oder möglichen künftigen Ereignissen? In Träumen oder Fantasien? Und so weiter.

Wir stellen das einfach fest, ohne weiter darüber nachzu-
denken, zu analysieren, zu be- oder zu verurteilen oder zu
rechtfertigen. Das Einzige was wir tun, ist das Betrachtete
in Beziehung zum leeren Raum zu setzen. Das heißt, wir

lassen das Ganze von Leere durchdrungen und umhüllt
sein. Das ist wirkliche Kontemplation.

Um dies zu meistern, müssen wir uns regelmäßig in der
Kunst der Kontemplation und des Stille-haltens üben. Wir
müssen lernen die *Stille zu halten*, wenn wir uns im leeren
Raum oder in Meditation befinden, und wir müssen lernen, zu betrachten und *zu kontemplieren*, wenn wir die Stille
oder die Leere verloren haben.

Stille zu halten bedeutet in diesem Zusammenhang, uns
nicht mit aufkommenden Gedanken zu verbünden, damit
wir uns nicht im nachfolgenden Gedankenstrom verlieren.

Wenn wir uns nämlich im leeren Raum befinden, sind wir
von unseren Gedanken unterschieden. Das heißt wir sind
nicht unsere Gedanken, aber wir können uns mit ihnen verbünden, oder wir können ihnen das Bündnis verweigern.

Verweigern wir ihnen das Bündnis, gleichgültig, wie
schmeichelhaft bestimmte Gedanken auch sein mögen,
dann halten wir Stille.
Verbünden wir uns mit ihnen, dann verlieren wir uns auch
in ihnen. Haben wir uns in ihnen verloren, dann müssen
wir kontemplieren.
Sicherlich wird uns das nicht immer gelingen. Denn oft
verlieren wir uns so tief in Gedankenströmen, in Selbstgesprächen, in Emotionen und Handlungen, dass wir aus der
Reichweite unseres inneren Gravitationsfeldes geraten und
den Verlust unserer Mitte, unserer Stille und unserer

Glückseligkeit gar nicht mehr bemerken. Und solange wir
diesen Verlust nicht bemerken, können wir auch nicht
kontemplieren. Vielleicht gelangen wir während unsrer
nächsten regelmäßigen Meditationsübung wieder in die
Reichweite des inneren Gravitationsfeldes, sodass wir uns
erinnern und den Verlust bemerken, uns wieder nach unserer glückseligen Stille sehnen und auch wieder kontemplieren können.

Manchmal finden wir uns aber auch in einem Zustand, in
welchem wir zwar bemerken, dass wir in Gedanken, in
Selbstgesprächen und Emotionen verwickelt sind, können
uns aber, trotz aller Anstrengungen zu kontemplieren,
nicht davon befreien und keinen Kontakt zum leeren
Raum herstellen. Das heißt wir verspüren zwar eine Sehnsucht nach der Stille im leeren Raum, können sie aber nicht
erreichen, weil wir zu stark in unseren psychischen Aktivitäten verwickelt sind. Daran sollten wir aber weder verza-
gen noch daran verzweifeln.

Denn das Bemerken dieser unerfüllten Sehnsucht nach der
Stille im leeren Raum ist zwar unangenehmer als das kom-
plette Verloren Sein in Gedanken und Emotionen – denn
dann bemerken wir Garnichts – dafür ist es aber umso
heilsamer. Dann können wir nämlich unsere wirkliche Situation erkennen und verspüren, dass wir Sklaven und Un-
tertanen unserer Gedanken, Emotionen und Handlungen
sind, dass wir keinen wirklichen Willen besitzen, wie wir
ihn uns in unserer subjektiv befangenen Welt oft erträu-
men. Im Grunde sind wir dadurch der Wirklichkeit unseres

Unerfüllt Seins nähergekommen und desillusioniert worden. Und wenn wir den daraus entstehenden inneren Schmerz betrachten und ertragen können, dann können wir nach und nach auch wieder kontemplieren. Wir müssen lediglich ein wenig Geduld haben. Dieser innere Schmerz wird nämlich die Sehnsucht nach der Stille im leeren Raum, nach unserem wahren Sein, nach unserem verlorenen Inneren Glück weiter anfachen und unseren Gedanken eine Richtung geben, sodass der Kontakt zum leeren Raum wiederhergestellt und damit auch die Kontemplation, die uns zu unserem wahren Sein zurückführt, wieder möglich wird.

Dann kontemplieren wir wieder, bis die ersehnte Stille eintritt; und wir verweilen im glückseligen Strom ...

Nachträglich sei hier noch auf eine Vorstellungsübung hingewiesen, die ebenfalls den Kontakt zum leeren Raum fördern kann.
Die Übung besteht darin, sich einen Gegenstand in der Ansicht von *allen* Seiten vorzustellen. Zum Beispiel können wir von den sechs Flächen eines Würfels gewöhnlich nur drei Flächen sehen, während die übrigen drei verdeckt bleiben. Bei dieser Übung schauen wir auf die drei sichtbaren Flächen und stellen uns den Würfel mit all seinen sechs Flächen vor. Wir können dies mit allen beliebigen Gegenständen unserer Umgebung tun. Am besten beginnt man mit einfachen Körpern wie Würfel, Quader oder Kugeln und geht dann zu komplexeren Körpern wie Häuser,

Bäume, Tiere, Menschen usw. über. Man kann dies auch
mit geschlossenen Augen tun, indem man sich einen beliebigen Körper vor seinem inneren Auge vorstellt. Später
kann man dann noch versuchen, alle Oberflächen *aller*
Körper in unserer Umgebung von allen Seiten zu visionie-
ren, auch wenn diese dann nur ein diffuses Bild ergeben.

Denn um uns einen Körper mit all seinen Oberflächen
vorstellen zu können, müssen wir in den leeren Raum, der
ihn umgibt, eintreten.

Vor dem Spiegel

Bei dieser Übung sitzen oder stehen wir am besten regungslos zehn bis zwanzig Minuten vor einem Spiegel und schauen uns in die Augen. Nach einer Weile stellen wir uns vor, dass nicht wir unser Spiegelbild anschauen, sondern dass das Spiegelbild uns anschaut.

Wenn wir dann momentweise nicht mehr wissen, wer jetzt wen anschaut, können oft seltsam anmutende Empfindungen auftreten. Diese Empfindungen können zwischen angenehmer Gelöstheit, einem Gefühl der Haltlosigkeit, des Schwindels, „den Boden unter den Füßen zu verlieren", des Erschreckens, der Angst oder sogar der Todesangst usw. variieren.

Nicht selten können sich auch die Konturen unseres Gesichts so verändern und verzerren, dass wir meinen, ein Tier, ein unbekanntes Wesen oder irgendeine Fratze würde uns entgegenblicken. Vielleicht kommen wir uns aber auch einfach nur „komisch" und „albern" vor, weil wir vor einem Spiegel sitzen und uns betrachten.

Das alles sollte uns aber nicht davon abhalten, diese Übung regelmäßig oder zumindest gelegentlich zu praktizieren. Sie kann nämlich unser durch Identifikation in Selbstbildern verhaftetes und verhärtetes Bewusstsein auflockern oder verschiebbar machen und es für die Erfahrung unseres wahren Seins im leeren Raum vorbereiten und öffnen.

Wir können diese Übung nutzen, um uns an den Zustand des Nichtwissens, *wer, was* und *wo* wir sind, zu gewöhnen. Sobald solch ein Zustand des Nichtwissens eintritt, sollten wir versuchen, so lange wie möglich darin zu verweilen. Wenn wir ihn verlieren und wieder zu wissen glauben, *wer, was* und *wo* wir sind, beginnen wir wieder von vorne – wir schauen uns in die Augen und lassen das Spiegelbild auf uns zurückschauen … usw.

Im Grunde ist es das Gleiche wie bei unserer Meditationsübung: – Kontemplation – Leere und Stille – Kontemplation … usw.

Die während dieser Spiegelübung eventuell auftretenden, manchmal auch als bedrohlich empfundenen Angst- und Schreckmomente gründen auf der Tatsache, dass sich das Bewusstsein kurzfristig von seiner geglaubten „Identität" löst und sozusagen form- und haltlos wird, wodurch wir erschrecken und sofort wieder in unsere geglaubte „Identität" zurückschlüpfen.

Aber gerade in der Form- und Haltlosigkeit des Bewusstseins – was wir auch Leere oder Stille nennen – liegen unser wahres Sein, unsere Erfüllung und die ozeanischen Gefilde der Glückseligkeit, die wir erst dann betreten können, wenn wir unsere „Identitäten", das heißt, uns selbst überwunden haben.

So gesehen sind alle hier beschriebenen Übungen auch Übungen zur Selbstüberwindung. – „Gesegnet ist, wer überwindet".

Wie wir sehen können, ist hier nicht die Rede von der allgemein verstandenen „Selbstüberwindung", die darin besteht, dass eine „Identität" innerhalb unserer Psyche eine andere „Identität" überwindet, sondern gemeint ist die Überwindung *aller* „Identitäten", sodass nur noch *reines* Bewusstsein übrigbleibt.

Hierzu noch eine kurze Zengeschichte:[27]
Die Nonne Chiyono studierte jahrelang, aber konnte keine Erleuchtung finden. Eines Abends trug sie einen alten Eimer voll mit Wasser. Während sie ging, beobachtete sie den Vollmond, der sich im Wasser des Eimers spiegelte. Plötzlich rissen die Bambusstreifen, die den Eimer zusammenhielten, und das Gefäß brach auseinander. Das Wasser schoss heraus, das Spiegelbild des Vollmonds verschwand – und Chiyono wurde erleuchtet.
Sie schrieb folgendes Gedicht:

Auf diese und auf jene Art
wollte ich den Eimer
zusammenhalten,
hoffend, der schwache Bambus werde nie reißen.
Plötzlich fiel der Boden heraus.
Kein Wasser mehr – kein Mond mehr im Wasser.
Leere in meiner Hand.

---

[27] Aus: Rajneesh: Kein Wasser, kein Mond.

Wer bin „Ich"?

Diese Frage können wir uns erst dann stellen, wenn wir bereits einige Meditationserfahrungen gesammelt haben. Denn gewöhnlich sind wir ja fest davon überzeugt, zu wissen *wer* oder *was* wir sind. Und solange wir das zu wissen glauben, werden wir uns diese Frage entweder gar nicht stellen, oder, wenn wir sie stellen, werden wir uns mit vorgefertigten, allgemeinen Antworten zufriedengeben: „Ich bin Herr oder Frau soundso", „ein Mann", „eine Frau", „ein Mensch", „mein Organismus mit meiner Psyche zusammengenommen", oder sonst Irgendetwas, mit dem wir gerade identifiziert sind.

Sicher nehmen wir im Laufe unseres Lebens verschiedene Rollen und „Identitäten" an. Aber sind diese wirklich unser wahres „Ich"? Oder sind es nur verschiedene, vorübergehende Hüllen und Masken, die wir uns in verschiedenen Situationen überstülpen, so wie wir uns beispielsweise zu verschiedenen Anlässen verschiedene Kleider anziehen?

Wir können unsere Rollen und „Identitäten" nur so lange als „Ich" bezeichnen, solange wir damit identifiziert sind. Wir sagen ja auch nicht „Ich bin mein Pullover" oder „Ich bin meine Hose" usw.

Sobald wir uns mit irgendeiner Rolle, einem Gedanken, einer Emotion oder auch mit unserem Körper identifizieren, werden diese zu unserer „Identität", zu unserem „Ich".

Löst sich die Identifikation auf, werden sie zu Objekten
oder zum Nicht- „Ich".

Manchmal wachsen wir im Laufe unseres Lebens aus einer
eingenommenen Rolle oder „Identität" heraus, wodurch
sich auch die Identifikation damit oft unbemerkt auflöst.
Wenn wir dann darauf zurückblicken erscheint uns unser
Verhalten in dieser früheren Rolle oder „Identität" oft als
fremd, seltsam oder merkwürdig, und wir wundern uns
darüber, wie es denn möglich war, so zu sein, wie wir es
waren.

Dabei vergessen wir aber oft, dass wir auch in diesem jetzigen Augenblick, in welchem wir uns über eine früher eingenommene Rolle oder „Identität" wundern, mit einer anderen Rolle oder „Identität" identifiziert sind, die uns zu
einem späteren Zeitpunkt, wenn wir darüber hinaus gewachsen sind, ebenso fremd erscheinen wird.

Das bedeutet auch, dass all unsere sogenannten „Identitäten" zum Objekt, oder zum Nicht- „Ich" werden können.
Aber was ist dann wirklich „Ich"?

Vor diesem Hintergrund kann „Ich" nur das sein, was in
all unseren wechselnden Gedanken, Emotionen, Rollen
und „Identitäten" immer gleichbleibt. Und das ist das, was
die Dinge erlebt, erleidet und betrachtet – nämlich unser
form- und inhaltloses, reflektierendes Bewusstsein.
Weil dieses erlebende und betrachtende Etwas in uns nur
Objekte aber nicht sich selbst betrachten kann – so wie das

Auge, das ein Objekt betrachtet, sich selbst dabei nicht
sieht – können wir die Frage, *wer* oder *was* ist „Ich", immer
nur durch Negationen oder Ausschlussfragen beantworten
– nämlich *wer* oder *was* ist *Nicht-* „Ich".

Diese „*Wer* bin ‚Ich-'Übung" läuft also darauf hinaus,
wann immer wir daran denken, einen Blick auf unsere momentane Situation und „Identität" zu werfen und alles was
wir erleben, jeden auftauchenden Gedanken, jede auftau-
chende Emotion und jede eingenommene Rolle oder
„Identität" als Nicht- „Ich" zu identifizieren. Das heißt,
wann immer etwas in unser Bewusstsein tritt, betrachten
wir es und sagen innerlich „Nicht-Ich" … „Nicht-Ich" …
„Nicht-Ich" …

Mit etwas Glück können wir so auch während unseres Alltagslebens hin und wieder in einen Zustand der Leere oder
unseres wahren Seins gelangen und unser Gravitationsfeld
im Formlosen nähren.

Die Gegenwart des Todes

Sterben und Tod sind in jedem Augenblick unseres Daseins allgegenwärtig. Jeden Moment treten unzählige Dinge und Organismen ins Dasein. Jeden Moment finden auch unzählige Dinge und Organismen den Tod. Und eines Tages, das ist unumstößlich, sind auch wir an der Reihe! Das „Eines Tages" kann in jedem Augenblick sein. Aber gewöhnlich blenden wir diese Tatsache gekonnt aus unserem Bewusstsein aus, wodurch wir, ob gewollt oder nicht, auch die Hälfte unserer Realität ausblenden.

Wir gründen so unser gesamtes Leben, unser Denken und unser Fühlen auf Halbwahrheiten, was konsequenterweise in einem illusionären Dasein mündet, welches wir „Leben" oder auch „Realität" nennen.

Solange wir uns in solch einem selbst geschaffenen, illusionären, auf Halbwahrheiten gegründeten Dasein die Zeit vertreiben, solange wird auch unsere „Erfüllung" oder unser „Glück", eine Illusion, eine Täuschung, eine Fata Morgana am fernen Horizont bleiben und uns immer wieder aus den Händen gleiten, wenn wir glauben, es endlich gefunden zu haben.

Wenn unser Glück, unsere Erfüllung real werden soll, dann müssen wir lernen unser Dasein, unser Leben, unser Denken und unser Fühlen auf die ganze Wahrheit zu gründen: Es ist *wahr*, dass wir da sind. Und es ist *wahr*, dass wir vergehen werden!

Uns die Unvermeidbarkeit unseres Todes immer wieder
ins Gedächtnis zu rufen und uns klar zu machen, dass wir
eine *vorübergehende* Erscheinung sind, kann uns der Wahrheit und der Realität unseres Daseins näherbringen. Aber
das ist leichter gesagt als getan.

Weil wir nämlich meist in einer todesverneinenden Gesellschaft aufwachsen, wo das Sterben eines Menschen häufig
in einem Krankenhaus oder Pflegeheim stattfindet und
kaum noch hautnah erfahren wird, sind Sterben und Tod
auch gar keine wirklichen Realitäten mehr für uns, sondern
lediglich etwas, das als vager, verschwommener Gedanke
ab und zu, wenn überhaupt, den äußersten Rand unseres
Verstandes streift. Sterben ist so immer nur den „Anderen" vorbehalten.

Wir können zwar denken und sagen „ich weiß, dass ich
sterben werde", aber es wird uns nicht sonderlich berühren, weil es nur ein Gedanke ist, der nicht bis zu unserem
Fühlen, bis zu unserem Sein vordringt und somit auch
keine Konsequenzen für uns hat.

Wenn das „Bewusstsein" unseres bevorstehenden Todes
keine Konsequenzen für uns nach sich zieht, dann können
wir sicher sein, dass dieses „Bewusstsein" lediglich in unserer Vorstellung oder in unserer Einbildung existiert.
Denn wären wir uns der Tatsache unseres bevorstehenden
Todes wirklich bewusst, dann hätte es auch Konsequenzen
für unsere Sichtweise der Dinge, für unser Denken, für unser Fühlen, für unser Handeln, und nicht zuletzt auch für
die Qualität unseres Daseins.

Dennoch sollten uns aber darüber im Klaren sein, dass auch falsche Konsequenzen entstehen können, wenn die Tatsache der Unvermeidbarkeit unseres Todes tiefer in unser Bewusstsein vordringt.

Eine Art „Torschlusspanik", die uns dazu treibt „schnell noch mitzunehmen, was das ‚Leben' zu bieten hat", wäre solch eine falsche Konsequenz, weil es uns noch tiefer in unsre illusorische Welt verstricken würde, als wir es vielleicht vorher schon waren, und wir dadurch auch wieder das Bewusstsein der Unvermeidbarkeit unseres Todes verlieren würden. Aber auch eine gegenteilige Reaktion – wenn wir zum Beispiel aufgrund des Bewusstseins unserer Sterblichkeit in Missmut, Depression, Resignation und Lethargie fallen würden – wäre eine falsche Konsequenz. Es würde nämlich bedeuten, dass wir nicht von unserer illusorischen Welt ablassen können und zu unserem eigenen Schutz vor der Wirklichkeit in einer Art Totstellreflex verharren würden, weil wir die Unvermeidbarkeit des Todes erahnen.

Das wirkliche und tiefe Bewusstwerden unserer Sterblichkeit wird uns zunächst erschrecken. Und es ist genau dieser Schreckmoment, der uns aus unserem hypnotischen Schlaf erwachen lassen und mit einem Schlag auf etwas Unsterbliches in uns zurückwerfen kann, nämlich auf unser formloses, inhaltloses Bewusstsein, in die Leere zwischen den Augenblicken oder den leeren Raum.

Wenn wir also durch das Bewusstwerden unserer Sterblichkeit mehr im Hier und Jetzt, mehr in der Tiefe jedes

Augenblicks leben, wenn wir empfindsamer werden, wenn
wir mehr Liebe und mehr Mitgefühl in unserem Herzen
verspüren, wenn wir uns als formloses, unvergängliches
Etwas zwischen der Erscheinungen Flucht erleben, dann
sind das die richtigen Konsequenzen.

Damit die Tatsache unserer eigenen Sterblichkeit tief in
unser Bewusstsein eindringen kann und nicht nur ein ober-
flächlicher Gedanke bleibt, müssen wir uns immer wieder
und so oft wie möglich daran erinnern:

Wann immer wir in den Spiegel schauen, können wir uns
klarmachen, dass da eine vorübergehende Erscheinung vor
uns steht.

Während unseres Alltagslebens können wir immer wieder
mal innehalten und uns erinnern, dass alles was wir sehen,
denken und fühlen, einschließlich wir selbst, vergehen werden, dass all das vorübergehende Erscheinungen sind.

Wenn wir schon einmal, oder auch mehrere Male, einen
Menschen haben sterben sehen, dann können wir uns
abends bevor wir einschlafen das erlebte ins Gedächtnis
rufen und uns vorstellen, wie es wohl sein wird, wenn wir
selbst auf unserem Sterbebett liegen, heftig atmen und es
nun ganz gewiss ist, dass der Moment, in dem es kein Zurück mehr gibt, gekommen ist.

Wir können uns auch, wann immer wir die Gelegenheit
dazu haben, folgende Fragen stellen:

Wenn es jetzt in diesem Augenblick geschehen würde, dass wir sterben, wären wir dazu bereit? Müssten wir noch etwas erledigen? Hängen wir noch an vorübergehende Erscheinungen? Und wenn Ja: an welchen und warum ...?

In jedwedem emotionalen Zustand, ob negativ oder positiv, können wir uns fragen: Welche Bedeutung hat dieser Zustand im Angesicht des Todes?

Letztendlich sollten wir ein *dauerhaftes Bewusstsein* dessen anstreben, dass wir VORÜBERGEHENDE sind.

Selbstbeobachtung

Selbstbeobachtung in Zusammenhang mit der Bildung eines Sammel- und Schwerpunktes im leeren Raum, bedeutet das Beobachtete vom Beobachtenden zu unterscheiden.

Das leere, inhaltlose Bewusstsein ist das Beobachtende.

Unsere „Identitäten", Rollen, Gedanken, Emotionen und Handlungen sind das Beobachtete.

Wenn aber unser ursprünglich leeres Bewusstsein mit irgendeiner unserer „Identitäten" oder eingenommenen Rolle identifiziert ist, dann erfolgt die „Selbstbeobachtung", wenn überhaupt, vom Standpunkt dieser „Identität" oder Rolle aus.

Weil aber solch eine Art der „Selbstbeobachtung" immer mit einer Beurteilung, Befürwortung, Ablehnung oder Rechtfertigung des Beobachteten verbunden ist, wird das Beobachtete verzerrt und verändert, sodass es gar keine wirkliche Selbstbeobachtung mehr ist, sondern eher zu einer Manipulation des Beobachteten wird, um unser fragwürdiges Selbstbild zu stärken, zu rechtfertigen und aufrechtzuerhalten.

Hierzu ein konkretes Beispiel:

Angenommen ein Mensch hat in seinem Berufsleben eine Führungs- oder Machtposition inne. In der Öffentlichkeit ist er ein sogenannter „Saubermann", stellt eine starke, vielleicht charismatische Persönlichkeit dar und kann sich

in dieser Rolle auch keinerlei offensichtlichen „Schwächen" leisten.

Wie jeder „Saubermann" – oder auch jede „Sauberfrau" –
trägt natürlich auch er eine minderentwickelte Seite in sich,
die sich in einigen „Lastern" und „Schwächen" äußert.
Diese „Laster" und „Schwächen" unterwandern vielleicht
im Verborgenen sein Berufsleben oder treten in seinem
Familien- und Privatleben zum Vorschein: Vielleicht ist er
in seinem Privatleben ein sogenannter „Pantoffelheld",
emotional kindisch und unreif, extrem eifersüchtig, unter-
würfig oder auch herrschsüchtig, vielleicht ist er ein heim-
licher Alkoholiker, spielsüchtig, gewalttätig, betrügerisch,
oder neigt zu sexuellen Abarten und anderen Dingen, die
sich für einen reifen, erwachsenen Menschen nicht ziemen,
usw., usw. ….

Wenn er nun von seiner Berufs- „Identität" aus auf seine
Privat- „Identität" blickt, wird er seine „Laster" entweder
idealisieren, sie rechtfertigen, oder aber, sie bereuen und
sich baldige „Besserung" versprechen, usw.

Blickt er von seiner Privat- „Identität" aus auf seine Be-
rufs-„Identität", empfindet er vielleicht Stolz darüber, was
für ein „toller Kerl" er ist, zu was er es alles gebracht hat,
oder wie viel Achtung und Respekt ihm entgegengebracht
werden usw. Aber das ist keine wirkliche Selbstbeobachtung. Wirkliche Selbstbeobachtung wird in spirituellen
Lehren auch als „Zeuge sein" bezeichnet.

Vorbereitende Methoden zur Sammlung des Bewusstseins im leeren Raum

Als Osho einmal gefragt wurde, was der Unterschied zwischen Beobachten und „Zeuge sein" ist, antwortete er: „Wenn du fernsiehst, ist das beobachten; wenn du dich selbst beim Fernsehen beobachtest, dann ist es Zeuge sein."

In unserem oben genannten Beispiel würde wirkliche Selbstbeobachtung oder „Zeuge sein", bedeuten: zu beobachten, wie die eine „Identität" die andere betrachtet und beurteilt. Das heißt, wir stehen außerhalb unserer „Identitäten" und betrachten diese ohne sie zu beurteilen.

Wir sollten in unserem alltäglichen Leben so oft wie möglich „Zeuge sein". Mit der Zeit können wir dann *beobachten,* wie wir manchmal in Assoziationsmustern von Gedanken und Gefühlen dahintreiben, und *verspüren,* wie wir davon eingenebelt in einer Art Schlafzustand unser Dasein verbringen. Wir werden nach und nach sehen können, wie sich unsere „Identitäten" und Rollen gegenseitig beurteilen, verurteilen oder rechtfertigen, wie sie denken und fühlen und wie sie Handlungen ausführen usw. Aber wir werden nicht mehr unsere Gedanken, unsere Emotionen, unsere „Identitäten" oder Rollen sein. Wir werden einen Standpunkt im leeren Raum erworben haben. Wir werden uns selbst als beobachtender, unparteilicher Faktor gegenüberstehen. Unser physischer Organismus, Gedanken, Emotionen, Rollen und „Identitäten" werden zu Objekten, und wir selbst werden zu dem, was wir wirklich sind – nämlich reines, ungetrübtes Schauen.

Schweigen

Wenn wir genauer hinsehen und betrachten, worüber und warum wir mit anderen Menschen reden, dann können wir sehen, dass das meiste davon unnötig ist und entweder aus sinnlosem Geplapper, aus Beurteilungen und Verurteilungen anderer, oder aus Selbstdarstellungen besteht. Wir heben uns hervor, indem wir über dieses oder jenes unsre Meinung kundtun oder auch ausschweifend erzählen, was wir alles erlebt haben, was wir noch vorhaben, wie „gut" oder wie „schlecht" es uns geht, wie „gut" oder „schlecht" die anderen sind usw.

Natürlich fragen wir auch mal nach, wie es unserem Gegenüber geht und was er oder sie so macht und noch vorhat usw. Aber, „Hand aufs Herz", tun wir das, weil es uns wirklich interessiert, oder aus Liebe zu ihm, oder tun wir es aus Selbstliebe, um mit ihm ins Gespräch zu kommen und endlich mit unserer eigenen Geschichte loslegen zu können.

Wenn wir uns fragen, warum wir so sehr bemüht sind, uns ständig mitzuteilen, dann gibt es darauf nur eine Antwort, die lautet: weil wir nicht wirklich sind! Wenn wir nämlich *wirklich* wären, wenn wir wirkliches *Sein* erlangt hätten, welchen Grund gäbe es denn dann, uns ständig mitteilen und unterhalten zu müssen?

Wir können den Begriff „Unterhaltung" auch so verstehen, dass wir mit unseren Unterhaltungen uns selbst etwas *unter-halten*, dass wir uns gegenseitig Unterhalt und Halt gewähren, um unser falsches Selbstbild aufrechtzuerhalten und zu nähren, um nicht in die gähnende Leere unseres Nichtseins zu fallen. Aber es sind gerade diese Leere und dieses Nichtsein, denen wir uns stellen müssen, denen wir uns ausliefern müssen, in die wir uns hineinwerfen müssen, um wirkliches Sein zu erlangen, um zu werden, was wir wirklich sind.

Wenn wir uns im Schweigen üben und wirklich nur das notwendigste sprechen, dann hat das den folgenden Effekt:

Zum einen wird der schon automatisierte Impuls, uns ständig mitteilen zu müssen, gestoppt und entautomatisiert, und zum anderen wird eine große Menge an Energie frei, die wir durch sinnloses Geplapper nach außen verschwenden würden.

Die dadurch frei gewordene und eingesparte Energie kann dann unserer inneren Arbeit zugutekommen. Wenn nämlich unser Schweigen bewusst und absichtlich geschieht, und wir gleichzeitig einen Teil unserer Aufmerksamkeit auf den leeren Raum richten, dann wird sich eben diese Energie dort im formlosen Bewusstsein sammeln, um einen Schwerpunkt zu bilden oder einen schon vorhandenen Schwerpunkt zu nähren.

Sobald wir eine gewisse Übung im äußeren Schweigen erlangt haben, können wir uns auch dem inneren Schweigen zuwenden und uns darin üben.

Das bedeutet dann, nicht nur auf sinnloses Geplapper mit anderen Menschen zu verzichten, sondern nach Möglichkeit und wann immer wir es können, auch mit unseren sinnlosen inneren Selbstgesprächen aufzuhören.

Unsere inneren Selbstgespräche stellen sozusagen das größte Leck dar, durch das wir Kraft und Energie, die zur Bildung eines inneren Schwerpunktes notwendig sind, verlieren.

Mit den inneren Selbstgesprächen aufzuhören gestaltet sich schwieriger als auf äußeres Reden zu verzichten, weil es hier unsere „Identitäten" und die im Laufe unseres Lebens erworbenen Assoziationsmuster sind, welche die Dinge mechanisch und ohne unser Zutun gedanklich einordnen, abwägen, erwägen, befürworten oder ablehnen.

Innere Selbstgespräche sind eine natürliche Funktion unseres Verstandes und sind, ob wir es bemerken oder nicht, immer im Gange. Deshalb können wir sie auch immer nur kurzfristig, solange wir unsere Aufmerksamkeit darauf fokussieren, stoppen. Sobald wir unsere Aufmerksamkeit wieder einer anderen Sache zuwenden, gehen die inneren Selbstgespräche und Assoziationen wie gewohnt weiter.

Aber, nichtsdestotrotz, selbst wenn wir es täglich mehrere Male für einige Augenblicke oder auch einige Minuten schaffen, den inneren Gedankenstrom zu stoppen, erhält unser sich bildender Schwerpunkt im leeren Raum einen großen Zustrom an Kraft und Energie.

Um mit den inneren Selbstgesprächen aufzuhören, müssen wir, wann immer wir uns während unseres alltäglichen Lebens an unser Vorhaben erinnern, unsere Aufmerksamkeit auf den ständigen Gedankenstrom in unserem Kopf richten. Allein wenn wir das tun, kommt es für einen Moment zu einem „Stopp" des Gedankenstroms. Dann müssen wir versuchen diesen „Stopp" so lange wie möglich aufrechtzuerhalten, indem wir unsere Aufmerksamkeit in diesem „Stopp", in dieser entstandenen Lücke zwischen den Gedanken halten. Dies mag uns anfänglich vielleicht nur für ein oder zwei Augenblicke gelingen, aber „Übung macht den Meister".

Wenn wir unbeobachtet sind, können wir ruhig auch mal alles – das heißt unsere Gedanken, unsere Bewegungen und unseren Atem – ganz plötzlich zu einem „Stopp" kommen lassen.

Oder, wenn wir während unseres Alltags einige Minuten Zeit finden, können wir uns auch mal hinsetzen und versuchen den Strom der Gedanken für ein bis zwei Minuten oder auch länger zu stoppen.

Weil unser Gedankenstrom eng mit unserem Sprachzentrum, und dieses wiederum mit unserer Zunge verbunden ist, kann es für das Praktizieren des inneren Schweigens auch hilfreich sein, die Aufmerksamkeit auf das Innere der Zunge zu richten und diese vollkommen stillzuhalten, wobei die Zungenspitze leicht am Gaumen anliegen sollte. – Viel Glück dabei!

Der Einstrom von Sinnesreizen

Jeden Augenblick strömt eine überwältigende Anzahl von
Sinnesreizen auf uns ein, von denen wir aber – je nachdem
inwieweit wir uns gerade in einer Handlung oder unserem
unaufhörlichen Gedankenstrom verloren haben – nur wenige oder auch gar keine bewusst erleben.

Um die hier beschriebene Übung des bewussten Einströmen Lassens von Sinnesreizen in ihrem Wirkmechanismus
zu verstehen, müssen wir uns im Klaren darüber sein, dass
alle Sinnesreize oder alle Eindrücke in sich aus mehreren
Reizen und den dadurch ausgelösten gedanklichen und
emotionalen Assoziationsmustern bestehen und einen
Einstrom von Energie in unseren Organismus bedeuten.

Wenn wir einen Sinnesreiz oder einen Eindruck *bewusst*
wahrnehmen ohne gleich mit einem Denkprozess, mit einer Emotion, oder mit einer Handlung darauf zu reagieren,
dann strömt diese Energie direkt in unser Bewusstsein und
kann den sich bildenden inneren Schwerpunkt im leeren
Raum nähren.

Reagieren wir hingegen auf einen Sinnesreiz oder Eindruck
mit einem Denkprozess, mit einer Emotion, oder mit einer
Handlung, dann wird die einströmende Energie sofort von
den Gedanken, den Emotionen oder den Handlungen aufgesogen und strömt wieder nach außen, wodurch sie für

uns auf nimmer Wiedersehen verlorengeht. Sie versickert
sozusagen „im Sande".

Wir können uns also diese durch Sinnesreize und Eindrücke einströmende Energie zu Nutze machen, indem wir
uns darin üben, taktile, akustische und visuelle Sinnesreize
in einem gegebenen Moment gleichzeitig einströmen zu
lassen und wahrzunehmen, ohne darauf zu reagieren.

Dazu müssen wir immer wieder für einen oder mehrere
Augenblicke unsere Aufmerksamkeit aktiv auf das richten,
was in einem gegebenen Moment über all unsere Sinne auf
uns einströmt, während der Rest von uns, das heißt unser
Denken, Fühlen und Handeln vollkommen passiv bleiben.

So nähren und pflegen wir unseren inneren Sammelpunkt
im leeren Raum – den „Embryo des Tao", wie die Taoisten
diesen Sammelpunkt nennen.

Die „Zügel" spannen.

Ebenso wie unsere inneren Selbstgespräche ein Leck für unsere Kraft und Energie darstellen, so stellen auch unsere Emotionen ein solches Leck dar, wenn sie sich nach außen richten und zum Ausdruck kommen.

Durch die inneren Selbstgespräche sickern ständig und unaufhörlich kleine Mengen an Kraft und Energie aus uns heraus.

Wenn eine Emotion zum Ausdruck kommt und sich nach außen ergießt, verlieren wir hingegen oft mit einem Schlag eine große Menge an Kraft und Energie, welche unserem inneren Sammelpunkt zugutekommen könnten.

Weil durch innere Selbstgespräche Kraft und Energie nur nach und nach heraussickern, geschieht das für uns meist unbemerkt. Bricht hingegen eine Emotion nach außen durch, dann werden besonders bei negativen Emotionen Kraft und Energie meist explosionsartig aus uns herausgeschleudert, sodass es manchmal Stunden bis Tage dauern kann, bis unser energetischer Zustand wieder ins Gleichgewicht gekommen ist. Wir sollten deshalb in der Lage sein, unsere nach Ausdruck strebenden Emotionen bis zu einem gewissen Maß zu zügeln.

Wir brauchen nicht auf alles, was eine Emotion in uns hervorruft, zu reagieren, und wir müssen auch nicht jede in

uns aufsteigende Emotion zum Ausdruck bringen. Weil
aufsteigende Emotionen aber schneller als unser Verstand
und unser Denken sind, bemerken wir sie oft erst dann,
wenn sie schon an der Schwelle des Ausdrucks stehen, o-
der erst dann, wenn sie schon zum Ausdruck gekommen
sind.

Wir müssen sie also noch an der Ausdrucksschwelle, oder
besser noch vorher, beim Beginn ihres Aufkeimens erwi-
schen, wenn wir ihren Ausdruck verhindern wollen. Und
das können wir nur dann, wenn wir uns in einem Zustand
der aufmerksamen Wachsamkeit befinden. Ein Zustand,
der sich durch regelmäßige Kontemplations- und Meditationsübungen immer öfter bei uns einstellen wird.

Weil aufkeimende Emotionen große Mengen an Energie
in sich bergen, können wir sie auch nicht direkt, sondern
nur indirekt an ihrem Ausdruck hindern. Und zwar: indem
wir Einfluss auf die Ausdruckskanäle der Emotionen nehmen – das heißt auf unsere Gedanken und unseren Körper. Das bedeutet: Jede Emotion kann ihren Ausdruck nur
über zwei Kanäle finden, nämlich über das Denken und
über körperliche Aktivitäten, wie Sprechen, Schreien, Handeln und Agitiertheit. Und auf diese Kanäle können wir
willentlich Einfluss nehmen.

Wir brauchen auch nicht alle Emotionen an ihrem Ausdruck zu hindern. Unser Ziel sollte es aber sein, bewusst
entscheiden zu können, ob wir einer Emotion ihren Ausdruck erlauben oder nicht.

Besonderes Augenmerk sollten wir auf negative Emotionen wie Argwohn, Missgunst, Eifersucht, Rachsucht,
Hass, Neid, Ehrgeiz, Gier, Rechthaberei, Ärger und Wut
oder Ähnliches richten.

Dabei sollten wir aber auch in Betracht ziehen, dass viele
unserer sogenannten „positiven" Emotionen wie
„Freude", „Liebe" „Glück" usw. ebenso als negativ einzu-
stufen sind, wenn sie aus der Befriedigung von negativen
Emotionen hervorgehen – wie beispielsweise das empfundene „Glück", das auf der Befriedigung von Gier, Hass o-
der Rachsucht usw. beruht. Wir sollten deshalb auch auf
solche Emotionen, die wir im Allgemeinen als „positiv"
bewerten, unser besonderes Augenmerk richten.

Wenn wir nämlich genauer hinsehen, dann können wir erkennen, dass sich hinter unseren sogenannten „positiven"
Emotionen meist eine negative emotionale Grundursache
verbirgt, dass sich hinter unserem „Glück", unserer
„Freude", unserer „Begeisterung", und auch hinter unserer
sogenannten „Liebe" usw., negative Emotionen vor unseren Augen verbergen. Und wenn wir aufrichtig sind, dann
werden wir zugeben müssen, dass von unseren wirklich
positiven Emotionen nur sehr wenige oder auch gar keine
übrigbleiben, dass unser „Glück" oft auf dem Unglück anderer beruht, und dass neben einem „Gewinner" immer
auch ein „Verlierer" steht.

Echte positive Emotionen können im Grunde nur aus unbegründetem, bedingungslosem Überfluss an innerem

Glück aus dem leeren Bewusstsein, aus unserem wahren
Sein entstehen.

Wir müssen lernen uns von innen anzuschauen, um zu se-
hen, *was* da in uns aufkeimt und woher es kommt.
Sobald wir eine Emotion bei ihrem Aufkeimen bemerken,
genügt es oft schon unsere Aufmerksamkeit auf unsere
Gedanken zu richten, wodurch es zu einem kurzfristigen
„Stopp" im Gedankenfluss kommt und wir entscheiden
können, ob wir dem Gedankenfluss weiter folgen wollen
oder nicht.
Folgen wir dem Gedankenfluss nicht, kann sich auch die
Emotion nicht weiter ausbreiten und daher auch nicht zum
Ausdruck kommen. Dabei wird die emotionale Energie
frei, sodass eine innere Spannung entsteht. Damit die in
dieser inneren Spannung verborgene Energie nun auch
den richtigen Weg zu unserem Sammelpunkt findet, müssen wir unsere Aufmerksamkeit jetzt noch auf den leeren
Raum richten. Tun wir das nicht, müssen wir nämlich damit rechnen, dass sich die frei gewordene emotionale
Energie andere Kanäle sucht und sich in unliebsamen
Symptomen wie Nervosität, Gereiztheit, Ungehaltenheit,
sarkastischen Redensarten, muskulären Verspannungen
bis hin zu Spannungskopfschmerzen, oder auch in neuro-
tischen Verhaltensweisen äußert.

Bemerken wir eine Emotion aber erst dann, wenn sie die
Schwelle ihres Ausdrucks bereits erreicht hat, ist der damit
verbundene Denkprozess bereits abgeschlossen und wir

können ihren Ausdruck nur noch dadurch verhindern, indem wir unsere Aufmerksamkeit auf unseren Körper richten, die Muskulatur entspannen, ruhig und gleichmäßig atmen, und unsere Zunge stillhalten. Die sich dadurch aufbauende innere Spannung und Energie kanalisieren wir dann wieder in Richtung leeren Raum, indem wir einen Teil unserer Aufmerksamkeit vom Körper abziehen und auf den leeren Raum richten. Beginnt die Emotion wieder von Neuem aufzukeimen. Dann beginnen wir wieder mit der Ausrichtung unserer Aufmerksamkeit auf unsere Gedanken usw.

Mit etwas Übung können wir, um den Ausdruck einer Emotion zu verhindern und die frei gewordene Energie in den leeren Raum zu lenken, unsere Aufmerksamkeit auch dreifach ausrichten, was natürlich noch effizienter als die beschriebene zweifache Ausrichtung ist.

Dabei richten wir unsere Aufmerksamkeit gleichzeitig auf unseren Körper, auf unsere Gedanken und auf den leeren Raum, sobald wir bemerken, dass eine Emotion nach Ausdruck drängt.

Der Kontakt zur Leere

Ausschließlich alle wirklichen und effizienten Methoden zur Erzeugung meditativer Zustände haben mit dem Kontakt zum leeren Raum zu tun.

Aber wir müssen verstehen, dass der leere Raum in diesem Zusammenhang nicht etwas Lebloses, Totes und wirklich Leeres bezeichnet. Er ist nur in Bezug auf verdichteter Materie oder geformtem Bewusstsein leer. Es ist der Raum zwischen den Dingen.

Wenn wir die Leere, von der wir hier sprechen, erst einmal erfahren haben und auch nur ein einziges Mal tief in die Leere unseres wahren Seins eingetaucht sind, dann werden wir wissen, dass sie mehr Substanz besitzt als alles andere, was wir kennen. Unsere gewohnte Alltags- „Realität" wird uns dann im Vergleich dazu eher unwirklich oder traumähnlich vorkommen. Leerer Raum ist nämlich das „Gefäß", welches die gesamte Existenz enthält. Leere ist das Formlose, das alle Form in sich enthält und durchdringt.

Weil aber unser Verstand nur Formen, Bilder und Begrifflichkeiten verstehen oder begreifen kann, erscheint ihm das Unbegreifliche, das Formlose und Unvorstellbare zu Recht als „bedrohliche" Leere oder als Abgrund, denn sie alle bedeuten den Tod für ihn. Ebenso wie das Formlose für unsere „Identitäten" oder für unser „Ich" den Tod bedeutet. Schließlich bildet die Form ja die Grundlage für die

Existenz unserer „Identitäten"; denn ohne Form gibt es
keine „Identität" und auch kein „Ich".

Wenn wir den leeren Raum oder den Kontakt zur Leere
nicht in unsere Methoden zur Sammlung des Bewusstseins
mit einbeziehen, können wir uns nicht über die Welt der
Formen, die Welt der „Identitäten", die Welt der „Ichs"
und die Welt der Illusionen hinausbewegen und treten
mehr oder weniger auf der Stelle, während wir vielleicht
von einem Fortschritt in der Effizienz und Anwendung
unserer Meditations- und Kontemplationsmethoden träumen.

Vielleicht versuchen wir aber auch durch „Meditation"
und „Kontemplation" nur „gesünder", „erfolgreicher"
und „leistungsfähiger" in unserem alltäglichen Leben zu
werden. Aber solche Ambitionen sind in spiritueller Hinsicht falsche Intensionen und gehen am wahren Sinn und
Zweck von Meditation oder Kontemplation vorbei.

Wenn uns unsere Meditation nicht über die Welt der Formen, der „Identitäten", der „Ichs" und unseres Verstandes
hinaus in die Leere führt, dann kann es alles andere sein,
aber keine Meditation.

Unser Ziel sollte es daher sein, während unseres Alltagslebens stets einen Kontakt zum leeren Raum aufrechtzuerhalten; und wenn wir den Kontakt verlieren, ihn immer
wieder herzustellen. Wir sollten dies so lange tun – auch

wenn es ein Leben lang dauert – bis für uns die Leere immer und überall im Hintergrund unseres Lebens gegenwärtig ist und uns von sich aus an ihr Dasein erinnert.

Im Grunde ist der leere Raum ja auch immer da und wir,
das heißt unser Körper, unsere Psyche und unser gesamtes
Leben sind darin eingebettet und davon durchdrungen.
Der leere Raum ist auch das, was alles mit allem verbindet;
nur wir bemerken es nicht, und wenn wir es doch einmal
bemerken vergessen wir es alsbald wieder.
Wir müssen uns also immer wieder und so oft wie möglich
daran erinnern:

Wenn wir krank sind – Leere umgibt uns, Leere durchdringt uns; wenn wir Schmerzen haben – Leere umgibt
uns, Leere durchdringt uns; wenn wir traurig sind – Leere
umgibt uns, Leere durchdringt uns; wenn wir uns ärgern –
Leere umgibt uns, Leere durchdringt uns; wenn wir hassen
– Leere umgibt uns, Leere durchdringt uns; wenn wir lieben – Leere umgibt uns, Leere durchdringt uns; wenn wir
uns freuen – Leere umgibt uns, Leere durchdringt uns;
wenn wir Sex haben – Leere umgibt uns, Leere durchdringt uns; wenn wir sterben – Leere umgibt uns, Leere
durchdringt uns; was immer wir tun, wo immer wir sind,
was immer geschieht – Leere umgibt uns, Leere durchdringt uns!
In welchem Zustand, in welcher Umgebung, in welcher Situation wir uns auch befinden mögen, wir können ALLES
dem leeren Raum gegenüberstellen. Es wird uns befreien.

Dies mag uns anfänglich als rein imaginär erscheinen, aber im Laufe der Zeit wird es zur unumstößlichen Wirklichkeit; denn nicht der leere Raum wird sich verändert haben, sondern wir werden der Wirklichkeit nähergekommen sein. Die Leere wird immer und überall allem anderen gegenüberstehen. Leere ist die einzige permanente Wirklichkeit.

Fragen und Antworten

An dieser Stelle des Buches angekommen, wird der Leser nun genügend Materialien zur Verfügung haben, um die folgenden Antworten auf die in der Einleitung dieses Buches gestellten Fragen nachvollziehbar verstehen zu können.

Sind dauerhafte Erfüllung oder dauerhafte Glückseligkeit für den Menschen überhaupt möglich?
Möglich Ja! Zwingend gegeben Nein!
Dauerhafte Erfüllung und dauerhafte Glückseligkeit sind für den Menschen möglich, aber nicht schon von vorneherein gegeben. Sie sind lediglich potenziell in ihm vorhanden. Wenn er so bleibt, wie er ist, bleiben sie für ihn unvorstellbar und außerhalb seiner Reichweite.
Will er sie erreichen, muss er als das, was er ist, nämlich als „Identität" und als vorübergehende Erscheinung in der Welt der getrennten Gegensätze, sterben und zu seinem wahren Wesen werden. Er muss zu seinem Ursprung, zu seinem Urgrund, zu seiner innersten Natur vordringen und zu dem werden, was er schon immer war, aber vergessen hat. Er muss zu einem spiegelgleichen leeren Bewusstsein werden. Er muss zu dem werden, was er war, bevor er war. Glückseligkeit ist seine innerste Natur.

Ist unsere Glückseligkeit allein von unserem Tun oder Nicht-Tun abhängig?
Nein und Ja! Sowohl als auch!

Weil Erfüllung oder Glückseligkeit unsere innerste Natur sind, müssten wir eigentlich Garnichts tun. Sie ist ja schon da und als solche weder von unserem Tun noch von unserm Nicht-Tun abhängig.

Aber wir haben unsere Erfüllung, unsere Glückseligkeit verloren, indem wir von unserer innersten Natur abgespalten wurden.

Sicherlich haben wir die Abspaltung von unserer innersten Natur nicht absichtlich vollzogen. Sie ist uns vielmehr geschehen und lässt uns vor vollendeten Tatsachen stehen.

Als Erstes ist uns diese Abspaltung aufgrund eines „Unfalls", während des primären Ursprungs-Malheurs geschehen, als sich nämlich die ursprüngliche Einheit des Urgrundes in der Raum-Zeit und damit in der Welt der getrennten Gegensätze manifestierte.

Als Zweites ist sie uns während eines, in viel, viel kleinerem Maßstab stattgefundenen, sekundären Ursprungs-Malheurs geschehen – nämlich bei unserer Geburt.

Nun finden wir uns in einer Welt der getrennten Gegensätze wieder und empfinden bewusst oder unbewusst einen Mangel.

Dieser empfundene Mangel treibt uns nun an, die ursprüngliche Einheit wiederherzustellen, oder anders ausgedrückt, das „ultimative Glück" zu suchen.

Mit unserer Suche kommt nun auch unser Tun oder Nicht-Tun mit ins Spiel, und unsere Glückseligkeit wird von unserem Tun oder Nicht-Tun abhängig.

Suchen wir sie an der richtigen Stelle, das heißt in der inneren Einheit, dann sollten wir „Tun". Suchen wir sie an

der falschen Stelle, das heißt in der äußeren Welt der getrennten Gegensätze, dann sollten wir „Nicht-Tun".

Wenn wir Innere Einheit oder Inneres Glück gefunden ha-
ben, werden wir als getrennte „Identität" gestorben sein;
„Tun" oder „Nicht-Tun" werden dann mit dem Großen
Ganzen übereinstimmen.

Liegt die Erfüllung in unseren Händen, oder kommt sie als eine Gnade auf uns herab?

Sowohl als auch! Ja und Nein!

Solange wir unsere Erfüllung außerhalb von uns selbst in
der Erfüllung unserer Wünsche suchen, dann liegt zwar die
Erfüllung unserer Wünsche zu einem kleinen Teil in unseren Händen, während der Rest von einer gewissen Anzahl
glücklicher Zufälle abhängig ist, aber unser Inneres Glück,
unsere wahre Erfüllung wird ganz gewiss nicht in unseren
Händen liegen. Denn wenn wir sie außerhalb von uns
selbst suchen, dann suchen wir sie an der falschen Stelle
und werden sie niemals finden. Und wie sollte etwas, was
es nicht gibt, in unseren Händen liegen können, außer in
unserer Einbildung.

Damit wir aber überhaupt erst anfangen können, unsere
Erfüllung an der richtigen Stelle zu suchen, müssen wir zuerst zu der Erkenntnis gelangen, dass wir sie nicht außerhalb von uns selbst, sondern nur in der Tiefe unseres Seins
finden können und dort auch suchen müssen.

Diese Erkenntnis ist nicht jedem Menschen gegeben und
kann auch nicht absichtlich erzeugt werden. Sie kann nur
als eine Gnade auf uns herabkommen. Denn wie sollte ein

Mensch, der in Einbildungen, Illusionen, Projektionen und „Identitäten" sein Leben verbringt, sonst zu solch einer Erkenntnis kommen?

Wenn nun ein Mensch die gnadenvolle Erkenntnis, wo er seine wahre Erfüllung finden kann, empfangen hat, dann liegt es zumindest teilweise in seinen Händen, ob er sich auf die Suche macht und den Inneren Weg geht oder nicht. Und selbst wenn er sich entschieden hat, sich auf die Suche zu machen und den Inneren Weg zu gehen, bleibt es immer noch ungewiss, ob ihm seine Erfüllung jemals in ihrer ganzen Fülle widerfahren wird.

Denn damit sie ihm widerfahren kann, muss er, zum einen, seine illusionäre Welt der „Identitäten" überwinden, und zum anderen, muss er letztendlich auch als „Suchender" sterben. Und weil er diesen letzten, heiligen und inneren Tod nicht selbst herbeiführen kann, wie er beispielsweise den Tod seines physischen Körpers herbeiführen kann, kann dieser heilige innere Tod wieder nur als Gnade auf ihn herabkommen. Dann wird seine Erfüllung nicht mehr *seine* Erfüllung, sondern die Erfüllung der gesamten Existenz oder das Glück des Urgrundes sein.

Wir können also sagen, dass bei einem Menschen, der den Inneren Weg geht, seine Erfüllung zu einer Hälfte in seinen Händen liegt, indem er an sich selbst arbeitet und sich seiner Erfüllung entgegenstreckt, und zur anderen Hälfte als Gnade auf ihn herabkommt.

Ist Glückseligkeit ganz und gar eine aus innerer Not entstandene Fata Morgana, die am fernen Horizont steht, um uns zu drängen, zu locken und zu verführen, auf ein besseres Morgen zu hoffen, um uns am Ende doch enttäuscht zurückzulassen?

Ja und Nein!

Für diejenigen, die „Glückseligkeit" außerhalb von sich selbst in der Erfüllung von Wünschen durch vorübergehende Erscheinungen suchen, ist „Glückseligkeit" eine aus innerer Not entstandene und immer wieder neu entstehende Fata Morgana. Ihre innere Not besteht aus dem bewusst oder unbewusst empfundenen Mangel, der durch das Getrenntsein vom Urgrund und dem daraus resultierenden Fehlen innerer Einheit zustande kommt. Sie durchlaufen den ewigen Kreislauf von Hoffnung und Enttäuschung.

Für diejenigen, welche die Gnade der Erkenntnis, dass wahres Glück oder Glückseligkeit zu ihrer innersten Einen Natur gehört, empfangen haben und dieses Innere Glück der Einheit auch nur für einen einzigen Augenblick verspürt haben, ist Glückseligkeit eine unumstößliche Wirklichkeit geworden. Die Welt der getrennten Gegensätze und vorübergehenden Erscheinungen hingegen ist dann eine, wenn auch oft traurige Fata Morgana, die auch als solche erkannt wird.

Was ist es, das uns antreibt, auch in den widrigsten Situationen immer wieder neue Hoffnung zu schöpfen, das uns trotzdem weiterleben und fast alles ertragen lässt?

Das durch das Ursprungs-Malheur von seinem Urgrund abgespaltene, in materiellen Strukturen und getrennten Gegensätzen verwickelte Bewusstsein, welches zu seinem Urgrund und seiner ursprünglichen Einheit zurückstrebt, ist das, was unser Leben antreibt.

Was das von seinem Urgrund abgespaltene Bewusstsein auch in den widrigsten Umständen ausharren und fast alles ertragen lässt, ist die Hoffnung – die Hoffnung irgendwie und irgendwann zu seiner ursprünglichen Einheit zurückkehren zu können.

Unsere persönlichen Hoffnungen auf ein besseres Leben, auf Wohlstand, auf künftiges „Glück" usw., sind lediglich die Schatten und die Widerspiegelungen dieser ursprünglichen Hoffnung des abgespaltenen Bewusstseins auf Einheit mit seinem Urgrund.

Es ist nicht allein unser persönliches Leid, wenn wir in widrige Umstände und in Weh und Not geraten, sondern es ist in erster Linie das Leid des ursprünglich Einen Bewusstseins, das in den Folgen seines eigenen Ursprungs-Malheurs festsitzt und sich in unserem „persönlichen" Leid widerspiegelt.

Und hier liegt auch die eigentliche Bestimmung des Menschen. Nämlich: sein Leid und das anderer zu mindern oder zu beenden, indem er das abgespaltene Bewusstsein zu seiner ursprünglichen Einheit und Glückseligkeit zurückführt, um so die Folgen des Ursprungs-Malheurs aufzuheben und damit auch das Leid des Urgrundes zu verringern. Wenn der Mensch diese seine Bestimmung verpasst, muss er weiter mit den Folgen des Ursprungs-Malheurs, nämlich in Weh und Not, Hoffnung und Enttäuschung, sowie Geburt und Tod verharren.

Wir können auch sagen: Wenn der Mensch in Weh und Not keinen Kontakt zu seinem innersten, leeren, geeinten Bewusstsein findet, kann er nur schwer oder widerwillig sterben. Er würde nämlich unerfüllt sterben. So verharrt er auch in den widrigsten und schrecklichsten Umständen und erträgt die größte Not, in der Hoffnung, die Erfüllung oder Erlösung würde sich irgendwann, irgendwie doch noch einstellen.

Und selbst wenn ein Mensch das Leid nicht mehr ertragen kann, die Hoffnung verliert und aus Verzweiflung Selbstmord begeht, wird es dennoch keine Erlösung für das in Formen verwickelte Bewusstsein geben. Es muss die leidvollen Lebenskreisläufe solange wiederholen bis es vollständig aus den Formen gelöst bzw. erlöst und in seinen Urgrund eingegangen ist. Aus Verzweiflung begangener Selbstmord bedeutet dann nicht Erlösung, sondern lediglich die Form oder den Organismus zu wechseln, aber nicht die Ebene des Erlebens.

Vielleicht solle an dieser Stelle nochmal erwähnt werden,

dass das in Formen verstrickte ursprüngliche Bewusstsein dem Begriff der „Karmischen Verstrickung", den wir in verschiedenen spirituellen Lehren finden, entspricht und dass der Mensch ein gewisses Maß an Leiden bewusst und absichtlich ertragen muss, um den Erlös für seine Erlösung zu zahlen. Metaphorisch ausgedrückt: Das Korn muss „gedroschen" werden, um die Spreu vom Weizen zu trennen.

Warum ist der Mensch ständig ruhe- und rastlos auf der Suche?
Weil durch das Ursprungs-Malheur die Grundordnung und Einheit des Urgrundes gestört wurde!

Wir können auch in einzelnen Organismen oder deren organisierten Zusammenschlüssen – wie beispielsweise Ameisenvölker, Bienenvölker oder auch organisierte Zusammenschlüsse von Menschen – beobachten, was geschieht, wenn deren Grundordnung gestört wird: Sie werden entweder krank, wenn es sich um einzelne Organismen handelt, und gesunden erst dann, wenn die Grundordnung ihres Organismus wieder hergestellt ist, oder, wenn es sich um organisierte Zusammenschlüsse vieler Organismen handelt, geraten sie in eine Art hektische Aufruhr und Panik, die so lange anhält, bis alles wieder zu seiner Grundordnung zurückgekehrt ist.
Wenn wir zum Beispiel in einem Ameisenhügel stochern, können wir sehen wie die Ameisen in Aufruhr und Panik geraten. Chaos bricht aus, alle laufen in Aufruhr und Panik

wild durcheinander und versuchen die ursprüngliche Grundordnung wiederherzustellen.

Erst wenn diese Grundordnung wiederhergestellt ist, wird alles wieder ruhiger und geht seinen ursprünglichen, harmonischen Gang.

Der Mensch befindet sich in einer ähnlichen Situation wie diese Ameisen. Auf der Suche nach seiner verlorenen Grundordnung hofft er, glaubt er, liebt er, hasst er, erfüllt sich Wünsche, baut auf, zerstört, vereinigt sich mit Gleichgesinnten, trennt sich, gründet Partnerschaften, Familien, Vereine, Organisationen, Parteien und Staaten usw. Aber all das stellt ihn, im Gegensatz zu den Ameisen, immer nur vorübergehend zufrieden, denn in seinem innersten Wesen trägt er bewusst oder unbewusst die Sehnsucht nach der Grundordnung seines Urgrundes.

Solange er diese Grundordnung an falscher Stelle sucht – nämlich außerhalb von sich selbst – wird er keine Ruhe finden.

Wodurch kann der Mensch wieder zur Ruhe kommen?

Durch die Wiederherstellung der Grundordnung seines Urgrundes, indem er als „Identität" in der Welt der getrennten Gegensätze stirbt und selbst zu diesem Urgrund, zu seiner wahren glückseligen Natur wird.

Was ist es, was das Leben antreibt, sich sowohl im Stein, als auch in hochempfindlichen Organismen zu manifestieren?

Es ist die durch das Ursprungs-Malheur aus dem Urgrund ausgetretene „Substanz", die sich in ihrer Abwärtsentwicklung immer mehr verdichtet und abkühlt, bis sie sich an ihrem untersten Ende ihrer Abwärtsentwicklung in Mineralien und Gestein manifestiert.

Am untersten Ende ihrer Entwicklung angelangt, beginnt diese „Substanz", aufgrund ihres gesetzmäßigen Immer-In-Bewegung-Sein-Müssens und ihrer „Sehnsucht" nach der Grundordnung ihres Urgrundes, neue Verbindungen einzugehen, die in einer Wieder-Höherentwicklung mit der Ausbildung von immer höheren und empfindlicheren Organismen mündet, bis am obersten Ende dieser Aufwärtsentwicklung Organismen entstehen, welche die Fähigkeit besitzen, die aus dem Ursprungs-Malheur hervorgegangene „Substanz" wieder in ihren Urgrund überzuleiten.

Was ist der Trieb und Drang, der Organismen antreibt, sich immer „höher" zu entwickeln?
Die „Sehnsucht" der „Ursubstanz" nach ihrem Urgrund, den glückseligen Gefilden des EINS-SEINS!

Schlusswort

Dieses Buch erhebt keinesfalls den Anspruch ein vollständiges und abgeschlossenes System zur spirituellen Vollendung zu sein. Es beinhaltet lediglich Teilaspekte einer immens großen, spirituellen, teils psychedelischen Welt in einem gigantischen, vielschichtigen Kosmos, worin wir verstrickt sind und einen Ausweg suchen, sobald wir uns dessen bewusst werden, und, wo es immer ein „Darüber hinaus" gibt. Dennoch enthält es ein stark verdichtetes Wissen, das vielleicht erst nach mehrmaligem Lesen seine volle Wirkung entfaltet. Dann mag es den Leser, der sich auf den inneren Weg begeben will oder der sich bereits auf einem Weg befindet, richtungweisende Hinweise geben und ihm helfen das Wesentliche spiritueller Wege besser zu verstehen. Es mag manche dazu bewegen, einen inneren Weg zu beschreiten, und manchen mag es einen Anstoß geben, sich weiterzubewegen, wenn sie sich in spiritueller Hinsicht in einer Stagnation befinden. Und nicht zuletzt mag es manchen auch helfen, für sich selbst den richtigen und angemessenen Weg zu finden. Denn oft sind es schicksalhafte Verknüpfungen, die jemanden über etwas Stolpern lassen, das sich am Ende als eine Glückliche Fügung erweist.

Jedenfalls:
Viel
GLÜCK
auf dem Inneren Weg zur
GLÜCKSELIGKEIT
in der Tiefe des
SEINS!

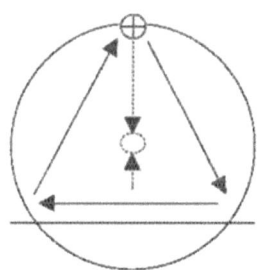